岩尾龍太郎
Iwao Ryutaro

幕末のロビンソン

開国前後の太平洋漂流

ロビンソン・クルーソー・ゲーム

弦書房

装丁　毛利一枝
〈カバー・表紙〉
「黒是可新話」
（肥前島原松平文庫所蔵）
〈本扉〉
「東航紀聞」

目次

「米利堅へ往キ何ヲスル」
「学問ヲスル」――吉田松陰

世界を一周して、どこにたどりつくというのか?数限りない危険をくぐりぬけ、ゆきつく先は、もとのもくあみ、出発点ではないのか?――『白鯨』52章

故郷を甘美に思う者は、まだ嘴の黄色い未熟者である。あらゆる場所を故郷と感じうる者は、すでにかなりの力を蓄えたものである。しかし全世界を異郷と思う者こそ完璧な人間である――サン・ヴィクトールのフーゴー

絶対的な死というものはありえない。どんな意味にもいつの日か必ずや帰還の祝祭がある――M・バフチン

はじめに――太平洋漂流の変貌

前作『江戸時代のロビンソン――七つの漂流譚』に続き本書も、太平洋漂流を扱う。ただし、日本からだけではなく、アメリカからの漂流、また異国人の漂流も視野に入れ、さらに、ふつう漂流とは言わない事例も含め、八つの太平洋遍歴を紹介する。今回視野を広げたのは、太平洋交通の増大によって、長期漂流や孤島サバイバルは稀になり、漂民たちを救出すると同時に振り回すことになる環太平洋の政治的関係、とりわけ今日の私たちをも左右し続けている日米関係《すれちがい》史が始まったからである。そのとき、ふと国内を見れば、幕末の激動が始まっていた。この激動を、ペリーや幕末の志士を主役に描くことはテレビドラマに任せる。本書は、歴史を振り回す人ではなく、むしろ歴史に振り回された人々が、太平洋上で、また漂着した岸辺で、それなりに必死にそのつどの運命を切り開いたドラマを描く。脇役としてすら認知されていない幕末のロビンソンたちの哀しく雄雄しいドタバタを、史料に即して紹介するものである。

和船漂流発生の地理的風土的条件は変わらない。おさらいしよう。日本列島弧はユーラシア大陸と太平洋に挟まれている。そこへ夏は南東から世界最大級の「太平洋高気圧」が湿ったモンスーン風を吹き込み、ときに猛烈な台風となる。冬には北西から同じく世界最大級の「シベリア高気圧」

が吹きつけ、日本列島弧を廻る千石船を世界最大の海「太平洋」へと吹き流す。さらに、これまた世界最長の海流「黒潮」（正確に言えば、北赤道海流。フィリピン群島にぶつかって方向を転じ日本のはるか南方から北米まで流れる）が、漂流を加速した。ときに生ずる「黒潮偏流」は、破船を太平洋の真中へと押し流した。これらの地球的条件が重なって、和船の無数の遭難、漂流が生じたのである。

　漂流発生の経済的条件もさほど変わらない。一七〇〇年ごろ日本がすでに高度物流社会であったということを再度強調しておこう。参勤交代という奇抜な制度によって世界最大の百万都市が古利根川氾濫原に出現した。藩屋敷だけで江戸の面積の四割を超える。非生産者層が百万人も集積する江戸を支えるために、大規模な商品流通が必要だった。それゆえ、毎年幾千もの千石船が日本列島弧を廻らねばならず、とりわけ年末の物流を支えるべく多くの船が大阪から熊野灘、遠州灘などの外洋へ出て江戸へ走る十一、十二月に、冬の北西風が、備えなき和船に襲いかかった。和船は、少人数で操れる一枚帆を巨大化し、積載量のみを増大させるという定向進化を遂げ、樽廻船は千五百石が一般的となった。海外交通とともに国内交通も厳しく統制した鎖国体制は、沿岸航行を超出する外洋航行の造船と技術を必要としながら、その発達を抑制していた。それゆえ、世界史的にも稀な日本人の太平洋漂流が必然的に大量発生したのである。そのなかに四八四日間太平洋漂流や二十年間孤島サバイバルという空前絶後の事例があったことは前著で紹介した。

　さて本書が扱う十九世紀半ばに、太平洋ならびに交通の歴史に大きな変化が起った。すでに前著の後半で扱った寛政年間（一七八九-一八〇一）から米露領北方漂着者が毛皮交易船などを介して帰還する例が増えていたのだが、一八二〇年代から漂流和船が欧米船に遭遇して救助される数が激増する。ウィーン会議（一八一四-五年）後、ヨーロッパ国家間に一応の均衡が生まれ、ナポレオン戦争のためヨーロッパに集中していた船舶が一斉に太平洋に向かったからである。太平洋は、十八世紀クック船長らの探険の領域から、十九世紀交易・布教・植民地支配の領域へと変貌した。その主役となるのが合州国である。独立戦争で疲弊した経済を支えたのは、米国東北部と広東市場と結ぶ太平洋交易（白檀《サンダルウッド》、ナマコ↕茶）、そして捕鯨だった。米国最初の産業といえる捕鯨は、いわば海のゴールド・ラッシュをもたらした。北太平洋の金華山沖が良質な油の採れる抹香鯨漁場となり、ピーク時の一八四〇-六〇年代には、この日本近海鯨漁場《ジャパン・グラウンド》に年間数百隻の捕鯨船が繰り出した。

　これに続いたのがカリフォルニアの金鉱発見、ゴールド・ラッシュである。「明白な運命《マニフェスト・デスティニー》」を合言葉にインディアンを駆逐してフロンティア西漸してきた白人勢力に加えて、「四九年族《フォーティーナイナーズ》」が世界中から集まり、米国西岸の様相を変えた。R・H・デイナが帆船生活を綴った古典『マストの前で二年間』（一八四〇年）によれば、「宝順丸」が漂着した翌年（一八三五年）、カリフォルニア湾には教会一つと木造一軒しかなかったのだが、一八五一年には、「栄力丸」漂民らは「大厦《か》高楼甍《いらか》を列ね」（彦蔵）、大小の船舶「二千余艘繋ぎて」（利七）あるを見た（第一、五章）。西岸からハワイ経由で太平洋を渡り日本・中国布教を目指す宣教団体の動きも活発になった。一八五〇年代に捕鯨は衰退に向かった。まず乱獲が祟って収獲量が減った。そして金鉱へ水夫が逃走し、一八五九年の石油の発見が大打撃を与え、さらに南北戦争時（一八六一-五年）に南軍船が北部産業の中枢であった捕鯨船を襲い、ついに太平洋捕鯨は終焉する。

　捕鯨船に代わって太平洋を群走するのが蒸気船である。ロンドンと広東を結ぶ大西洋・インド洋航路は、例えばP&Oラインで、一八五〇年には七十八日間、一八五九年には五十九日間を要したが、太平洋汽送航路はこれと競って速度を上げ、風任せの帆船では想定できぬ定時《パンクチュアル》運航を達成した。J・ヴェルヌ『八十日間世界一周』(一八七二年)は当時の世界の交通状況を知るのに絶好の物語だ。主人公フィリアス・フォッグは、銀行窃盗容疑でフィックス刑事に追われ、従僕パスパルトゥをともなったドタバタを経験しながらも、時計と各種の時刻表だけを見ながら世界一周する。その物語の中で、一八六九年に開通したスエズ運河とアメリカ大陸横断鉄道と並んで、上海・サンフランシスコを結ぶ太平洋航路が使われており、パスパルトゥが停泊地の横浜で喜劇を演じる。この頃には蒸気船は広い太平洋を軽く跨いでいた。汽送航路推進者だったペリーの来航と日本の開国、またそれによって惹起された幕末の激動は、交通テクノロジーの文脈から見ても必然的だった。

こうした太平洋情勢の変化によって、漂流は劇的に様変わりする。「生まれたての珊瑚島は別として」(マルクス＝エンゲルス、『ドイツ・イデオロギー』、一八四五年)、どんな孤島も軍事・運輸・市場の網の目に組み入れられた。かのマジェランが、その名が付けられた海峡を抜けて三カ月と二十日間も陸地を見なかった果て知れぬ広大な海が、いわば古代の地中海のような交通路となるのだ。孤島漂着者のサバイバルの試練は必然的に短くなる。新居船漂民のように二十年間(!)鳥島でサバイバルすることなどもはやありえない。万次郎らは鳥島漂着百四十三日後、四年後の阿波幸宝丸漂民らは二十五日後に(!!)、米捕鯨船に救出された。長期漂流・サバイバルの一義的に悲惨な相は薄れ、代わって、救出と異国体験に或る種の明るさをもちつつも、外交道具として振り回されるドタバタが漂流の主要な相となる。第二章で紹介する「永住丸」と「観吉丸」のように同時期に同灘で吹き流された和船同士が太平洋の真ん中で出会う、のみならず漂民たちが帰還途中に再びホノルル・マカオ・乍浦《さほ》などで出会う、という偶然というにはあまりに必然的な事態も、太平洋の交通状況のなせるわざである。

一方、日本の鎖国体制は情勢の変化にまったく遅れていた。一八〇八年長崎湾に侵入した英フェートン号事件、一八二四年英船の水戸襲撃に過剰反応した幕府は、捕鯨船が日本列島弧で起した悶着に対して異様な政策を採った。即ち一八二五年から一八四二年まで続き日本の悪評を招いた「異国船無二念打払令」である。

「何れ之浦方ニおゐても、異国船乗寄候を見請候ハヾ、其所ニ有合《ありあう》候人夫を以、有無ニ不レ及、一図ニ打拂、迯延《にげのび》候ハヾ、追船ニ不レ及、其儘ニ差置、若押而《て》上陸いたし候ハヾ、搦捕又ハ打留候而《て》も不レ苦候。本船近付居候ハヾ、打潰候共、又時宜次第可レ計旨」

が通達された。

これは漂民にとっては二重の恐怖をもたらした。一六三五年（寛永十二）に長崎奉行所宛に出された「異国江渡り住宅仕有レ之日本人来り候ハヾ、死罪可二申付一事」という鎖国令は厳然と存続しており、日本に近付くこと自体が危険な上に、もし上陸できたとしても以前より厳しい処罰を予感させたからである。この二重の恐怖が帰国を願う漂民たちの内面にどのような苦悩と行動をもたらしたか。これが本書の前半のテーマである。

第二章は、乗組み十三人のうち、五人だけが帰国、八人は異国に永住という分岐を示した「永住丸」漂民の動きを追ったもの、第三章は、先住民モンゴロイドの血を引くマクドナルドの鎖国日本への漂流密航の企てを紹介する。二重の恐怖を乗り越え帰国した漂流者は、石井研堂の言葉を借りれば「一種の准邪教者、要監視者」であって、開国前後に苗字帯刀を許されて遠見番となった者も「一見栄誉のやうであるが、実は変態の禁錮で、外国の事を口外させない為め」の処置にすぎなかった。しかし万次郎のように漂泊の過程で著しい変容を遂げる人物も現れる。やがてお雇い外人の登用によって、帰還した漂民の利用価値は急速に薄れ、万次郎も忘却されたのだが、奇妙な〝日米友好物語〟によって浮上した。第四章は、その万次郎を漂流魂という原点から再読する。これらはペリーと幕閣、あるいは志士たちが織り成す歴史の主脈から外れた片隅の事柄のように思われがちである。だが、じっさいに異国を体験し、そこから禁断の日本へ帰って来るのは大変なことである。彼らの必死のパフォーマンスこそ主要舞台として読み直すべきだろう。

ペリー来航と開国という今日なお精神的外傷《トラウマ》（マッカーサー占領と戦後はその反復である）を残す事件が本書の中心となることは当然予測されよう。類書が多いので、第五章では黒船に隠れていた漂民仙太郎＝米水夫サム・パッチに絞って、第六章では吉田松陰の黒船漂着密航の試みに絞って、この転換期をなす大事件を概観した。マクドナルド、デーマン牧師、万次郎、佐久間象山、松陰は本書の中心キャラクターである。彼らは、漂流者は救助されねばならぬという唯一のルールに基づき、偽装漂着によって密出入国を図るという歴史の裏技、いわばロビンソン・クルーソー・ゲームを開発した。その意外なつながりを読み取ってほしい。

本書の後半は、一八五四年に日本が開国した後、すなわち異国船が多数来航し、異国人が港町にあふれ、さらに一八五八年通商条約締結後は異国の商品が流入し、物価高騰・経済破綻しながらも、日本人の渡航と帰還は未だ禁止されていた時期（キリスト教禁令の高札が撤去されるのは何と明治六年。この遅れのため「浦上崩れ」のような悲劇が起る）に焦点を当て、吉田松陰、新島襄というよく知られた二人を、偉人伝説の枠組みから外し、彼らの人生の結節点に根本においてほぼ同一の意図的漂流の試みが存在し、そのことを伝える史料を詳しく検討する（第六、七章）。第八章は、笑って本書を読み終えていただくための〝おまけ〟である。

予告はこれくらいにして、お断りを二つ。まず、何でまた「ロビンソン」なのか。本書に登場する漂流者たちは、ロビンソン型の自己同一性の断固たる保持ではなく、むしろガリバー型の自己変容のかたちで適応力を発揮するから、「ガリバー」と呼んでもいいのではないか。たしかに前著で用いた対概念で言えば、十八世紀の孤島漂着者「ロビンソン」から十九世紀の異国遍歴者「ガリバー」へと、漂流者像の様変わりを把握してもよい。しかし、「ガリバー」像が優勢になるかに見えて実はその奥に、意図せざる漂着者「ガリバー」から意志する漂流者「ロビンソン」への動きが現れてくる（本書では触れるにとどめたが、黒田麹廬による最初のロビンソン翻訳が作用している）ことに注目していただきたい。このロビンソンは、自己同一性にしがみつき自国の生活を再現するロビンソンではなく、放浪に人生を賭け、人間の根源的要素まで降りて生活を組み立て直す、ジャン・ジャック・ルソーお墨付きの「ロビンソン」である。このロビンソンは、やがて現れる明治国家が保証かつ要請した留学生や外交官とは無縁である。あるいは、そうした地位から抜け落ち、底辺を転げ回わり、異世界でサバイバルを成し遂げる。漂流するとき、すべからく人は国籍不明人となって必死で生きる。「ロビンソン」記号にはこうした根源力が宿っている。そのつど漂着先の文化に依存しそこに呑み込まれがちな医者《ドクトル》ガリバーにはない力である。それゆえ「ロビンソン」の名で、成功者の背後に忘却された無数の失敗者を呼び戻し、「帰ってきたロビンソン」の背後に「帰らなかったロビンソン」「帰れなかったロビンソン」を見届けたいのである。

こういうバタ臭い用語をうるさいと感じる読者には、〝スンマセン〟と言うほかない。どうか寛恕の心をもって、すべての物語がロビンソン物語の変形と見えるほどに三十年間ロビンソン変形譚に浸ってきた筆者＝ロビンソン学者《おたく》のもはや直らぬビョーキと受け流し、本文中の「ロビンソン」を「漂流者」、「ロビンソン魂」を「漂流魂」と読み換えて頂きたい。しかし居直って言えば、この「ロビンソン」という些かアバウトな枠組みで見るとき、幕末から明治にかけての歴史がこれまでとは違って見えてくるはずだ。まず文字通り底辺には、廻船乗りとして幕藩体制の高度物流を支えながら「四大陸の共同墓地たる太平洋」（『白鯨』111章）の海底に没した無数の漂流者がいる。彼らは、壊血病でバタバタ死んだ帆船時代の水夫や、船から落ちた鯨捕りと並んで眠っている。その層の上に、帰国できず異郷に埋れた放浪者や、無事帰国しながら地元に拘束されたまま歴史から消えた幾多の帰還者がいる。これらの基層の上で見れば、密航に失敗した吉田松陰も、密航に成功した新島襄も、同類に思えてくるだろう。彼らは大まかに見れば、すべてロビンソンの仲間、内陸的思考に囚われがちな、明治二十年頃から固定化する国民国家からは本質的に外れる存在、海上でクルーソー＝クロス（苦労）する存在である。本書はそうしたジャパニーズ・ロビンソン・クルーソー列伝でありたいのだ。

もう一つ断るべきは、これまた、うるさいまでに一次史料の漢文・古文表記を重視したことである。日本語が読めなくなった日本人学生に音読させるテキストを作るという意図もあるが、この重たく感ぜられる表記は、元々は帰還者が実際に受けた雁字搦めの取調べが記録されたもの、つまりは当時の、そして目を凝らせば現在の日本社会の重苦しさそのものである。漂流者が必死で向き合った自然や異国の現実は、今日の安楽な生活や制度化した人間関係を剝いだ向う側に位置している。その重さと深さに迫るには、今日のあまりにゆるい日本語に依拠しては不可能である。今日の日本語の文章はますます、漢意《からごころ》を排しビミョーな心の動き（もののあはれ、大和心）を謳った本居宣長（一七三〇-一八〇一）の引力圏に引きずり込まれつつある。それはそれで女流文学・極私小説が栄え結構なことだし、私の文章も肝心な所はこの〝なよなよ〟路線で書いているので大きなことは言えないのだが、根拠を問い詰める思考は明らかに衰弱している。我々は、逃避ではなく現実に切り込む思想と文学のために、漢字熟語を使った概念的思考をもっと鍛えねばならない。そのためにも、コンピューター言語の英語一元化に対して、また意味不明なカタカナ外来語の氾濫に対して、五千年来の漢字文明の力を再認識し、中台韓日で漢字体統一を図らねばならない。その方向を睨んでの漢文・古文重視なのだ。ついでに言わせてもらえば、今日のネット社会で情報はいとも簡単に得られるが、すべてがバーチャル・リアリティ化しかねない状況にある。むしろリアルな現実性《リアリティ》は、リストカットのような自らの身体損傷という原始的場面を除けば、確かな一次史料の原文表記の中にしか残っていない。そこに記された漂流者の苦悩は、〝ケータイ〟をいじくる恋人の笑顔よりリアルではなかろうか。

ここで本書の素朴な執筆方針について。「歴史」とは、「史《ふみ》」を歴《へ》めぐることである。それゆえ、本書はまず一次史料に触れることを目指し、忘却された人物たちを、史料に現れる姿のままに呼び戻した。次に、二次文献にはあまり依拠せず、一次史料の隙間に雑学を盛り込み、臆断を奔《はし》らせることを目指した。精密なようで粗雑な方法だが、雑木林での山菜・茸探しと同じだ。山に入り、藪扱《こ》きながら、これまで蓄えた記憶と勘を奔らせる。「歴史」という雑木林では、名を残した人物だけでなく、いかに多くの忘れられた人々が、また多くの事柄が共振していたことか。それらはライプニッツの単子《モナド》のようなものである。窓を持たず孤立しているが、お互いを、そして世界を写し出し、「帰還の祝祭」（バフチン）を待っている。「歴史」には、単線的な因果系列を追っていては見えない共属・共振関係がある。見るべきものは秋晴れの朝のマントカラカサタケのようにドタバタとして現れ、夜露を浴びドタバタと消えるだろう。

本書で紹介する開国前後の漂流者たちは、日本という国家の未形成時代・形成過程そのものの縮図のように、自らの人生を歩んだ。彼らの人生は忘却されるか、ごく一部の者はありきたりの偉人伝に収められた。国家の歩みも、その時代が含み込んでいた無数の可能性の幅の中の一つに収まった。しかし現実の「歴史」には、これまた人生と同じように、他様でありえた無数の可能性が走っていた。あとから見ると滑らかに綴られる教科書的歴史に、じつはとんでもないドタバタがあったのだ。勇敢な読者は、分かりやすいが毒抜きされた二次文献ではなく、原石の鋭さをもった一次史料の中に入り、その多方向に分岐する可能性を感じ取るだろう。これから多分に偶然を介して展開するであろう「未来」を予料するためには、この可変性の感触をつかまねばならない。しばしば「未来」はSFめいて想像されがちである。しかし「未来」がまったく新しいものとして一挙に到来することはありえない。質料的《マテリアル》に考えるなら、「未来」は「過去」が含み込んでいた可能性の幅の中にあるほかない。言い換えれば、「過去」は完全には過ぎ去っておらず、「未来」はすでに到来している。それは感じ取るほかないのだ。「歴史」研究の意義とそのあり方はここに存する。

前置きはこれくらいにして、漂流記録を読むことにしよう。

＊ 古文書引用には、句読点、ルビ、返り点で読みを補い、（　）で内容を、〔　〕で宛字を補った。ルビは最小限で付している。また傍点は筆者による。

開国前

〈意図せざる漂流者〉

第一章　帰れなかったロビンソンたち――寿三郎と庄蔵の書簡

初めに、異国船打払令が廃止される少し前の一八三七年、寿《じゅ》三郎と庄蔵が、マカオから長崎に向かう新任のオランダ商館長ピーター・アルベルト・ビクに託した手紙を紹介する。漂民七人の送還をきっかけに通商（あわよくば布教）を図ろうとした米オリファント商会のモリソン号に乗り、日本上陸まで果たしながら打ち払われた二人が、六年後に故郷に宛て、生存と帰国断念を伝えた手紙である。

この二人は、肥後川尻舟の船乗りで、原田庄蔵は船頭。他に水主として島原口之津の力松と熊太郎がいた。有明海埋立の結果、現在の川尻は畑が広がる熊本市南郊農村であるが、昔は広大な干潟に注ぐ白川の河口湊だった。四人乗の小舟は天草から薩摩芋を運んでくる途中に遭難し、ルソン島北部まで流された。漂民四人は、マニラからマカオへ送られ、北米西岸漂着後イギリス経由でマカオに回されて来た音吉ら三人と合わせて、モリソン号による送還が図られたが、江戸と薩摩において打ち払われ、七人の漂民は故郷に帰れないロビンソンとなった。

このモリソン号事件は幕末の政治に大きな影響を与えた。密かに筆写されて広まった「戊戌《ぼじゅつ》夢物語」は、高名な英人中国学者ロバート・モリソン（一七八二―一八三四）にちなんだモリソン号を当人の持船と勘違いし、さらに尾ひれを付け、「南海中の諸軍艦一切支配仕……少くも水軍二、三万位も撫育仕候……四、五万石位の大名位の」モリソンが「日本は民を憐まざる不仁の国……理非も分り不レ申暴国と存……是より如何なる患害萌生《もえいで》仕候やも難レ計」、と世論を煽って物議をかもした。父林述斎の命を受けた目付鳥居耀蔵は、高野長英（一八〇四―五〇）を執筆者と突きとめ、支配者も年貢もない「無人島」（小笠原諸島）を開墾しそこに寄港する外国船に乗って洋行するという洋学談《サ》話会《ロン》「尚歯会」のユートピア的夢想に付け込み、これを大陰謀として立件。洋学者を一斉逮捕し、多くが獄死・自殺という悲劇となった。「蛮社の獄」である。三河田原藩家老としての世間体を気にして自殺する渡辺崋山（一七九三―一八四一）と、放火脱獄ののち六年間逃走を続け顔を焼いて江戸に潜入し捕縛直前に自殺する長英、この洋学弾圧期における黒田麴盧のロビンソン物語翻訳「漂荒紀事」（一八五〇年）という途轍もなく無謀な試みなど、語りたいことは山ほどあるが、それはさておく。

ここで読みたいのは、幕末の激動史からは忘れられてしまう、当の帰り損ねた漂民からの手紙である。勝海舟『開国起源』によれば、これを見た長崎奉行は「一見惨然」として幕閣へ進達したが、老中たちは漂民連れ戻しをオランダに依頼する件を却下。引き続き「打払令」励行の構えに対して、第四、六章で触れる佐久間象山を活用した松代藩主真田幸貫が「打払令」廃止を主張。一八四二年になってようやく天保薪水令が出たが、それは、帰らぬことを決心せざるをえなかった漂民たちにとっては、むごいほどに遅すぎる措置となった。

いまでは歴史に埋もれた呟きでしかないような書簡を紹介するのは、まず事柄自体が、藤圭子の演歌ならずとも、最低限の物語化を要求しているからである。彼らは、早すぎた「ジョン万」、控えめな「ジョセフ彦」とでもいうべき存在である。辛うじて言葉となりえた彼らの嘆きは、開国前後の漂民たちの経験の基底をなすものであり、その呟きは、彼らのような記録すら残せず太平洋の底に（あるいは太平洋を取囲む長大な岸辺に）眠る、帰れなかった無数のロビンソンたちの嘆きを代弁するものである。そして注目すべきは、中国に残留した彼らの活動によって中国内の漂民送還連絡網が確立することだ。これによって次章以降で述べる永住丸・観吉丸・栄力丸の漂民たちが、紆余曲折を経ながらも帰国することができた。彼らの活動は、太平洋漂流記録そのものの成立に関わるのだ。それは本書の前半部を貫く一本の糸として以下の叙述に見え隠れするだろう。

さて山下恒夫編『江戸漂流記総集』第一巻のテキストを用い、背景の理解は春名徹の決定的な名著『にっぽん音吉漂流記』に拠り、手紙を読んでみよう。玉名（肥後）出身だった寿三郎の手紙の表書《おもてがき》はこうである。

「オホソレナガラ、ヒトフデ子《ネ》ガイアゲタテマツリソロ（一筆願上奉候）、シカレバ、ワタクシドモ、天保六年十一月、オホカゼニテ、ナガサレ、異国人ヨリタスケラレテ、マタ異船ヨリ、セン子《ネ》ン（先年）日本エカヘリ、ケレドモ、オンウケトリクダサレズニヨツテ、ゼヒナク、マタ外国ニカエリソロ、シカルニ、ワタクシ、チ、ハヽ、キヤウダイニ、ハナハダアイタイケレドモ、アハレヌニヨツテ、コノワタクシノ、テガミヲ、オリヨクバ、イナガラ、オンヲクリクダサレ、子ガイタテマツリソロ、イジヤウ　肥後国玉名郡坂下手永晒　寿三郎　長崎　御役人衆中様　御家来様」

たどたどしいカタカナ文には、西川如見の文飾を凝らした偽書「じゃがたら文」ではとても追い付けぬほどの深い嘆きと諦めきれない諦めが籠められている。読者は、ぜひ音読して欲しい。壊れそうなまでに繊細な寿三郎の心の動きが伝わってくるはずだ。表書に続く本文では、漂流そのものは不可抗力であったにもかかわらず、禁断の異境の地（じつはマカオの「海外伝道会印刷所」という異教の拠点）にあって生計を立てているという「罪」の意識からか、理不尽なまでの「謝罪」が繰り返される。

「……ナガレシコトハ、ワタクシ、ジシンノシワザデハナク、トワモウシナガラ、オンヤクニンシユヂウ〔御役人衆中〕、ナラビニ、オヤ、キヤウダイ、イツケシンルイトウ〔一家親類等〕マデモ、ナンダイ〔難題〕ニナリケルトゾンジ、ワタクシ、アクニン〔悪人〕トモ、フカウ〔不孝〕トモ、フデニハシルサレズ、コレワ、オンユルシクダサレソロ、タヾシ、ワタクシ、ワガクニエ、カヘリタキコト、ウミヤマニモ、タトエラレズソウラエドモ、カヘツテハ、マタ、テンカサマ〔天下様＝将軍〕、ナラビニ、ワガクニノ、トノサマニ、ゴナンダイニ、ナルコトニ、オソレテ、カヘリタクハナク、マタ、ワタクシノ、イマ、デノ、カンナン、クロウワ、マヅ、セカイニ、タトエルコトハナク……」

すでに表書にあった親兄弟に「逢いたいけれども」「逢われぬ」というジレンマはここでは、「帰りたきこと海山（ここには「父の恩は山より高く、母の徳は海より深い」という『童子教』が響いている）にも譬えられず」、されど「御難題になることを怖れて帰りたくはなく」というジレンマとして表現されている。この手紙の発信は天保十二年。打ち払われてからもはや取り返せぬ数年の歳月が経過している。それはすでにキリスト教に改宗し欧米側に帰化した人間として生活した時間だった。

寿三郎の手紙はこのあと「シカシ、ソノワケ……」と、そもそも異国に居住するに至った経緯を伝え始める。ルソン島への漂流と捕囚生活についての貴重な記述である。

「三十五日ナガレテ、ソノウチ十三日、ノマズ、クワズ、ソウシテ、イコクニツイテ、チニアガリケレバ、クロンボ〔黒坊〕、ハルカムカウ〔遥か向う〕ヨリ、マイルニ、シゼントチカヨリ、ソノカタチヲミルニ、ハダカニテ、ユミヤ、カタナヲ、モツテマイリ、ワタクシドモ、コレヲミテ、コレコソ、ヲニ、マチガイナシ、イヨ〳〵クワレルニ、ソオイナシ〔相違無し〕トヲモイ、カノクロンボ、ワタクシドモニ、テヤヒ〔手合〕ヲイタシテ、キリモノ〔着物〕ヲワタサヌト、ユミデイコロスト、ヤリノホサキノヤウナル、ヤノネヲ、ヒツクワシテ、ユミヲヒイテ、ホドロカシテ、ミナ、イルイ、ダウグ〔道具〕ニイタルマデ、モギトリソロ、ソノトキバカリ、セツカク、チニアガリテ、イチメイ、オワルトハ、ザンネンシゴクト、ヲモイソロ」

長期の漂流と飢餓の実態、「鬼」と思われた黒色のマレー系原住民に身ぐるみ道具一切を奪われた様子が語られている。しかし渡る世間に「鬼」は無し。「ソノクロンボノトコロニ、三十日カクマワレ、ソノアイダワ、マイニチ〳〵カライモヲ、ハラハンブンタベサセラレテ、イチドキリニテ、ヤウ〳〵、イキノカヨフ、バカリノコトナリ」

日に一食、腹半分にもみたぬ薩摩芋をあてがわれ、何とか息（生き）はしていたということだろう。十九世紀ともなればルソン島原住民はすでにキリスト教化されていた。利七の「漂流記談」（第五章参照）によれば、「力松等、帰り度と云ふ事を、手似して見せけるに、島人、其の胸のあたりに掛居りたる、真鍮の十文字形の守りの様なる物を指し、是れを拝みなば送り帰すべし、左もなくば、捨置くべしと云ふ趣き也、依つて拝みければ、大いに喜び候体にて、諾《うべな》ひけり、此の守りと云ふは、切支丹の磔に逢ひし写し也、其の後、大木の二丈計りも有るを指して、是れにて船を造り、送り帰すと云ふ様子なれば、いかゞ成る事やらん、何果すべきと思ふ内、大勢打寄り、其の大木を切倒し、船の形にしつらひ、火にて焼き、掘貫いて船となしたれば、六十日計りに成就しけり」。キリスト磔刑十字架を拝むと原住民は大喜びし、巨大な丸木舟で、おそらく褒美を貰える教会がある所へ送ってくれた。そこからの行路は寿三郎に拠る。

「コレヨリ、ヲクラル、ミチノコト、カイジヤウヲワタル、ニワカ（俄か）イジヤウ（異常）ニアヒ、ソノトキモ、ヤウヤク、イノチヲタスカリ、マタ、ヒトノカヨワヌ、オホヤマ、アルイワ、タニ、ダニ、カワラワタリ、ヤマノナカニ、ハナハダ、ヒルノ、オホキトコロナリ、コノヤマミチヲ、マイルニワ、タニノ、ミヅノアルトコロ、ヒノ八ツジブンヨリ、シバ、タキヾヲ、アツメテ、ネドコロヲツクリ、ノジクヲイタシ、ワタクシドモヲ、オクルヤクニンワ、ユミヤ、テツポウヲモツテ、ハナハダ、ヤウジン、キビシクシテマイリ、コノナンシヤウミチ（難渋途）ヲ、四日ガアイダ、アユミソロ、コノアイダニ、ヒトイチニン、オルトコロナシ、コノクニノナ、マヰニイラト、イフナリ」。マニラに着くまでの、海難、山中行、渡渉、ダニ、蛭対策、野宿の様子が簡潔に綴られている。

ウィリアムズ『ペリー日本遠征随行記』によれば、このあと四人はマニラからマカオへ送られ、そこで路頭に迷い、ともに自殺することまで考えたようだが、手紙は、キリスト教宣教師との接触は伏せて、三年前に漂流した尾張「宝順丸」の生き残りの三吉（岩吉、音吉、久吉）と合流し、七人が米船で日本へ向ったことを告げる。

ここで知多半島小野浦「宝順丸」の漂流に触れておく。一八三三年、十四人乗組み千五百石積の廻船は、江戸をめざして鳥羽港を出た後、遠州灘で遭難し、十四カ月後に北米西岸フラッタリイ岬に漂着した。同じ知多半島半田の重吉を船頭とする「督乗丸」の四百八十四日北太平洋漂流に匹敵する長期漂流の様子は何一つ分かっていない。若かった小野浦の音吉と久吉、尾張宮出身のベテラン岩吉だけが生き残った。この頃カリフォルニアはまったく未開の地である。三人は北米先住民マカ族の集落で奴隷として使役されていたところを、ブリティシュ・コロンビアに進出していた英ハドソン湾会社交易所長ジョン・マクラフリンによって買取＝救出され、「大英帝国の勢力の下に入った最初の日本人」としてハドソン湾会社のイーグル号に乗せられ、ハワイ、ホーン岬廻りでロンドンに到着。さらに「大英帝国の力と威厳に対して畏敬の念を抱き、それを同国人に伝える機会」を与えるために、喜望峰廻りでマカオまで送られ、現地の外交代表者の権限を持つ英貿易監督官の差配で通訳官ギュツラフのもとに預けられていた。そこへ庄蔵らが合流したのである。

新教宣教師ギュツラフ（一八〇三―五一）も手紙には現われないが、聖書（「ヨハネ福音書」「ヨハネの手紙」）を初めて日本語に訳した人物である。戦国時代にやってきた旧教は改宗者に聖書原典を（というよりむしろ原典解釈の自由＝恣意性を）与えなかった。これに対して新教は積極的に聖書を信者の心に委ねた。日本人に聖書を届けんとする異様な熱意の結果、善徳《ギュツラフ》の『約翰《ヨハネ》福音之伝』の奇天烈な日本語が出来上がる。その冒頭部が「ハジマリニ　カシコイモノゴザル。コノカシコイモノゴクラクトモニゴザル。コノカシコイモノワゴクラク」と訳されたことはよく知られている。言葉《ロゴス》は「カシコイモノ」、神は「ゴクラク」、預言者は「マエカラ、シイテヲルヒト」とされた。ちなみに聖霊が「カミ」と訳されている。こうした訳語の確定に漂民の世界観がどの程度あらわれている

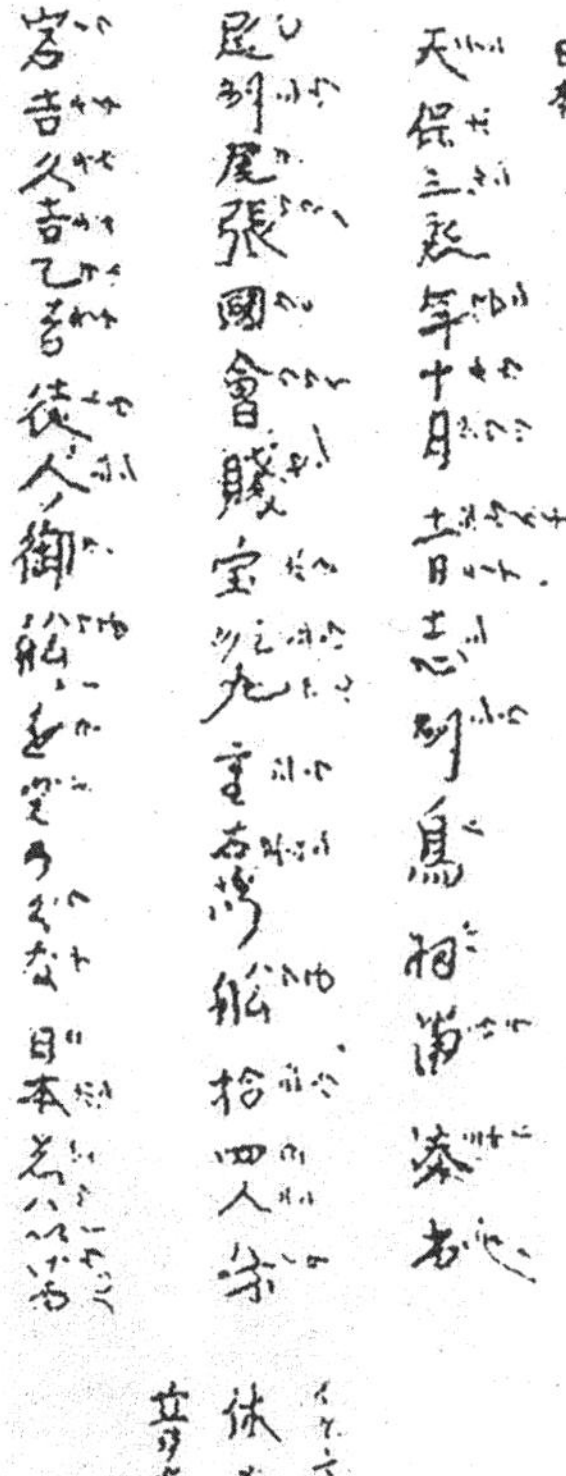

日本送還について英貿易監督庁に提出した三吉同意書

か、議論が分かれるが、「洗礼を施す」が「垢離《こり》ヲ取ラセル」と訳されており、「ジヨン　ムスメゴ、ヲドロクナ（シオンの娘よ、懼るな）」（12-15）「ハラノナカニヲドロクナ（心を騒がせないがよい）」（14-1）が、「三吉」自筆の送還同意書「徒（唐＝異国）ノ人ノ御船ニをどろくな　日本ゑハいける」の語法と通じていることから察するに、彼らの語感と言葉遣いを参考にしたことは間違いない。それにしても、「ワシラニ　イノチ　井キカエラセルヒト、ワシニゾンジルヒト　シンダレドモ、井キカエラズ（スの誤植?）。ミナイキテヲルヒト　ワシニゾンジルヒト　、アランカギリシナヌ」（11-25,6）、「ワシヲマエタチニ　ホントマコトヲユフ。ムギノホヲヂエヲト井テ（地え落といて）、クサラヌナラバ、ヒトツボ（ブの誤植?）バカリ。タヾシ　クサルナラバ、クダモノ　タントナル」（12-24）という訳文で意味が伝わったとは思えない。こうした庶民層から訳語を得る試みは、第五章で触れるゴーブル『摩太《マタイ》福音書』のひらがな訳まで引き継がれたのち、放棄され、漢文調の文語訳の出現を見るだろう。ともあれ漂民たちが、極禁の世界に触れるのみならず、その聖典の翻訳に関与したことは間違いない。その思いが、理不尽なまでの寿三郎の謝罪となって表れているのだ。

　モリソン号派遣案は、福音主義に基づく海外伝道を進めていた米オリファント商会の共同出資者チャールズ・キング（1809-45）の中国到来で本格化した。これにギュツラフが絡む。春名徹によれば、オランダ伝道会から派遣されたポメラニア出身ドイツ人カール・フリードリヒ・アウグスト・ギュツラフ（1803-51）は、「伝道の機会が熟するまでは辛抱づよく待ちつづけ、その間に中国研究を深めておこうという」先任通訳モリソンと違って、「自分から積極的に条件をつくり出していこうとする型の人間」であり、「産業革命の結果生みだされた綿織物その他の工業製品の市場をアジアにもとめようとするイギリス産業資本の要求と奇しくも一致」して、「木綿と福音」（あるいは「アヘンと福音」）の市場を中国に拡大するためには軍事介入をいとわぬ路線に沿って、ネーピアの後任として保護貿易主義の東インド会社を中国から撤退せしめ自由貿易論＝武力介入論を推進した英貿易監督長官（Chief Superintendent of the Trade）チャールズ・エリオットの下で通訳を務めていた。この「山師《ハムバック》」が、福音船《ゴスペル・シップ》を日本に派遣するキングに意気投合。やや個人プレイ気味に米外交案に漂民七人を提供したのである。

　モリソン号事件が起ったのち幕府に提出された「長崎入津之阿蘭陀船主より之風説」によれば、出発前、英蘭間のかけひきがあった。「日本人七人漂流仕候を暗尼利亜《アングリア》船、洋中ニ而《て》救申候由、右を蘭人見受候間、日本国之儀者《は》鎖国之禁ニ候得者《ば》、他国より直ニ届候事者《は》出来不レ申、阿蘭陀人江受取候而《て》相届可レ申旨、兼而《て》申渡有レ之候間、此方江渡し可レ然由申候処、暗尼利亜《アングリア》人申候者《は》、此方江直ニエフ〔江府〕江届可レ申、其方ニ世話ニ者《は》相成不レ申、と申断候由」。つまりオランダ側は日本貿易独占の利権を守るべく漂民七人を引取り送還しようとしたが、英国側は拒否したという。

　このような諸国間のリアルポリティークの只中にあって、一八三七年七月四日、「文明とキリスト教の普及」のためのモリソン号（D・インガソル船長）がマカオを出航する。乗組んだのは、「渡航計画の立案者」キングとキング夫人と女性の使用人。無料診療によって宣教を図る医師ピーター・パーカー（1804-88）は、「大量の薬と治療用器具を持参」した。こう語るサミュエル・ウィリアムズ（1812-84）は、日本研究のため同行。彼はニューヨーク州ユーティカの印刷職人・書店主の息子。印刷工の技術訓練を受け、組合派平信徒の文書伝道者となり、一八三四年からマカオのア

20年後のペリー艦隊通訳時のウィリアムズ（高川文筌画、「金海奇観」、早稲田大学図書館所蔵）

メリカ海外伝道会印刷所を任されていた。

那覇で、領有のため小笠原諸島調査に出ていた英国軍艦ローリー号から、英国側の目付役を兼ねたギュツラフがモリソン号へ乗り移った。いよいよ日本へ近づくとき、「宝順丸」の三人は、仙台若宮丸漂民に続いて、日本人として二番目の世界周航者となるのだが、その意義を認識する余裕などなかっただろう。江戸に二十回も行った岩吉だけは周辺の島や岬を視認して喜んでいたが、無二念打払令（一八二五年）以後で天保薪水令（一八四二年）以前という不幸な巡り合わせの時期に、「三千石余積」の異国大船で、十六年後ペリーが砲艦外交でこじ開けることになる浦賀水道に迫るのである。打払令の期間も幕府は、長崎への中国船、オランダ船による漂民送還を受け入れてはいた。しかし、長崎での通商交渉は必ずオランダ側の妨害に遭うと予測したモリソン号は、無謀にも江戸湾に侵入していった。やがて打払いの砲撃が始まる。

寿三郎の書簡は砲撃の恐怖を綴る。「アメレカトイフクニノ、フネヨリ、江戸浦賀ノクチマデ、マイリソウロトコロ、ソノトコロヨリ、イシビヤデ、ウチイダサレ、ソノイシビヤノタマデ、岩吉ワヅカノコトデ、アヤウキイノチヲモウケ、ナラビニ、マタ、サツマエマイリ、コンドワ、ワタクシト庄蔵ドノト、チニアガリテ、オンヤクニンニ、ツゲソウロトコロ、チガモツ〔児ケ水〕ニ、イカリヲオロサセ、二日マタシテ、三日メノ、アサヨリ、マタ、イシビヤデ、ウチイダサレ、マコトニ、ソノトキノ、カナシサ、アワレ、カヘス〴〵モ、ウミヤマニモ、ナニ、モタトヘルコトナキ」。ここでは薩摩での砲撃の精神的ショックまで述べられるが、まず江戸浦賀での物理的衝撃が語られている。その打払いの実態は、危うく死者を出すほどの激しい砲撃だったのだ。音吉の回想を聞いた利七の『漂流記談』によれば、「弐十町」を隔てながら四発命中。「本船」と「端舟」を「打貫」いた。次章で述べる永住丸亥之助の「海外異話」によれば、「船ノ右ヨリ左ノ方へ打抜タリ。其玉薬ノ勢強キコト実ニ可ㇾ恐ト云フ」

　このときキングが、漂民返還より交易と福音を主として交渉を画策し、漂民を船室に隠していたことが方針の誤りだった。浦賀奉行太田運八郎は、船籍も目的も分からぬ船に対しては、通達どおり「無二念」に「打払」よりほかなく、「万一異人……上陸乱妨等も難ㇾ斗」ゆえ、陸上防備を固めた上で、「三百目玉御鉄炮三挺其外中筒小筒相廻し陸地より打払」態勢をとり、「御備船共も押出し百目玉五十目玉御筒にて追打」を放った。ウィリアムズによれば、「浦賀の高台の砲台に昨日あった四門が、夜半のうちに海岸まで運び下ろされ、僕たちの船と直角の位置にあたる防波堤の上に据えつけられ」た。パーカーは、「夜の間に、大砲が砦から対岸の岸に運ばれ……船をよく見ることができるようになるとすぐに発射し始め」た、と観察している。島原の乱より二百年ぶりの砲撃実戦だった。このときの幕府が示した砲撃能力は、十六年後にペリーが、漂民返還を梃子に開国を穏やかに迫るという戦略から威圧的砲艦戦略へと転換し、射程距離外を保って同じ浦賀水道へ侵入するときの判断材料となる。

船頭として読み書きができた庄蔵の書簡は、打払われたときの動揺と悲嘆を、「石火矢にてうち出され、其時は我供まことに七人共に、しがひ〔自害〕をいたすはずに相極め候得共、わが共の檀那様（キング、ギュツラフ、パーカー、ウィリアムズ）より見出され、おまへたち、はやまるな、又ふたゝびさつまへ行くと申されければ、わが共おふきに〔大きに〕よろこび……」と語る。ここには、御法度のアメリカ船で接近することの不安が一挙に現実のものとなった落胆と、宣教師たちの激励を受けて何とか立ち直り、川尻船の故郷に近い薩摩へ向かう際の期待感が現われている。キングは、「諸大名のうちで最強であり他に依存するところの少ない大名〔島津〕」に期待して、漂民を正面に立てて交渉することにした。この狙いは適確である。薩摩で七人のうち三人は上陸を果たし、密貿易の可能性を探る薩摩側も最初は交渉に応じていた。

しかし幕府の意向を怖れた守旧派の島津斉興《なりおき》と藩上層部の判断（「漂流記談」によれば、「汝等が申所勿論相違なき状は承知致したれども、一旦浦賀にて打払ハれたるもの故、容易に受取る事叶ひがたし」という判断）が、三日目のいきなりの砲撃となった。この砲撃は、江戸湾とは異なり、船を狙わぬ単なる警告だったが、二度目の、しかも期待を持たされた後での打ち払いは、漂民に精神的衝撃を与えた。庄蔵書簡からの引用を続ける。「いかようにまちがひ候や、又石びやにてうち出被成《だしなされ》、我供其時はまことに、からだかなはぬゆめのごとくに相成候へば、船の下へはいこみ〔這い込み〕、みな人かをゝみやはせ〔顔を見合わせ〕、まことにばかの通り相成、三四日飯もたべずにとこにつき候処、其間に船ははしり、日本の方もどこやらしれぬよふに相成候へば、我どもなげきかなしめ共《ども》、あとへかへらず、其時思ひしり、まことに、つみの人とあきらめ、日本にはふたゝびかへらぬとさだめ」たのである。「からだかなはぬゆめのごとくに相成候」という体験はいかばかりであったろうか。夢が破れ全身から力が失せ、呆けたように床にへたりこむ様子が痛々しい。「漂流記談」によれば音吉はのちに、海に飛び込めば救助されたかもしれない（「我れ其の時には狼狽のあまり心も附かざりしが、今思へば、始めの船の付添ひ来りし時、我等海へ飛入り船を目当に泳ぎ付きなば、漂流人を御受取被レ成《なされる》には無レ之、海へ溺れしものを御助ケ被レ成訳なれば……」）と回想するが、そのときは七人とも脱力感に襲われどうすることもできなかった。「罪の人と諦め」という表現は、七人が脱力状態から這い上がるようにして立ち上がったとき申し合わせた現実認識であり自己認識だったのだろう。

　ウィリアムズも七人の激しい落胆についてこう述べる。「日本人漂流民の期待感は、これまで高く高く舞い上がっておりましたのに、それだけに落ち込み方も深刻でした。仲間のうち三人までが、仏教の坊さんのように、坊主頭に頭髪を剃り落としてしまいました。……そうすることで、外国人の間で生涯を送る決意表明にしたかったようです。彼らばかりでなく、全員が、静かにマカオに戻って、終身国外追放者になることに、同意いたしました」。この結論に至る前にキングは、長崎に回ることを提案した。しかし「長崎である役人の召使をしていた一人（寿三郎か？）は、仲間の者にむかって長崎へ行くことの危険を強調した」という。「長崎へ回航すれば、漂民の引渡しだけは実現し得たことは、ほとんど疑う余地がない」（春名徹）のだが、厳しい「切支丹宗門」取調べが待っていただろう。パーカーの冷徹な観察によれば、「日本人の船員は同国人の疑いと裏切りにさらされるので上陸することを望まず、自らの希望でモリソン号に乗って広東へと引き返した」のである。ウィリアムズの総括によれば、モリソン号渡航は、「二千ドルの費用をかけながら」、収益はゼロ、「布教の観点、または科学的な観点から」見ても「成果は皆無」だったが、「七名の日本人たちは……有益な働き」を見せ、とりわけ「力松と音さん（Otosan 音吉）は……正しい生活のなかで、自ら告白した信仰が、活きた生活信条であることを示し」、「日本におけるプロテスタント教会の最初の果実」となった。

音吉、庄蔵、力松らは、以後、贖罪のように、日本人漂流民の中国からの送還（「我供のかんなんの事おもい出し、日本よりながれ人とき丶候へば、よびよせ、日本へおくりつくるはずに御座候」）に尽力する。次章で触れる永住丸の亥之助は庄蔵らの助けによって長崎への帰還を果たすのだが、次のように言う。

「肥後ノ庄蔵ト云者ハ船頭ニテ、故郷ニ妻子モ有レ之、相応ニ渡世モセシ者ナレバ、早異郷ニ十余年モスメドモ、中々故園ノ情忘ル丶隙《ひま》ナク、元漂着セシ所偏地ニテ帰朝ノ便リナク、空ク日月ヲ送リ帰朝ヲ失タリ。今更帰朝センモ上ヘノ恐有リ。勿論命モ有マジケレバ、無拠《よんどころなく》足ヲ留、南アメリカノ役人ニ随ヒ、支那ヨリ南蛮辺ニ往来シテ我国ノ漂人等ヲ聊助帰サンコトヲ勤ム。是吾ガ郷愁ニ他人ノ情ヲ察シ、斯セシコト也。願バ、帰国無レ恙コトノ書ヲ贈来ランヲ喜楽ムト云シ由」（「海外異話」）

「吾ガ郷愁ニ他人ノ情ヲ察シ」という言葉に、自分たちの無念の思いと寂しさを他の漂民たちの帰郷の願いと考え直して生きてゆく哀しい決意が表れている。

寿三郎の書簡は、その贖罪の努力の決意を表明しながら、「日本」への断念しきれない思いをにじませ、次のように続く。

「ワタクシドモ、唐澳門《マカオ》ニイレバ、日本ヨリ、アクフウニテ、フキナガサレ、セカイニワ、ドコニツイテモ、ワタクシドモノトコロニ、オクッテマイルニヨッテ、ソノヒトノ、ナンジヤウ〔難渋〕ヲ、イタサヌヤウニ、ミナ唐船ヨリ、日本エヲクル、マタ、オランダノフネデモ、ズイブン、トコロニヨツテワ、日本エヲクラレル、日本ノヒト、ナガレテ、マイツテ、カンナン、クロウヲ、イタサヌタメニ、ワタクシドモ、唐澳門ニスミイテ、フタヽビ、日本エカヘラヌト、ヲモヒ、アキラメソロ、コレマタ、ワタクシ、ジシンノ、ツミヲバナクスヤウノタメナリ、タヾシ、イコクノヒト（西洋人）ハ、モロコシジン（中国人）トワ、イマ、カタキ（アヘン戦争）ニヨツテ、イコクノヒト、日本ノ人ヲ、タスケテ、マイツテ、唐人ニ日本エ、オクリテ、クダサレト、タノンデモ、ウケトラズ、ヨツテ、ワタクシドモ、アメレカノヒト（米国人）ニ、ヤシナワレテワ、イレドモ、トウゴクト、イコクノアイダニ、イルゴトクニヨツテ、ズイブン、イコクニモ、トウゴクニモ、タノマレルナリ」

半ば帰化した彼らは、のちに洋船によって中国に着いた日本漂民を乍浦《さほ》―長崎の帰還ルートに乗せるべく奔走するのであるが（二、四、五章参照）、玉名にいたときには自覚されなかったであろう「日本」記号が、「唐国と異国の間」を漂う寿三郎の胸中に涌出している。しかしそれは寿三郎にとっては「帰らない」「帰れない」という否定をまとってしか現われない記号である。
これに較べると、偽書「じゃがたら文」の表現は、技巧的なようで実は直截的である。例えば、「あまりに日本のこひしくて、やるかたなき折ふしは、あたりの海原をながめ候より外は御ざなく候、げにや古き歌に、大そらはこひしき人のかたみかはものおもふごとにながめこそすれ」「あら日本恋しや、ゆかしや、見たや〳〵」といった調子である。寿三郎の胸中の「日本」は、このような単純な現われ方をすることができず、屈折を極めるほかなかったのである。寿三郎は最後まで諦めきれない。現実はなにかの間違いで、いつか帰れるのではないかと思っていたのだろう。

「オヤ、キヤウダイ、シユヂウ〔衆中〕モ、ワタクシハ、ナイサキト、オモヒ、アキラメクダサレ、イマ、ワタクシ、ナニヒトツ、フジユウイタサズ、タヾシ、ワガクニノコトヲ、ヲモイ、カナシムバカリ、コレワ、ジ、ンノツミト、アキラメソロ」「ナヲマタ、ゴヘンジ、ヲクリクダサレル、ヤウナラバ、カタカナニテ、コノトヲリニ、カキテヲクリクダサレ、チ、ハ、、キヤウダイ、ナラビニ、トモダチシユウ、ナニホドニ、オンクラシナサレルカ、コノコトバカリ、オンシラセ、クダサレ、ワタクシニ、カエレト、イフコトワ、オンカキクダサレ、ムヤウ、カクノゴトクニ、ゴザソロ、イジヤウ」

私のことは無い者と思ってくれと書きながら、故郷のことが知りたい、手紙をくれと願う。「私に帰れと言ふこと無用」と書きながら、帰りたいという嘆きが溢れ出ている。未練がましいといえば酷というものだろう。むしろ「ヨハン子スノ　タヨリ　ヨロコビ」と訳された『ヨハネ福音書』の衝迫力に似た「タヨリ」をこそ「ヨロコビ」と感じる孤立者の心情を思うべきである。

寿三郎に対して船頭庄蔵の諦観は決然としている。「我の舟中四人おなじく所へ居申候、みな人、神や仏の御力にて、びょふきけのなく相くらし申候、然ば我供《われらども》儀、日本より出し日を、名日〔命日〕になされ下さるべく候」。しかし四人の一人熊太郎は病没したのか、早々記録から消える。故郷への思いを諦めきれず自らの帰属先を定め得なかった寿三郎は、幻想の「日本」を求めたのか、一八五三年アヘン中毒で死ぬ。

ギュツラフはアヘン戦争締結条約時に「山師《ハムバック》」と称されるほどに暗躍した。戦後占領地の民政長官に収まったことは次章で見る。ウィリアムズは、マカオの印刷所に庄蔵ら三人を住まわせ、日本語を学び、『馬太《マタイ》福音伝』稿本を作った。その正本は横浜S・R・ブラウン宅にもたらされたが焼失、庄蔵写本が長崎に伝わった。十六年後、ペリー「日本遠征」艦隊の通訳に動員されたウィリアムズには、第五、六章で出会うだろう。のち米大使館員として活躍し、帰米後はエール大学で中国学《シノロジー》を教えた。「宝順丸」の岩吉は英貿易監督庁の通訳となった。その活動の一端は次章で触れる。岩吉は一八

宝順丸乗組員14名の墓.（小野浦良参寺）。音吉（ジョン・M・オトソン）の墓は長らく不明であったが、シンガポール国立墓地へ移されていることが判明し、2005年２月、遺灰分霊式を経て、この寺の墓に納められた

五二年寧波で不倫の妻に殺害されたという。久吉は中国人の妻を娶り、晩年は福州で生活。没年不詳。音吉はモリソン号で水夫を勤め、アメリカに渡り、のち英デント社員となり、上海で暮らし、マレー人の妻の故郷シンガポールで没した。

手紙を長々と紹介したのは、彼らの切なさを文体で感じてみたかったからである。帰国を諦めたこの漂民たちの屈折した想いは、ウィリアムズの奇妙な日本語とともに、以下本書の随所で、取調べ調書に現れてはならないゆえに隠されつつも、様々な影を見せ、本書の史料全体の通奏低音となるであろう。この帰れなかったロビンソンの嘆きが辛うじて後世に伝わったことは、まことに「タヨリ　ヨロコビ」である。それは、次章に述べるメキシコ・ペルー・チリに吸収され歴史から消えた永住丸の漂民たちの嘆きの幾分かを代弁してくれるだろう。寿三郎の運命は、第五章で述べる気弱な仙太郎があやうく辿ったかもしれない運命でもある。ついには聴き取り得ぬ過去の嘆きの上に我々の現在はある。それを何とか聴き出そうとする努力なくして、過去の歴史を学ぶ意味はない。過去への哀切のまなざしを失えば、我々にはただ薄っぺらな現在しか見えなくなるだろう。

第二章　島原太吉メキシコ漂流記——帰らなかった漂民との分かれ目

幕末というにはやや早いが、幕藩体制が綻び始めた天保年間に、当時の日本社会の流動性を象徴する樽廻船「永住丸」が太平洋を漂流し、乗組み全員がアメリカ大陸に漂着するという事件が起きた。天保十二年（一八四一）から翌年にかけてのことである。事態は複雑で、百二十日間漂流していたところをスペイン密貿易船に救助（＝積荷略奪？）されるが、乗組み十三人のうちまず七名がバハ・カリフォルニア半島南端に置き去りにされ、六名は密貿易船に労働力として留め置かれ、さらにこの密貿易船が座礁沈没して、三名がメキシコのマサトランへ、残る三名は遥か南方チリのバルパライソへと生き別れる一方で、三、四年のうちにパラパラと五人だけがマカオ・乍浦《さほ》経由で帰還、八人は異国に永住するという結果となった。

これまで、この五人の数奇な運命の聞き書きとしては、漂民が帰属した藩の蘭学者によって殿様に献上された豪華写本、紀州の善助に関する岩崎俊章「東航紀聞」、阿波の初太郎に関する前川文蔵「亜墨《アメリカ》新話」の二つが注目されてきた（石井研堂・山下恒夫編の江戸漂流記、春名徹『世界を見てしまった男たち』など）。張り合うように脱出劇を競演し、幕末日本に戻って侍身分を得た舩頭善助と

「岡廻り」初太郎の二人は、若く機敏で魅力的であり、その積極果敢さにおいて最もロビンソン的であり、注目に値する。しかし、メキシコ住民の善意に乗じ要領良く早めの帰国を果たし幕藩体制の内部へ収まったこの二人と違って、脱出と帰国にパフォーマンスを繰り拡げざるを得なかった初老の「苦労人」たち、弥市・太吉・亥之助の三人を忘れてはならない。彼らは、新大陸の風土・民俗により長く、より深く関わり、驚くべき異文化体験を重ねた漂流者である。そして辛うじて帰国しながらも国元に拘束され歴史から消えていった彼らこそ、ついに幕藩体制の外へ出て帰って来なかった八人のロビンソンたちと多くの接点をもつ漂流者である。なべて、すべての漂流記録は帰国者のものである。紙一重のところで帰国の機会を得たこの三人(じつは五人とも紙一重なのだが)の記録を丹念に眺めることによって、帰国できず異郷に埋れた漂流者たちに思いを馳せてみたい。

ここでは九州人の縁《えにし》もあり、食うことにつねに切実なる関心を示し、弥市いうところ「不逞の者」の生き様を貫いた島原太吉の記録「墨是可新話」(島原市公民館松平文庫)「島原漂流人太吉物語」(九州大学文学部日本史学科所蔵)を軸に見てゆく。太吉と行動を共にしつつ、「楫《かじ》取」らしい冷静な観察眼を示し、それゆえか「悪《にくま》れ者」とされた亥之助の「海外異話」(鹿児島大学図書館玉里文庫)、同じく初老ではあるが性格的に太吉と対照的な〝苦労人〟弥市の聞き書き「漂流外国物語」(周参見町立歴史民俗資料館)を、また豊富な内容ゆえに無視できぬ善助・初太郎の「東航紀聞」等を随時参照する。

この「永住丸」漂流記録の特徴を予め概括しておく。第一に、これは新大陸についての最初のまとまった報告であった。鎖国前、スペイン植民地支配の実態や、ようやく建設の途に就いたばかり

（王党派ジェームスタウン一六〇七年、新教派プリマス植民地一六二〇年）のイギリス植民地の記録はほとんどもたらされず、鎖国後は、ブラウの地図を参照した新井白石『采覧異言』（一七一三年）の知見を超えては進まず、唯一の貿易相手国であったオランダがナポレオン戦争時に消滅していたことさえ知らない幕府が、一七六九年サンディエゴに西岸布教の拠点を築いたスペイン勢力の北上や、一七七六年に独立したアメリカ合州国の西漸の実態を認識したのは、一八五三年の黒船によってという有り様だった。そのような情報欠乏状態での貴重な漂流記録である。藩主の命を受け「東航紀聞」をまとめた岩崎俊章は記す。

「アメリカ州は往古より日本と往来せし事なし。今度善助等流寓せしは、開国已来はじめてなりと、コマンダンテ（漂民の世話をしたバハ・カリフォルニア知事）、学士ルイス（漂民にスペイン語を教授した元高官）等いへりし。按ずるに、墨皮可《メヒカ》一名新伊斯把爾亜《イスパニア》といふ。『采覧異言』曰。慶長十五年秋、新伊斯把爾亜之商船、過レ洋遇レ風、漂二至我東地一。舳艫尽砕。官命二繕治一。乃給二資糧一而還。十七年夏。其国遣使来聘以謝。其礼物有二自鳴鐘一口一。我有二此制一実自レ此始。爾時我舩商亦与二彼使倶一去。明レ年得レ還。説二其民物蕃庶一。且説。彼人謝曰、両地懸隔、万里艱険。請勿二復来一。是後遂絶。邏馬《ローマ》人、按レ図指二其海口一所一曰。此地名アカプルコ。昔我到レ此。西洋諸国要会之衝。因説二其地豊衍一【『采覧異言』いわく。慶長十五（一六一〇）年秋、イスパニア商船（サンフランシスコ号）が洋上を過ぎてゆくうち暴風に遇い、漂流して日本東岸に漂着した（上総御宿《おんじゅく》海岸の海女たちは、仮死状態のスペイン人を、素肌で抱いて温めたと伝えられる）。舳艫《へとも》はことごとく砕れていた。幕府は命じて船を修理させ（徳川家康がウィリアム・アダムス＝三浦按針にサン・ブエナ・ベンチュラ号＝按針丸を造らせ）、材料や食料を与えて（前呂宋《ルソン》長官代理ドン・ロドリゴ・デ・ビベロを）還らせた。十七年夏、その国は使（セバスチャン・ビスカイノ）を遣わして貢物を献上し、もって謝意を表した。その礼物に時計が一個あった。わが国にこの制があるのは実にこれから始まる。時にわが船商（伊達政宗家臣支倉常長派遣船サン・ファン・バウティスタ号＝伊達丸一行のことか?）もまたこの使とともにメキシコに行き、翌年帰還することができ、その国民・物産を説明した。また彼の国の人の見解を紹介した。両国は遠く隔たっており、万里の危険がある。どうか再び来航しないようにと（スペインの太平洋航路独占策）。これよりのち両国の関係はついに絶えた。ローマ人（シドッチ）は図を広げ、その海口の一所を指して（新井白石に）言った。この地名アカプルコという。昔、自分はここに行ったことがある。西洋諸国の集まる要衝であると。因ってその地が豊かであることを説いた】。亦与二我人一所説合。又『異国往来』曰。慶長六年神祖呂宋《ルソン》国郎巴難主ニ賜フ所ノ書ニ曰、弊邦濃毘数般《ノビスパン》欲レ修二鄰好一。非二貴国年々往来之人一、則海路難レ通。可二希求一者、依二足下指示一、時々令二往返一【また『異国往来』いわく。慶長六年徳川家康がルソン国の郎巴難主に賜うところの書にいわく。わが国は新イスパニア（スペイン領アメリカ）と善隣友好を修めようと求めた。「貴国の年々往来している人でなければ、すなわち海路通じ難い」。希求するところは、足下の指示により時々往返せしむべしと】。又『慶長年録』云。慶長十八年ニ京師ノ商人某者（京都の豪商田中勝助）ノビスパン（ノーバ・イスパニア＝メキシコ）国ヨリ還ル。云フ、甚富饒ノ地ナリ。然レドモ、此方ニテ聞シ程ニハ金多カラズ。但日本ノ人自後ハ来ルベカラザル由ヲ彼国ノ人言ヒシト云。慶長年間本朝ト往来アリシ事観ルベシ」

　このように岩崎俊章は、かつての日米交流の事績を並べ、それらの忘却のあとに起こった「永住丸」漂民帰還の意義を説く。なにせ鎖国後は、新大陸はおろか、インド、ボルネオさえ視野の彼方だったのである。「提要例言」に曰く。「(元和《げんな》)偃武《えんぶ》以来吾朝の舟人異域へ漂到し、唐船或は番舶に護送せられて帰朝せしもの多しといへども、唐山或は呂宋《ルソン》、巴旦《パタン》等の間にして其最遠きも印度地方に過ざるのみ。寛永年間播州高砂の舟子徳兵衛(『天竺渡海物語』を出版。近松の『天竺徳兵衛郷鏡』や鶴屋南北の『天竺徳兵衛韓噺《いこくばなし》』となった)なるもの、印度へ漂流し、彼地見聞の紀事アリ。其説虚誕妄語閲《けみ》するに堪へず。其後筑前国の舟人(孫太郎)渤泥《ボルネヲ》漂流記、松前の舟子韃靼《だったん》漂流記等あるも、皆草記にして成書のものにあらず」

それにしても、日本の南部を通過して北米へ流れる黒潮に乗ってしまった和船は無数にあったはずだが、その中で、現地で伝承されているというハワイ諸島漂着(山下草園『日本布哇《ハワイ》交流史』に一二五八年オアフ島への日本船漂着の記載あり)のほか、アメリカ大陸まで漂着した事例がほとんどないのは何故か。それは、楫を折られ帆柱を切った遭難船のほとんどは、航行能力を失い、太平洋を潮風に翻弄されるうちに浸水し、哀れ沈没したからである。巨大な一本柱船へと定向進化した和船の宿命であった。岩崎俊章は注を付す。「わが国の船は外国の船に比すれば、帆柱長く舵も大にして水中へ入事深く、船を動す事自由なり。故に順風にて趨《はし》る時は至て早しといへども、颶《ぐ》に遇ふ時は船を破る事速《すみやか》なり。……本朝舟船の製、颿漕《はんそう》の通便を要とするのみ。もとより万里の大洋を乗るべきそなへにはあらず。されば古へより亜墨利加《アメリカ》洲へ漂到して帰朝せしものなきは、理の将《まさ》に然《しか》あるべきものならし」

しかしナポレオン戦争・ウィーン会議終結(一八一五年)後、欧米の船舶は太平洋に向かい、やがて広東市場と新大陸を結ぶ交易（白檀《サンダルウッド》、ナマコ、茶）、日本近海を主要漁場とする捕鯨が盛んになり、これらの船に救出される漂民が現われた。漂流してアメリカ大陸に最初に上陸したのは、四百八十四日間太平洋を漂った「督乗丸」の重吉ら三名である。彼らは一八一五年サンタ・バーバラ沖でイギリス船に救出され、「ノーハイスパンヤ（メキシコ）」に上陸してオテガ（オルテガ）宅で手当てを受け、そのあと北上して、「ヲロシアにしたがへる国にてルキンといふ所」、ロシア・アメリカ会社の支配下シトカに再上陸している。次が前章で触れた「宝順丸」漂民。彼らは最初の直接漂着者である。三番目が永住丸漂民である。この三組の漂民は当時北米西岸を支配していたロシア・イギリス・メキシコの三勢力それぞれに保護されたのは当時の地政図《ゲオポリティーク》を知る上で興味深い。英「ハドソン湾会社」進出前は、バンクーバーの南までロシアの支配下、サンフランシスコの北までメキシコ領だった。「墨是可《メシカ》新話」は「北極出地三十一度以南ハ伊斯把泥亜《イスパニア》之ヲ領シ、以北ハ魯西亜人之ヲ領ス」と注記する。といっても、北米西岸の実態は雑居状態であった。ロシア・スペイン間に国境を接しているという国土意識はなかっただろう。当時アメリカ合州国はまだフロンティア西漸中で、一八四六年のオレゴン条約で漸く英領カナダと合州国の国境線確定。同年の米墨戦争の二年後、メキシコから米国へ割譲されたカリフォルニアで金発見。翌一八四九年からゴールドラッシュで一挙に西海岸の人口が増えるのである。

「督乗丸」漂民はカムチャッカ半島、ウルップ島経由で択捉《エトロフ》島に帰還し、「宝順丸」漂民は前章で述べたように打払われてそもそも帰還できなかった。これに対し、「永住丸」漂民は初めて「其方域本邦足蹠《あしのうら》反対之地」から帰ってきたものと受け取られたのである。じつは「永住丸」と同年同月紀州沖で遭難した尾州内海の数右衛門船が六カ月後外国船に救助され、四人がペルーのカヤオに上陸したのであるが、そのことが分かったのは、なんと三十三年後、明治十年にリマで大工をしていた坂田伊作から故郷内海西端村の庄屋坂田文次郎宛に手紙が届いてからだった。アメリカ合州国の西岸進出後は、米捕鯨船に救出され米国に上陸する漂民が続出するようになる。一八四一年、第四章で触れる万次郎らは鳥島漂着後、米捕鯨船ジョン・ハウランド号に救出された。一八四三年、阿波「幸宝丸」漂民は鳥島漂着後、米捕鯨船マンハッタン号に救出された。そして一八五〇年、第五章で扱う栄力丸の十七人が漂流中、米商船オークランド号に救出されるのである（さらに一八五二年、越後八幡丸漂民は九カ月漂流してアメリカ商船に救出されサンフランシスコに上陸。栄力丸の彦蔵が通訳した）。「永住丸」は日本近海捕鯨域《ジャパン・グラウンド》よりも南へ漂流したため、フィリピン・メキシコ間のスペイン船に遭遇したのである。

「永住丸」漂流記の第二の特徴として、どの聞き書きを読んでも或る開放感と明るさに満ちているという点があげられる。まず、十三人が四カ月の漂流を耐え抜き、全員無事に新大陸に上陸したという安堵感がある。岩崎俊章曰く、「五人帰朝し、一人は澳門《マカオ》に止住し、七人は墨利加《メリカ》に流寓し、こと〴〵く帰朝せずといへども、恙《つつが》なくして彼地に在留し、一人も物故せしものなきは漂流船未曾有の佳談なるものといふべし」。まったくその通りで、まずは喜びに満ちた読後感がある。そして、春名徹が指摘しているように、当事者たちは見当も付かぬメキシコ文化圏への適応にドタバタしながらも、「人間と人間との善意だけを基調として、漂流記としては珍しく明るい光景が展開していく」のである。この明るさの淵源にあるのは、「江戸時代の漂民送還にあたっては相手国の政府が介在するのが普通だが、この永住丸の漂民たちに限っていうなら国家は介在してこない」ことだという指摘は適切である。じっさい、一八二一年にスペインから独立したメキシコは、米墨戦争前サン・フランシスコの北まで領土としながら、各地には軍閥が散在し、サンタ・アナ大統領の中央政府は近代国家の体を成していなかった。国家の実態は各地域の緩やかな接合体で、それぞれの町村が自前のハードボイルド的な統治を行っていた。とりわけバハ・カリフォルニア半島は、ほとんど国家の枠外の地域だった。当地における「永住丸」漂民たちのハードボイルド的な生き様は、第五章で扱う日米関係に翻弄された「栄力丸」の十六名と、船員仲間の分解と五月雨的な帰国という点で似た様相を見せながら、まったく対照的である。

「永住丸」漂流記の第三の特徴は、幕末の人・物の流動性を象徴するような積荷と人員構成に加えて、幕末に爆発的に進展する「日本的」個性の発現が感ぜられることである。少なくとも帰国した五人の聞き書きに五人の性格の違いまで読むことができる。これはどういうことか。そこには幾重もの状況が複合している。江戸初期の廻船においては、同郷の乗組みが多かったこともあって、各人の自己主張は抑えられていた。これに対して「永住丸」乗組十三名の結束のなさは目を引く。船頭善助が仲間を置いて初太郎と二人でさっさと帰国し、他の水夫たちは流合・分散を繰り返し、三人帰国、八人は少なくとも三箇所に分かれて永住するという展開なのだ。これは船頭万蔵の死去によって十六人の行く末がバラけた「栄力丸」と同質の事態とも言える。その背景にあるのは、非生産者層が百万人も集積する江戸に代表される城下町を支えた高度の物流社会である。その展開は、タテマエとしての「封建制」、すなわち封土における自給自足体制、在所固定の原則を掘り崩した。

それがこの樽廻船のような任意の流動的人員構成を要請し、人間関係が希薄なドライな個性を生み出したのである。

その「日本的」とも言える個性は、規範を組み立ててゆくデカルト的コギトのような積極的個性ではなく、規範の欠如に生じた無頼的な消極的個性であって、そうした個性の典型を太吉に、その反発としての規範への気兼ねを弥市に、そのつどの規範に埋没する個性を善助に見出すことができよう。帰還して諸国へ分散した五人の外国体験の公表が黙認されるという幕末の状況も、各個性を読み解くことを可能にしている。さらにこうした事態の思想史的背景として、漂流記の聞き書きの質が、経学より史学を重んじた古学、理の普遍性より気の個別の情動を重んじる国学の影響下で、個性を描き分けるところまで展開していたことも挙げられよう。「永住丸」漂流記録は、こうした時代の特徴を帯びたものとして、大黒屋光太夫のパフォーマンスを綴った桂川甫周『北槎聞略』（一七九四年）、督乗丸重吉の語りを記録した池田寛親『船長《ふなおさ》日記』（一八二二年）に続くものとして読まれるべきである。

太吉は一七九九年島原城下片町で生まれた。太吉の島原における前半生は不明だが、対岸の肥後への津波だけでも一万五千名の死者を出した一七九二年の普賢岳の噴火・眉山崩壊（「島原大変、肥後迷惑」）から間もない時期のこと、一帯は火山礫地質の貧しい地域である。半農半漁の生業では満足に食えないので、出稼ぎを申請し、長崎へ出て船乗りになった。「墨是可新話」九巻末尾の「本藩ノ官署ニ奉ル書」にいう。「私儀、兼テ船方商売仕《つかまつり》候処、元ヨリ身薄ノ者ニテ渡世方墓々敷《はかばかしき》儀モ無二御座一候付、他所稼《よそかせぎ》仕見申度《もうしたく》、去ル天保九年戊戌三月往来御願申上、長崎江罷越《まかりこし》、同所鹿児島町角次郎兼テ知音ノ者ニ御座候、其方江罷越候処、折節京物仕立堺船罷居、水主不足付、私江乗組呉候様相談仕候間、任二其意一乗組仕、大坂表江着船ノ上、兵庫江立戻リ候処、同所ヨリ江戸表江酒運送仕候商売船ニ被レ雇《やとわれ》、始終往来仕候処、去ル丑八月末頃兵庫中村屋伊右衛門船千三百石積廿八端帆右ノ舩ニ被レ雇」。「右ノ舩」とあるのが、乗組んで遭難した「永住丸」である。

さて船名は善助と弥市の記録では「栄寿丸」だが、他の三人が記した「永住丸」という名前にその後の運命のアイロニーが響いている。七人は新大陸に永住してしまい、マカオまで帰還した儀三郎も帰国を断念し海外永住を選びとるのだから。積載量は「千三百石積」とあるが、船頭善助によれば千石積、初太郎によれば千二百石積、亥之助によれば千四百石積、とマチマチである。二十八反の帆から計算すると千四百石積規模である（石井謙治『日本庶民生活史料集成』第五巻解説）。

乗員は、「筆端ノ業」（「漂洋瑣談」）に優れ、若くして沖船頭を務める紀州牟婁《むろ》郡周参見《すさみ》の善助二十一歳（出航時の年齢、典拠は「東航紀聞」）。梶取は伊予興居《こご》島の亥之助三十九歳。奥羽、江戸、越後、蝦夷、松前、壱岐、対馬を乗り廻した熟練水夫である。阿波撫養《むや》出身の自称「岡廻り（事務長兼会計）」（亥之助によれば「賄」、「天保新話」によれば「表」）の初太郎二十二歳（没年から逆算すると十九歳）。この三人が幹部だが、亥之助が「表仕（水夫長）」と記した奥能登大瀬村の儀三郎三十四歳を加えてもよい。年配者弥市四十二歳は善助と同じ周参見湊の船乗り。老練な助っ人として請われ乗組んだと思われる。初太郎の兄七太郎三十三歳、明石の岩蔵二十七歳、儀三郎の手下と思われる奥能登大瀬村の勘蔵二十四歳・惣助三十九歳も、北前船ネットワークにおける地縁・血縁で乗組んだのだろう。遠方の乗組みとして、伊豆八丈島万蔵三十一歳、南部要蔵三十歳と「炊《かし》キ」の三平二十歳、そして最年長四十三歳の島原太吉がいる。計十三名。出身地域が日本中に広がっていたことは、幕末社会の人的流動性を表している。船主の兵庫中村屋伊右衛門と若い沖船頭善助が短期間に集めた人員であろう。当然チームワークに問題がある。漂流中「喧嘩口論止《やむ》ときなし」(「東航紀聞」)だったようだが、それだけではない。沈没する運命の密貿易船に収容されるというドタバタもあって、十三人の運命は大きく分岐することになる。

「永住丸」の主なる積荷は、樽廻船をその名たらしめた酒、そして砂糖である。この二つが大量であったことが彼らのサバイバルを助ける。そのほか綿・線香・塩を積み、浦賀での番所改めのついでに蘖豆《やへなり》(もやしの原料)七十俵を卸し、奥州南部で干鰯《ほしか》買入予定であった。これまた幕末の商品作物の流動性を表している。

さて永住丸は八月二十三日兵庫を出帆。紀州灘を下り周参見で「汐懸《しおかがり》」(潮待ち)した。このとき弥市を「増し水主《かこ》」として雇ったのかもしれない。大島を経て熊野灘へ回り伊勢湾で風を待った。「漂流外国物語」に「九月三日志州鳥羽浦江入津、同七日西風ニ相成、鳥羽浦出帆」とある。「東航紀聞」によれば、この間、一同で伊勢神宮に参拝した。鳥羽浦を出てからは順風で遠州灘を一気に伊豆へ向かった。浦賀番所を経て奥州へ向かう途中から冬の嵐に遭い、江戸時代の船に典型的な漂流の経過をたどる。弥市によれば、「廿三日 弥《いよいよ》大風高浪強く舩江打込ミ、舩底ニ浛《あか》四五尺程も溜り候故、船中大キに驚き、面々根限り相働き浛をかへ捨居候内、帆三ツニ破れ、又々高浪打込ミ、舩は勿論、人衆も危く相覚へ候故、舟中申合、諸神仏江心願を籠《こめ》、髪を切、舩玉江備へ」た。「諸神仏」として「東航紀聞」には「伊勢太神宮、熊野三山、讃州の金毘羅社、能勢妙見宮」が挙げられている。髻《もとどり》を切るのは、船霊《ふなだま》あるいは海神《わだつみ》への奉げ物とするためだけではない。もはや荷主・船主に対して責任を負える主体であることを止め、ざんばら髪の異形の者となる通過儀礼《イニシエーション》の意味もあった。このとき早くも太吉は「時ニ粮米已《すで》ニ乏ク白粲《さん》一苞糲《れい》米一苞ヲ余スノミ」と語る。網代湾《あじろ》内に入れず、何とか「碇ヲ網代港口ニ下ス」ものの、「纜《ともづな》一條ヲ以《もって》スレドモ海底ニ達セズ、又三條半ヲ以スレドモ猶《なお》達セズ、……粮米ヲ載セント欲スレドモ、波高《たかく》シテ舩ヲ近《ちかづ》クルコト能ハズ、西風頻《しきり》ニ烈《はげし》ク横サマニ海ヲ絶テ、進ント欲シテ能ハズ、奥州金華山ニ向ント欲スレドモ亦能ハズ」。苦難の時が続いた。このとき船頭善助は「颶風吹しきり、帆を破られ、舵をいため、淦《あか》さし入し……」と船を気遣うが、太吉はひたすら「粮米」を心配する。西風はやがて収まり、網代港で「帆洗濯（修繕）并《ならびに》作事有増《あらまし》出来」たと弥市は語る。

　しかし、多くの船が同所で遭難した十月十二日、永住丸もまた猛烈な北西風に遭って、吹き流されることになった。犬吠埼沖である。「東航紀聞」はその様をこう語る。「俄《にわか》に乾（北西）風吹発《おこ》り、波濤激揚し、其烈しき事奔馬の如く、船を飛す事宛《あたか》モ落葉の疾風に迅散するにひとしく、一瞬の間に颷《ひょう》放せられし事幾千里なるをしらず」。『亜墨《アメリカ》竹枝』の表現では「西北風暴烈隔二一夜一已失二我地方山一」。永住丸は一気に吹き流されるのを阻止するためシーアンカー航法をとるほかなかった。「漂流外国物語」に「碇弐頭江加賀苧綱《おづな》（加賀産麻綱で最上碇綱）弐房《ふたふさ》ツ、括り付、舩之舳江釣下ケ艫《とも》すざりニ致」とある。幅のある船尾を先頭にして水の抵抗を増し、後に回った尖った船首が風や潮流の動力をモロに受けるのを弱める「跡すざり」とも言う航法である。亥之助は梶取らしいコメントを付けている。「碇綱ニ房ヲ継《つぎ》タレドモ素《もと》ヨリ底ニ不レ到。然レドモ碇ノ重ミニ依リ表ノ方自ラ風上ニ向キ順ヒ流ル故、船ヲ不レ破」。しかし「左右の檣《かき》廻りは濤《おおなみ》に破られ、外艫《そとども》（和船の弱点であった独特の船尾構造）も砕けとび、棚もさけ、用水桶までも飛散し、船覆没せんとせし事数回、此時までためらいしかども、今は堪かねて遂に桅《ほばしら》を伐《きり》棄たり」。「申口上書」には帆柱を切る前に御籤を取ったことが記されている。「太神宮 并《ならびに》金毘羅江心願を籠、所持之御祓ニて御くじを戴キ候処、帆柱を切捨候様との印上り候付、直様帆柱を切捨」。籤はどうやったかというと、一升枡に米八合ほど入れ、その上に知りたい内容の選択肢を書いた紙切れを丸めて置き、御幣をかざして一つをまとわりつかせて取るのである。「地方《ちがた》に近寄むとすれども、桅《ほばしら》なければせんかたもなし」と歎くほど航行不能になると分かっているのに、ほとんどの和船は遭難の或る段階で帆柱を切った。これは評議や合理的判断よりもむしろ、神明に懸け船内の決意と合意を重んじたためである。しかし「漂洋数月に及び、あら玉の春は立ども、地方はさらなり、島嶼《しま》影だにもなく、帆影も見へざれば、心神疲悩し、合船の者ども各自に我意をふるひ、喧嘩口論止《やむ》ときなし」であった。

　亥之助によれば、船員食糧の粮米は「白米十三俵積込」だけだった。途中の伊豆（おそらく網代）で「二俵」を買入れたが、それにしても少ない。「粮米ノ貯少ハ……奥州辺米価下直ナル故、同所ニテ買足シ候積リ」だったのだ。この小賢しさが裏目に出た。太吉の心配どおり「十一月十二日ニ至リ粮米全ク尽キ、船中余ス所ハ酒ト沙糖トノミ」となる。その後は砂糖を嘗め、あるいは酒を水で割り温めて飲むほかなかった。といっても、酒を呑んで好い気分になっていたのではない。亥之助によれば、「釜ニ入焚詰メ、酒気ヲ湯ゲニ洩シ」、必須カロリーだけを摂取していたのである。それにしても積荷が幸いした。善助口書を作成した田中亮賢《すけかた》も岩崎俊章にこう語った。「幸哉、船中沙糖装載事。開帆の日、豈《あに》漂洋数月なるを知覚すべけんや。もし沙糖を装載せずして、他物をもてせば、番船の援助を待ずして、善助等まづ亡命に瀕《ひん》すべし。焉《いずくん》ぞ亜墨利加洲に足を容《い》るべけんや。其絶域を経歴し、遂によく帰朝せしは天の寵霊なるは論なけれども、沙糖装載の功も亦許多《あまた》なりといふべし」

しかし経験を積んだ弥市は、砂糖樽の消費ペースが早すぎる事に気付き、餓死を危惧してペースダウンを指示した。「廿四日目ニ右白砂糖三挺喰仕舞候ニ付、此上何日洋中ニ漂ひ居候程も難《はかりがたく》レ斗、此砂糖喰切候てハ、最早喰事ニ致もの無レ之、其節ニハ飢死致候より外無レ之と存、夫より私斗ひニて、弐合斗入候箱ニ壱抔ツヽ、朝夕両度ニ極《き》メ、喰ひ延す分別を致シ、洋中ニ漂ひ居候」。善助も弥市の判断を称えた。「砂糖八樽許嘗畢《なめおわ》りし頃弥市おもへらく、一樽の沙糖わづかに七八日にして尽《つき》ぬれば、かくて猶数月幸にして船恙《つつが》なくとも、粮尽ぬれば助命叶はじと、其後は朝夕箱に一杯づヽに定めたり。さるにかヽる危難に遇ふて、明日もしらぬ身の中々に（掛詞）、取締るは何事ぞや、せめては心のまヽに嘗むべしといふ者（多分太吉であろう。「墨是可新話」に「飢ヲ防グニ足ラズ。又一茶碗ノ沙糖ヲ増ス」と記している）多かりしかど、もしも地方に近附て、粮尽たらまじかば、臍《ほぞ》を噬《かむ》とも及ばじと、種々に諭して定めを立《たて》たりしかば、一樽にて十三四日も支えたり。其後弥市は病ひに臥たりしかば、初太郎代りて配当せり」。初太郎は「岡廻り（事務長）」を自称したが、若造には荷が重いその仕事振りが具体的に記されたことはない。この時点で初太郎が弥市に代って「賄（船内の分配係）」となったことが分かる。

栄養不足による衰弱が始まった頃、勘蔵が「隠し残し置」いた最後の米が見付かり、その一升を酒・砂糖で焚いて、皆で食べ納めとした。それは衰弱して死者が出そうな状況での「水盃」の儀礼となった。亥之助は回想する。「今日ハ米ノ給《たべ》仕舞也迚《とて》、十三人ノ者共打寄、泣々是ヲ頂キ、是ヲ限リ此世之別レナレバ迚、銚子盃取出シ残レル水少々入、別レノ盃取カワシ、手ニ手ヲ取合ヒ、泣悲シミ倒レ伏タル有様ハ、実ニ哀レ成ル事ニテ有ㇾ之」。「墨是可新話」によれば、そのとき皆で盟約を交わしたという。「相語テ曰、我輩既ニ命保続シ難《がたき》ヲ知ル。……偶《たまたま》天幸アリテ命ヲ全《まっとう》シ帰朝スル者アラバ、為メニ其々ノ郷貫《ざいしょ》ニ書ヲ寄ス可シト」

やがて水不足が深刻になった。「東航紀聞」によれば「困窮せし事数日」。これは危機的な事態である。アラン・ボンパール『実験漂流記』によれば「約十日間水を飲まずにいたら誰でも死んでしまう」。これに対して、「水さえ飲んでおれば約三十日間生存することができる」。幸運なことに、「善助申口上書」によれば「翌日之夜」大雨が降り、十桶ほど溜めることができた。さらに幸運なことに、このころから鰤《ぶり》、まびきなどが釣れ始めた。永住丸の聞き書きは面々の個性が読み取れて面白いのだが、島原のロビンソンとでも言うべき太吉はその中でも特に存在感を示した。食いしん坊の性格そのままに太吉は思い出す。

「十二月朔《ついたち》。信天翁《アホウドリ》ノ如キ鳥飛来テ船ニ集ル。之ヲ放テバ復《また》来ル。衆議スラク、天ノ賜ナリト。殺シテ酒ニ沙糖ヲ和シ、之ヲ烹テ食フ。其美ナルコト言ベカラズ。十二月二日。鯊《ふか》アリテ船ニ近ヅク。猔《もり》〔銛〕二本ヲ投ジテ之ヲ刺セバ動コト能ハズ。一少年直チニ海中ニ投ジ、縄ヲ以テ其腹ヲ縛シ遂ニ之ヲ獲タリ。其大サ一尋許《ひろばかり》。之ヲ切テ骨肉及ビ臓腑ニ至マデ悉ク塩ニ蔵シ、分テ十三臠《きれ》トナシ、一人一臠ヲ食ス。此ノ如クスルコト十日。後蠣《かき》殻ノ舟底ニ着ヲ見テ風波ノ軽キ時、底ヲ窺ヘバ許多《あまた》ノ蛎《かき》、石ニ附着ス。船ヨリ腰ニ縄ヲ帯ビ海中ニ潜ミ之ヲ采《と》リ食ス。十二月二十八日。鰤ヲ釣獲タリ。即日半偏ヲ分チ十三臠ト為シ一人一臠ヲ食ス」

　このときの海中からの船底探査には、水漏れ箇所を調べ、のちに船の胴体を綱で括るための準備という目的もあった。それは、異国船遭遇時の図（五十八頁参照）と船頭善助の回想から推察されるのだが、太吉にはさしあたり食物の心配しかない。一・八メートルの鯊《ふか》は亥之助の記憶では五メートルを超える。その大きな「鱶《ふか》」を捕獲する場面を亥之助はこう語る。「有《あり》アフヤスト云ル物ヲ突立タレバ、荒廻ルヲ手早ク苧綱《おづな》ヲヤスノ柄ニ付、荒行儘《あれいくさま》ニ縄ヲ延シ、良暫《やや》クシテ魚弱リ、次第ニ船端ニ曳寄、大成《なる》カギニ網ヲ付、鱶ノ口ニ引掛、大勢ニテ無難ニ曳揚ゲタレバ、其太サ丈ケ三ヒロ也。是コソ神佛ノ加護、天ノ助ケ給フ所也。難ㇾ有迚《とて》、付シタル病人モ立上リ喜コト限リナシ」。空腹に鮫肝は強烈だったが効いた。「扨此魚ヲ料理セシガ、飢《うえ》疲レタル者共ナレバ、腸ハ素《もと》ヨリ流ルヽ血沾《まで》モ取テスヽリタリ。肝を煮て喰タレバ、皆々酔テ一日程寝シガ、流石《さすが》毒魚ニ非ザレバ、本《もと》ノ如ク快気シタリ。此魚ヲ十日程ノ食物ニ致シ、何レモ大ニ力ヲ付、又魚ノ骨ヲモ捨ズ、此大魚ノ骨・ヒレニ至ル沾、焼コガシ炭ノ如クシテ不ㇾ残食ヒシト云」。西洋船で頻発した壊血病にも罹らず十三人全員無事に新大陸に辿り着くことができた要因として、こうした魚類の内臓摂取は注目すべきであろう。

　疲労衰弱が限界に達したころ、まことに不思議な出来事があった。前年同月同日同灘で吹き流された和船同士が太平洋のど真ん中で出会ったというのだ。この出会いは、善助・弥市の聞き書きと、帰途「唐土役場」で聞いて思い出したとする「島原漂流人太吉物語」にしか記されていない。機敏さを善助と競った初太郎の聞き書きには現われない。弥市の「漂流外国物語」から引く。

「何日共不レ覚《おぼえず》候得共、遥《はるか》西沖と思ふ方より凡五百石積程之日本船相見へ、是も吹流され候船と相見へ、帆柱を切捨、桁を柱ニ立、帆ハ凡《およそ》廿四反程を二ッに分ケ、弐ツハ船の両へらへ波除《なみよけ》ニ幕同様ニかけ、壱ツハ帆ニ巻、颿《はしり》来り、段々近寄候内、凡《およそ》壱町程も隔候程迄参り候ニ付、何国之船ニ候哉と相尋候処、奥州岩城之船之由、是も十月十三日之風ニ吹流され、米船ニてまだ弐百石斗積入有レ之故、私共船へ米がなくバやろふかと申候得共、何分沖合之事故《ことゆえ》、橋船を颪《おろし》米を貰ニ行勢力もなく、私共船よりも、酒をやらふと申候得共、向ふよりも不来、其夜を過ぎ、翌朝ニ相成見候得バ、最早何れへ参り候哉知れがたく……」

積荷の米と酒を交換しようとしたが、すれ違ってしまったという。

この偶然が重なったように思える遭遇は、遠洋航海には欠陥のある千石船の構造と、強烈な冬一番が吹くころ正月を控えた物流が最も盛んになることを考えれば、偶然というにはあまりに必然的な結果だった。遭難し風向きと黒潮偏流によって同一方向に流された無数の船の中の二艘だったのである。つまり太平洋のど真ん中で遭遇する破船は歴史の必然的事態として他にも数多《あまた》あったに違いないのだが、偶々《たまたま》米と酒を主な荷物とする漂船が積荷を交換しようとして果せず、それぞれ長い漂歴の末に、双方の生き残りが中国で再び出会い、帰国できたことが、途轍もない偶然なのである。

この仙台の廻米船「観吉丸」は九十九里浜沖で遭難し、十カ月後フィリピン（呂宋国）の一島に漂着した。生き残った六人は、二年後に、これも偶然というにはあまりに必然的な唯一の漂民送還ルートの途上（乍浦《さほ》）で、メキシコから帰還した善助・初太郎と合流することになる。初太郎は後に漂民と出会ったことは覚えていた。ところが「観吉丸」漂流を記した大槻磐渓（『環海異聞』をまとめた玄沢の息子）「呂宋国漂流記」には、偶然につぐ偶然のような出会いはおろか、二艘が遭遇したという記述すらない。漂民のフィリピン・中国遍歴が記されただけである。

おそらく疲労と衰弱の果てにあった漂民たちにとって、現実は夢・幻と同位相に存在したのだ。夢と現《うつつ》が不分明な状態にあるときに起こった遭遇ゆえに、またその後、双方ともさらにすさまじい体験を経ることになったために、この不思議な出会いはやがて忘却されたのだろう。辛うじて覚えていた善助の話を聞いた岩崎俊章は、この遭遇を、伊勢神宮での奉幣、翌年正月の「瑞夢」、次に述べる異国船による救助と結びつけて理解しようとする。「然るに善助を初《はじめ》、三四人瑞夢をみたりしが、必吉兆あるべし、まづ祝ふべしとて、沙糖に酒と水とを和し烹て、已《すで》に飲んとせしは朝朗《あさぼらけ》なりしが、間近く船を見附たり」。それが「観吉丸」だったという。そしてさらに、この遭遇が二月に十三人がメキシコへ向かうスペイン密貿易船に救助される事態の予兆だったと物語化するのである。

「永住丸」漂民救出の時が来る。その異国船は、メキシコからマニラへの亥之助の「切手《パスポート》」によれば、「イスパニヤ国ノ舩エンサヨー」号、「船頭テセラ・ビヨフアン・ユアン」。その正体は、後に沈没に到る怪しい行動から密貿易船であることが分っている。太吉は、「ニイバルコ」あるいは「ニサイバルコ」号、船長「サラッピー」、荷主「サバラ」と回想するが、船名は普通名詞の「船

(barco)」の聞き違えである。パスポートの持ち主の亥之助も船長「サハラ」と回想している。記憶というものはいい加減なものである。

「永住丸」が「エンサヨー号」に出会った位置はどのあたりであったか。これまた偶然というにはあまりに必然的なことながら、同じ日に広東を出航した別のスペイン船が二艘の出会いを遠望していた。のちに善助・初太郎をメキシコからマカオへ運送した船の航海士は語った。「墨利加《メリカ》を距《さ》る事六分許《ばかり》、マカウへ四分許の頃、ピロトいふ、此辺は前にマネラ船に援助せられし洋面なり。彼マネラ舶と我の乗し舶と、同日に広東の港を開洋(出帆)して、墨利加へ航海せし故、其時助けられしを遙に見たりし」、と。太平洋上、米中間「六分四分」の位置は、マカオあるいはマニラから東へ数日航海したあたり、マーシャル諸島北方の海である。そこを太吉たちは「奥州ノ海ニ非ズンバ松前ノ海」と思っていた。自船の位置をまったく認識できない江戸時代の和船の航行水準をここに見るべし。これに加えて舵を失い帆柱を切ったのだから、行先はまったく潮風まかせだった。

「東航紀聞」によれば、異国船から出た九人乗りの「哨船《てんま》」が永住丸の回りを三度めぐって船内の様子を観察し、やがて三人が乗り移り、船内の荷物を調べ、幾つかを積んで本船に漕ぎ還り、再び「哨船二艘」で来て、一同の者に乗り移れと手真似した。数人ずつ運ばれたが、善助らは乗り移るのを躊躇した。「善助、弥市、伊之助、万蔵四人は猶残り居て、我舩破損はしたれども、舵もあれば、いかにもして自分の舩にて帰朝すべし、番船に乗移たりとて、行末のほどもいかならんと、思煩ひ躊躇したりしが、番人どもは我舩のひらかざるやうにとて、綱を船底にかけ、三所縛りたりしを指さし、此綱切れたらんには、一同没溺すべしと、手真似して笑ひ罵り、早く乗移れとすゝめし

異国船（スペイン船）と永住丸の遭遇（「東航紀聞」より）

かば、今は詮かたなく、船玉に別れを告奉りて遂に乗移りたり。刎《はね》残りし装載凡酒百樽、砂糖十八樽、綿三千苞、線香五十筥許《ばかり》ありしが中にて、酒四十樽と沙糖を残らずとを移し取、其余は乗捨てのまゝにしたりし。又雨水五六桶ありしが、これなも汲取れり（酒と綿とを捨て水をとれるにて、洋中にて水の貴き事思ひやらる）。番船へ乗移りしは哺時（午後四時）前なりし。此日は特に天気晴朗に浪《なみ》穏なりし。わが船は今朝より淦《あか》もかすり去ざりしかば、番船に乗移りて後、ほどなく沈没して見えずなりにし」

「東航紀聞」は、水船寸前の破船の様子を挿絵に描き、「猶数日を歴《へ》ば、善助等既に濤《なみ》底の鬼たらんのみ」と注釈して、船頭善助が「永住丸」を見捨てざるを得なかったことを正当化すると同時に、鳥羽湊で風待ちをしている間に伊勢神宮で奉幣を頼んだ神官そっくりの姿が船の舳先に現われ外国船に遭う夢を見た後に、その夢とほぼ同じ船が現われたことを列記し、これは神霊が救い給うた明白な証しであり、「本朝の神霊、異域洋中にてだにかくの如」く霊験あらたかなることを言祝ぐ。十九世紀に入ると、中国朝鮮儒学と距離を取り国学と同調する傾向があった洋学者たちは神国日本説に傾いた。「東航紀聞」もその流れの中にあったのだ。

ところで太吉は、先に異国船に乗り移り食事を与えられたのだが、これが異人たちの策謀であったと回想する。太吉によればまず四人が永住丸に乗り込んできた。「四人ハ……我船ニ徒《わた》リ乗リ、船ノ破所ヲ周覧ス。酒及沙糖ヲ盛リシ桶ノ蓋ヲ打テ之ヲ撤シ、指ヲ染テ之ヲ嘗メ、又綿苞ヲ見出シ、苞ノ破所ヨリ綿少許《すこしばかり》ヲ引出ス。手勢《てまね》シテ酒ニ桶ヲ覓《もと》ム。漂客又手勢シテ、飢タレバ食ニ換ヘンコトヲ求ム。彼又手勢シテ、我本船ニ移リ乗ラバ食ヲ与フルコト望ノ如クスベシト答フ。岩蔵、要蔵、勘次郎等、三少年、其言ニ従ヒ彼船ニ徒リ乗ル。白粲ノ飯ヲ喫セシメ牛肉ヲ以テ下飯《サイ》トス。彼船又子舟ニ艘ヲ卸シ、漂船ニ余ス所ノ沙糖十八桶、酒三十二桶及ビ塩三四苞ヲ奪ヒ、其余舟中ノ衣類・器械及ビ蓄フル所ノ雨水四五桶アルモノニ至マデ悉ク之ヲ奪取ル。漂客等始テ紿《あざむ》カレタルヲ悔ヒテ曰、命ヲ寄スルトコロハ酒ト沙糖トノミ。之ヲ奪ハレテハ、死セズシテ何ヲカ待タン。乃《すなわ》チ自カラ奮ヒ、彼レ奪フ所ノ物ヲ子舟ニ載セ運スルノ間ダ、二人若クハ三人附載シ、遂ニ十三人ノ者悉ク彼本船ニ徒リテ我船ヲ棄ツ」。つまり、まず酒と食糧の交換の試みがあったが、若い三人が飲食で釣られてスペイン密貿易船に乗り移り、残りの面々も略奪のためにボートが往復するたびに二、三人ずつ運ばれ、遂に十三人全員が収容されてしまったのだ。「紿《あざむ》カレタ」と思った太吉は、うかうかと乗った自らの食い意地への自戒も籠めて（?）、しばしばスペイン船を「賊船」と呼び、「船頭、賊心有て、帆柱なき日本舟たゞよひゐけるを見かけ、欲心おこり、積取たり」と断定している。

これに対して弥市は「漂流中沖合ニて助られ候夷国舩」と謝恩を含んだ表現をしている。初太郎は、「永住丸」を見捨てざるを得なかった必然性、与えられた食事の美味しさを回想する。「此百日ばかりの間は、穀粒を見る事さへも叶はず、暫くにてもまどろめば、いつも飯の事をのみ夢に見る事の程なれは、船中の者ども、只朝夕に此ことのみを思ひ、哀れ一たび飯をくひたらば、死しても恨あるまじなど云合ひけるに、斗らずも此船に助けられて、一握の飯をくひける時は、其味ひの美《うま》かりし事、譬《たと》ふるに物なし。振返りて我船を見れば、破れ損じたる事目も当られず。能《よく》も今までは、かゝる舟にのりて有しことよ。今にも砕けて沈みなんと見ゆるものを、心強くも風を待て、数千里の道を走り、再び日本へ帰らんなど、思ひける事よと、我ながら浅ましく思はれける」。何とも即物的な把握である。

　このように五人の聞き書きにおいてスペイン船の評価はかなり食い違っているのだが、主観的ではない判断材料を残しているのは亥之助である。「海外異話」によれば、最後まで「永住丸」に残ろうとする漂民に対して異人たちはまず「観藤」の文字を見せたという。善助が「クワントフ」と読むと、「カッポン（日本）」と認識したあと、「両ノ手ヲ合シ又開キ、舩ヲ教へ、半分ニ開ク躰ヲ成《なし》、又臥テ目ヲ塞ギ、死《しん》ダル趣抔《など》致シ、手ヲ引、彼ガ船ヲ指シ、『ヨハリコバモセ』ト云」った。yo（私）barco（船）vamos（行こう）だとすれば、「さあ、一緒に船に乗り移ろう」と、破船にしがみつく強情な漂民たちを諭すような優しい言い方である。日本人ゆえに暖かく対応したとも取れる。

　十三人を収容したあと、スペイン人は漂民の手のひらで身分を見分けた。「一同の者に掌《てのひら》を出さしめて剛柔を撫《なで》試みたり。これは掌にて人品を分明するよしにて、船頭は指揮のみなれば、掌《てのひら》自ら柔に、水主等は船中の諸役に使役せらるゝ故に、掌剛《こわ》ければなり」。「漂流外国物語」によれば色白の弥市が船頭と勘違いされた。亥之助は、船頭善助のみならず、舵取りの自分も「長立者《おもだつ》」として「船主の脇間ニ移シ置……寝所ヲモ作呉《つくりくれ》、諸事叮嚀ニ取扱」れたということを、伊予に帰国して強調したが、真偽の程は分からない。

これに対して他の十一人は扱き使われた。初太郎は語る。「初め両三日程は、三度づゝ食事もさせしかども、其後は減じて両度とし、舳と艫にて十二人を二タ組に分ち、船中の諸用に使ふ。二時《ふたとき》(四時間)毎に交番して、昼夜間断なく、其法甚だ厳酷なり。少しにても怠る時は、綱を振廻して呵嘖す。無念なれどもすべき様なし。十日余過てよりは、船中水乏しきにや、己《おのれ》等《ら》斗《ばか》り少しづゝ呑て、日本人には一滴も飲さず。咽かわき身苦しみ疲れ弱ること、漂流せし間より甚し。其上塩気を少しも食せしめざれば、後には気力衰へ果、握飯を見る事も、嫌なる位になりたり。されども猶、責はたりて、帆柱の上の働きをせよなど命じけれども、日本にて左様の働きをしたる事なしとさま〲手合して侘《わび》しかば漸《ようよう》に許されたり。二三間をあゆむにも、目くるめきて倒るゝ様なれば、舟底などに隠れ忍びて、しばしの息を休めんとすれば、やがて尋ね来りて、太き棒にて敲《たたき》出し、打擲して責つかふ。斯の如く苦しめらるゝ事故、初めの助けられたる時のことは忘れて、只恨めしくのみ思ひ居たり」

春名徹は、スペイン船はフィリピン先住民を扱き使っていたので、「アジア人を過酷に取扱った可能性がある」と指摘する。「島原漂流人太吉物語」によれば、「其後日本人にハ決て湯水を与へず。然れども舟仕事にハ日本人も遣ひけるゆへ、身心労るゝ斗にて、側なる人も貌《かお》二ツに見へる程に悩ミ果ける」。この太吉の苦しみを「東航紀聞」も伝えている。「あまりの暴酷に太吉等堪かねて、かく呵責せられては助かりし詮もなし、海に投じて死せんとまでいへりしかども、共に援け合て漸《ようよう》に呵責をしのびたりし」。太吉は「鞭朴ヲ以テ漂客ヲ虐使ス」と表現する。そのとき太吉は「燥渇《かわき》ニ堪ズ」、「水甕ノ底ノ泥水」を飲もうとして綱で打たれた。彼は「泥水ヲ乞得テ之ヲ飲デ幸ニ生ヲ得ルカ、又彼ニ殺サルヽカノ二ツニ出ズ」と決意する。ついに「僅ニ一升許」の泥水を得て三人で分けて飲み、「先ニ奪レシ所ノ酒五合許ヲ乞得テ、其酒気ヲ風ニ吹散ゼシメ、一滴ヲ毎服シテ渇ヲ凌」いだ。

　ここでも亥之助は、「水少キ故飯堅」いことから、スペイン船の深刻な水不足を好意的に了解する。スペイン人も水分の足りない固い食事をしていたというのだ。「此助ケタル船水乏クテ艱難ニ在シト云。大洋ヲ渡ル異国船ハ凡日数ヲ考、人数積《つも》リヲ以テ予《あらか》ジメニ水ヲ貯へ船ヲ出スコト故、不時ニ十三人モ乗タルコトナレバ、サゾ水ハ乏《とぼしき》コトニテ有ツラン」。「東航紀聞」もまた「酒と綿とを捨て水をとれるにて、洋中にて水の貴き事思ひやらる」と注記する。広大な太平洋航海で最も恐ろしいのは渇水である。その危機の中で十三人を収容したことはスペイン船の温情、それもかつて呂宋長官代理ロドリゴ船が蒙った「御宿《おんじゆく》の海女」の温情への恩返しという説も成り立つのだ。亥之助によれば、船員たちに「格別底意ノ有躰《ある》ニモ不レ見《みえざれ》バ、皆々大ニ安心致、追々心モ解合《とけあっ》」たという。

　東北東へ進むこと四十日、「エンサヨー号」はバハ・カリフォルニア半島に近づき、サン・ルカス岬付近で牛を購入して料理・食事したあと、深夜、善助、初太郎、弥市、太吉、儀三郎、亥之助、惣助の七人を浜辺に置き去りにした。なぜこの七人だったのか。太吉は、「此七人漂客中ニ在テ年高ク疲レタルヲ以テ、彼等ノ役使ニ堪ヘザルヲ慮リ之ヲ棄テ、余ハ少年ニテ猶健《すこやか》ナリ、故ニ役使ニ給センガ為メナルベシ」と推理する。善助・初太郎が若いのに捨てられたのは肉体労働に不向きと判定されたからであろう。ここでも亥之助は「漂客ノ内六人ハ病気ニ罷在故カ残シ置」いた、「前ニ船頭水主上陸セシヲ考レバ……（陸の人々に）頼置《たのみ》」いたのではないか、と好意的に理解し、「唯浜端ニ捨置シハ甚薄情」と付け加えている。興味深いのはこの直前の場面で弥市が、牛肉料理を「我々之間ニも喰ひ候者も有之」と報告していることである。これは空腹・渇水の漂民にも牛肉スープが与えられ、殺生戒にこだわる漂民と、殺生戒を無視して貪り付いた漂民、すなわち早くも新世界の生活様式に適応し始めた漂民に別れたことを意味する。スペイン人たちは後者の漂民を労働力に算入したのであろう。ただし善助は、「屠者《えた》の如き者のすむ国に着岸せし事よ」と歎きながらも真先に食ったが（「烹たりし香ひ甚美なりしかば、心よからずながらこれを食せしに、極て美味なりし」）、置き去りにされる。

善助は上陸を拒んだが、スペイン人は「打擲」し「枴《かい》をふり揚て」強要した。置き去りにされた七人は途方にくれる。初太郎はやや興奮調で語る。「各々恐怖して、急ぎ陸へ上れば、端舟は其儘漕返すと、頓《やが》て本船の碇を上る声聞へ、直に帆をかけて、行方しらず成にけり。七人の輩《ともが》ら浜辺に茫然として居たりしが、初太郎、善助、申様、今日、碇を卸せし時、陸《おか》のかたに遙かに、白壁造りの人家有を見たり。いかにもして其所迄尋ね行て身の上の事を頼むべしと、有ければ、五人の者のいふには、是迄慈悲もなく、我々を使ひ苦しめたる船人の心に引競べ見れば、此陸にある人も、いかなる邪見の心を持たる者やらん。其上、けふの昼、船人と陸の者と、何やらんひそかに語らひたる様子なれば、定て悪き巧みをなして、我々を此所に捨置、此陸の人に殺させんとの事なるべし。いかでか左様の所にうかつに尋行て、漸《ようよう》に助りたる命をば、又失ふべきや。只此浜辺に夜を明して、明日にも成て土地のやうす、物の有様なども能《よ》く窺ひ見たる上にて、兎も角もなすべし。去《さる》にても、万里の波濤に漂ひ、かゝる遠き外国に来りて、衣食の縁にも離れ、しらぬはま辺に捨られたれば、所詮、助かるべき命には非ざるにやとて、皆、大声を揚て泣居たり」。いつもは能天気な初太郎の見通しは、このときは悲観的であった。

絶望感にひしがれていた時、「疲軽ク稍健《ややすこやか》」なる善助・初太郎の二人が付近の探索に出ることを申し出た。初太郎曰く、「たとひ殺さんとの巧みあるとも、此知らぬ国にて、何方へか逃行べき。もし今宵を遁れたり共、明日は必ず殺さるべし。迚も遁れぬ命ならば、一夜を延《のばし》たりとて何にかなるべき。爰《ここ》にて心を苦しめんよりは、早く殺されたるこそましならめ。我々は是非尋ね行べし。若や此陸《おか》の人、慈悲ありて某《それがし》等を労《いたは》る躰ならば、早々に迎に来るべし。若《もし》我々再び帰らざる時は、最早害せられたりと思ひ、各《おのおの》覚悟有べしと」。「善助申口上書」はより落着いた口調でその探索行について語る。「砂浜ニ足跡有レ之候付、何れ人家可レ有レ之と存、私并《ならびに》初太郎両人右足跡を慕ひ、凡四丁程参り候処、屋根は椋〔棕〕欄葉様之物ニて葺《ふき》候間口四間程之人家二軒有レ之、入口ニ獣之番人躰之者壱人臥居候付、呼起し候処、驚キ候様子ニ付、難船いたし候様子手真似致し、助ケ呉候様頼候処、相分り候様子ニて、直《すぐ》ニ水を飲せ呉器は錫躰ニて手之付候水飲ニて御ざ候残り五人浜辺ニ有レ之と仕形いたし候処、右之家より壱人私共ニ附添、元之浜辺江参り、五人之者を連、右人家江同道いたし、其夜同所ニて樹木之下江、此樹木見訓不申木にて御座候牛之皮を敷、私共を休セ」た。

亥之助によれば、メキシコ人は漂民たちに「砂糖水一杯」を与え、大樹の下に「牛ノ皮五六枚」を敷いて、「寝ル体《てい》ヲ致《いたし》見」せた。この気遣いを受け「皆々是ニ休息」した。安眠できたと思われる。「夜深くなりて、一二三人の人、何やら用事ありげに、幾度も其辺を行めぐる故、すはや殺しに来るならん。今にも如何成《いかなる》うきめにや逢らんと、恐ろしくて、しばしまどろむ事能はず」という初太郎の記憶とまったく異なる。

「善助申口上書」によれば、「翌朝右人家之男女不レ残立出……」歓待を受ける。一度に七人、しかも東洋からの漂着者は珍客だった。食事の報告は太吉に限る。「白キ水の如き甘味ある物是牛乳汁ナリ」と「玉蜀黍《ナンバンキビ》ノ蒸餅《パン》」を少し与えられた。「是数日飢タルヲ以テ、俄《にわか》ニ飲食ヲ放《ほしい》マ、ニシテ死センコトヲ慮リ恐レテノコトナルベシ」と太吉は推察する。昼食後、「主人頻ニ詞ヲ接シ問フ事アルニ似タレドモ、素ヨリ言語互ニ通ゼザルナリ」。亥之助は言う。「主人万国ノ図ヲ出シ見セ候所……横文字ニテ一字モ不レ分」。すでに漂民たちを日本人と推察した主人は「国尽《くにづくし》を読」み上げた。「蝦夷・松前・南部・仙台・江戸・尾張・伊勢・四国・伊豫・土佐・薩摩・天草・嶋原・長崎」。かなり記載してある地図だ。ここで漂民たちは「外国船入津ノ地、帰朝ノ弁利共可レ成《なるべき》カト配慮シテ」、「我等長崎」と答えた。弥市はこの時の漂民たちの帰心を伝える絶妙なるパフォーマンスも伝えている。「長崎と申て文字之所江指ニて押へ居候ニ付、我々夫江指さして其所へ行たいと、歩行《あるき》ミて見せ候」

牛皮の上で身を寄せ合う漂民たち。メキシコ風物を知らぬ画家岩堀勝政は田圃と松を描く（「墨是可新話」、肥前島原松平文庫所蔵）

この主人の名はヒチ（太吉「墨是可新話」、初太郎「長尾市太郎成立書」）、ヒッチあるいはヒッテ（弥市）、フヒチ（善助）、シチ（太吉「島原漂流人太吉物語」）。現地調査した佐野芳和はトマス・リッチー（Thomas Ritchie 1809-72）と比定する。ロンドン生まれのイギリス人船乗りだったが、サン・ルカス岬付近の農家へ婿入りし、大きく牧畜加工業を展開していた。しかしリッチー家だけで七人の面倒は見られない。漂民たちはサン・ルカスからリッチーの持船でサン・ヴィセンテ浜へ、そこから一人ずつ尻馬に「累騎《フタリノリ》シテ」隣のサン・ホセ村へ運ばれた。リッチー家との別れの場面を弥市は感動をもって語る。

「此所ニ二日逗留致し、三日目に何れへか送り呉様子ニて、餞別之品之内、大き手満り（＝鞠）程ニて白き物（チーズ）壱ツ、。是ハ牛之乳を製したる物なり。至て風味宜敷品『ブランタ［plantano（バナナ）］』ト申芭蕉の実、仲間へ壱房《ひとふさ》貰ひ、夫より浜辺へ家内不レ残送り出、互ニ手のひらを組、顔を見合、夫より両手を互ひニ向ふの背中江廻し抱き付別れを惜しむとき、の礼儀と見へ候、我々も大きに世話ニ成、忝《かたじけなし》と一礼申、重て逢ふ事之出来ぬ事なれバ、一統落涙致し、跡を見返り、家内も我々の方を見返りながら家ニ帰る。我々も乗船致候。実ニ世界ニ鬼ハ無者と、皆々悦申候」

ボルネオから九年ぶりに帰還した孫太郎の「よの中は唐も倭も同じ事、外国の浦々も、衣類と顔の様子は替れども、かはらぬ物は心也」（『華夷九年録』）という言葉が思い出される。

サン・ホセは、石造りを「油石灰」で塗装した「豆腐ノ如」き家々が「五十軒余」（亥之助）「六

サン・ホセで頭目に挨拶する（「東航紀聞」より）

七十戸許《ばかり》」（太吉）あるいは「八十軒許」（善助）の鄙びた農村だった。「此地遠山ヲ背ニシテ本藩城西ニ眉山アルト善ク肖《に》タリ」と太吉は回想する。崩壊後の眉山のような荒涼たる岩山が後背地に見えたのだろう。馬で先発したリッチーからの連絡を受け村の入口に待ち構えていた頭目《コマンダンテ》と役人の差配により、七人は「七軒へ一人宛人別ニ割付差置」れた。太吉によれば「鬮取《くじ》」だったという。

「エンサヨー号」に残っていた六人のうちの七太郎・万蔵も、「賊舩水竭《つく》ルヲ以テ」置き去りに遭い、三日前にサン・ホセに収容されており、合せて九名が農家に分属された。役人の対応といい、農家への分属システムといい、カリフォルニア半島南端部での遭難・漂着事例の多さを感じさせる機敏な難民対策である。

残る四人の消息が分かるのは、のちにその一人三平がマサトランで仲間に合流してからである。嵐で「賊舩」は沈没したという噂がサン・ホセに伝わってきた。「島原漂流人太吉物語」によれば、「エンサヨー号」は「其末ワイマハシ〔Guaymas〕へ乗付、直に入津致せば不難にて有けるを、積荷運上（関税）に恐れ、纔《わづか》づゝ水揚致し、又沖へ出、兎角する内、荷物過半揚仕舞ふ時、斗らずも破船に及び、乗組三十人ちり〴〵に成ける」。「墨是可新話」によれば、「免符《ゴメンキッテ》を受けずして銀錠《ノベギン》重さ十六貫目ナルモノ五箇を載セタ」「賊舩」は、「哇伊末哇失《ワイマワシ》ト云処ニ至リ、舩ノ貨主独リ岸ニ上リ、又舩ヲ発シ、衝風《ムカイカゼ》ヲ避テ海上ニ旋転ス。舩哇伊末哇失ヨリ夜潜ニ小舟ヲ出シ、本船ニ至リ貨物少許ヲ分チ、幾次モ之ヲ漕シ、密売ス。悉ク貨物ヲ漕シ畢リ、賊船海上ニ周旋スルノ際、颶風起リ、礁ニ触レ、船底ヲ傷ス。……此時船長費ノ広キヲ恐レ、他船ヲ僦《ヤトウ》テ船ヲ支ヘズ。故ニ綱ヲ縛着スルノ勢ニ船遂に覆ル。……船長声ヲ揚テ号泣ス」。太吉の聞き書きからは時折こうしたザマミロの声が聞える。縛着して船を保つ努力は永住丸の最後のアイロニカルな再現である。それにしてもこの密貿易船は、火事場泥棒的な積荷横領・転売で若干の利益を上げており、「銀錠《ノベギン》」は沿岸警備隊によって回収された。その幾分かは漂民たちへ返還されるべき代物であるが、どうなったのだろう。

さて九人はサン・ホセでどのように落ち着いたか。船頭善助は、分属を指図した州知事《コマンダンテ》フランシスコに引き取られた。従僕を使用できるほどの特別待遇だった。初太郎は「サンホッセの村甲《しやうや》」(「東航紀聞」)「村役人躰《てい》」(弥市)ミゲル・チョウサの家に引き取られた。彼は待遇を自慢気に語る。後述の脱出劇の伏線となるくだりだ。「町人躰の者、廿人斗り来りて、九人の者を一人づゝ、思ひ〳〵に連かへる。中にも、初太郎一人残り居たるを、年齢五十歳斗りに見ゆる、人品よき人来りて連帰らむとするに、此家の主人の妻と思しき婦人、又は寡婦共おぼしきが、何分我家に留置べしといふ様子にて、右の人と互に暫し争ひしが、遂にかの人、無理に初太郎を伴ひて、一丁半程行、其家に至りける。……ミゲリチョウサ、初太郎を憐む事大方ならず。衣服などをも、皆新らしく縫て着用せしめたり。初め其衣服を着て町へ出、一同の者に逢たる時は、おの〳〵驚き、羨みしとなん。善助を連帰りし人も、同じく不便〔不憫〕を加へあはれみけれ共、婦人なき家也《なり》し故、初太郎が愛せられし程にはなかりしとぞ。……ミゲリチョウサは、思ふよし有にや。しきりに、初太郎にアメリカの語を教んと、云けれ共、外国の辞《ことば》を覚へて何にかせんとて、一応はいなみしが、言語を覚たらば、早々本国江送り帰すべしとの事故、詮方なく、少しづゝ習覚へけり。文字は廿八字、横文字にて、くさり様さま〴〵六ケ敷《むつかしき》ゆへ、書覚ゆる事能はず。只初太郎といふ名の文字迄を書覚えけり。家主、二日目〴〵に衣服を着ければ、初太郎も同じく着せかへ、食事なども、家主にかはる事なく、我行所江は必ず伴ひ行く。かく愛する事は、其志、己が女子を以て初太郎に娶《めあわ》せんと思へるよしなり。或時、娘と初太郎と一所によせて、婚姻の式はかやう〴〵と教られし事も有しと也」。やがてチョーサ家次女との関係がのっぴきならぬことになる。

亥之助も、伊予に帰った後の表現では「家事ノ手伝等モ為レ致《いたさせ》不レ申、客分ニアシラヒ候」と好待遇を誇るが（弥市によれば亥之助も山中の牧畜の仕事に駆り出されたのだが）、イギリスから来た「短気もの」（弥市の評）の百姓「フランセシコウ」は、酒に酔うと「ヨウ（我）カッポン（日本）ハモス（行く）ユロタ（殺す）」と、「首ヲ切ル手真似」をして亥之助を怖がらせた。「東航紀聞」によれば、同じイギリス人トマス・リッチーもまた、「劔をもて頸を斬るまねをなし、暎〔英〕国のもの日本へ行ときは頸をきらるゝとの真似をしたりし」。一七二七年英語出版のケンペル『日本誌』による鎖国と鋭利な日本刀の情報は英人に知れ渡っていた。この情報はのちマカオで儀三郎逃亡、また第四章の万次郎米国長期滞在の遠因となるので留意されたい。居心地悪く感じた亥之助は一里ほど奥の「サンテヤゾ」（太吉によれば「サンデヤダ」）の家に逃げ出した。フランセシコウに食物は度々貰っていたようである。

残りの六人は、「次日ヨリ、或ハ農業ヲ命ジ、或ハ山ニ樵《きこり》セシメ、或ハ牛ヲ牧セシメ」と、無賃労働に従事させられた。こう語る太吉は、自分たちが農奴に近い労働力として受け容れられたことを認識している。弥市によれば、儀三郎は、十七人を使役して「三里程山中江入込ミ、……日々牛之乳を絞り、豆腐を拵る如くに」チーズを製造するナラ家、惣助は、隣村サン・ヴィセンテで「馬三拾疋」を使い「〆《しめ》場所四ヶ所」で「砂糖〆ル」製糖農園を営む「大百姓」ドンガンマレヤ家に収容された。

　スペイン船で痛めつけられた太吉は、なかなか体調が回復せず、同室を余儀なくされた分属先の老母（弥市の表現では「後家婆」）の愚痴を聞かされた。「島原漂流人太吉物語」によれば、「去丑十月中日本の地をはなれ、当寅三月迄灘中漂流し、ことに飢渇して身心大に悩みしが、此節はじめて人家に宿すといへ共、上陸して今二三日の事にて、何程にも気色勝れず、翌朝起上り得ずして臥居《ふしおり》ければ、其家の老母、倅に向ひ、ケ様なる病人を連参り、如何する事にやと、小言たら〱、太吉を指さし、その家の主人家子に申事、太吉倅より聞居たり。あるじの申ハ、鬮当りなれば、詮かたなき事を申様なる事と聞へける」

　そのころ、立ち寄った任侠系の男が酒を奢ってくれた。「其所《そこもと》の目明しのよし、役名コンハンヤアロトリテ（ロドリゴ？）、此家に来り、太吉伏居けるを起し、其許、酒給《たべ》候やと申、仕方しける故、給候と仕方しければ、手を取、引立けるゆへ、辞《ことわり》宣しけれども、聞入ずして、一丁斗り酒屋へ連行、硝子《ガラス》茶碗、日本火入位にして、丈高き大茶碗、酒一盃呑ませける。此茶碗バスと申。その茶碗に又半分斗り、外の酒をつぎ、出しけれ共、一口呑、跡ハ不レ給《たべず》」。「墨是可新話」では役名（実名？）を伏せ、侠客による景気付け＝コネクション作りという脚色が施される。「初《はじめ》此地ノ侠客、太吉ガ疲労シタルヲ憐ミ、手ヲ携テ酒店ニ投ジ、上好ノ美酒硝子盃一杯ヲ飲マシム。味甘美ニシテ、色本邦ノ醇酒ニ似タリ。又手ヲ携ヘ主家ニ帰ル。後十日許ヲ経テ漸ク其家政ヲ助ルニ及ビ、侠客復《また》来リテ太吉ヲ乞フ。是ニ於テ老母惜ンデ与ヘザルナリ」。これは、腕力ある漂民たちが人材リクルートの対象であったことを物語るエピソードでもある。

分散した漂民たちが集まったのはミゲル・チョウサの家である。彼がマカオに行ったことがあり、アジア渡船の伝手《つて》もあるということが機縁だった。「此家江我々共一統折々遊びニ参り候。或日、日本へ帰り度《たし》と、『ハツホン日本の事』、『パモス帰ると申事』、『チョウサ』(江)相頼候所、(ミゲル・チョウサ)申には、おれが頼《たのみ》たらバ日本へ帰らる丶といふに、我『ミ』、頼『アフラ〔hablar〕』、日本『ハツポン』、帰る『パモス〔vamos〕』といふ。又チョウサ申ニは、サンホセ(此処)より十日路程小舟ニ乗渡り候へば、『メヒコ』ノ国カリホル子《ネ》之内マサタラント申所江着。此処凡《およそ》家数千五百軒程有レ之。『マサタラン』より凡三ヶ月程海路渡り候得バ、唐土之内奥門《マカヲ》と申繁花之地有レ之。『マカヲ』より日本へ渡らる丶由噺し申候。又チョウサ申ニは、おれも若ひ時マカヲと申所へ参り候事有レ之趣。マカヲの喰物ハ米之飯右之手ニ箸を持、左之手に茶碗《ラタ》を持喰ふなり。魚類沢山ニて彼の地の文字《イヌキリベイ》(escribir 書く)は、私《ミ》らは知らぬ《ノサベン》ルれど、其方《ミラ》等参り候ハヾ、言葉《アブラ》も分り文字も知れる。日本の咄《アブラ》しも出来《セヤイ》る所なり。彼所ニて日本の長崎之事も聞た事が有との事なり。是を聞て皆々大ニ悦び、夫よりチョウサ江皆々頻りに遊びに行」。食器と食物の感触の甦りは強烈である。それにしても留学制度以前の日米交流の原点となる光景である。

サン・ホセでの生活は、日本人が始めて経験したメキシコ風物誌が興味深い。物産は「墨是可新

中国どころか山の中。太吉も「牛よけの畑のぐるりの垣結」に従事した（「墨是可新話」、肥前島原松平文庫所蔵）

話」、生活実感は弥市「漂流外国物語」が優れている。八月「エンサヨー号」を沈めたハリケーンが、「一夜之間に大洪水」を引き起し、初太郎・弥市が世話になった家が「流失」するというすさまじいものであったことは注目に値する。メキシコを時たま襲うこうした大洪水によって、百七十年前の漂民受入れを記録した古文書類が失われ、新大陸における彼らの軌跡を辿ることができなくなったからである。

その他、太吉が経験した四つのエピソードを紹介する。十月上旬、幾つかの家は総出で牧場《ランチョ》の仕事へ出かけた。チョウサの中国情報で興奮していた漂民たちは、中国に近付くのではないかと希望的観測を抱く。「伊之助・儀三郎・惣助ハ……他ニ護送スト聞テ相喜テ以為《おもへ》ラク、清ノ近地ニ至ルナリト。其實ハ然ラズ。之ヲ携へ、山中ニ入ルコト五六里許。山谷ノ間ニ小廠《こや》ヲ置コト数処、之ニ居ラシム。牧牛無数、山野ヲ蔽フ」。三人は乳搾りに従事。チーズ・バター製造を見聞する。太吉の家も皆山中へ出かけ、太吉は留守番を任された。のちに山中の牧場《ランチョ》へ何人かの漂民が派遣されている間に、送還の船が現われるので、連絡・相談がややこしくなる。中国の夢に翻弄されたこの三人のうち二人が、のちに中国まで帰り着くのは興味深い。夢は見るものだ。

十一月中旬に秋祭り（太吉曰く「ムテヤヘンテ〳〵（mucho gente　大勢の人）と申事」）があった。

そこで漂民たちは初めて闘牛を見物する。これは本邦初の闘牛記述であるが、牛を嬲り殺す残虐なスペインのものと異なり、ユーモラスな肝試しといった趣きである。「十間四方許《ばかり》ノ虎落《もがり》（矢来《やらい》）ヲ結ビ、銀銭ヲ布片ニ包ミ、牛ノ両角ニ縛シ、皮服ヲ以テ牛を鞭《むちう》チ怒ラシメ、其銭ヲ取リ得ル者ニ之ヲ与フルナリ」

千メートル超の長さで太平洋に張り出したバハ・カリフォルニア半島には今なお原自然が残っている。脊梁山脈には大きな山猫がいた。「時トシテ人家ノ人無ヲ窺ヒ、直ニ入テ小児ヲ啣《ふく》ミ去ルコトアリ。故ニ土人之ヲ見レバ、必ズ衆ヲ率ヒ、銃ヲ放テ之ヲ殺ス」

闘牛図（「墨是可新話」、肥前島原松平文庫所蔵）

漂民たちは異世界にあって、自己変容し現地適応しながら自己を保つ苦労を重ねているのだが、異彩を放つのは太吉である。「此国ノ人甚裸體ヲ悪《にく》メリ。太吉ハ裸體ヲ好ミシ故、特ニ嫌ハレシ」と「東航紀聞」に特記されながらも、彼は、勝手ニシヤガレと、故郷島原での生活スタイルを貫いた。「一日太吉廡下ノ床上ニ午睡ス。乳ヲ露ハシテ偃臥《えんが》ス。隣家ノ女児二三アリ。其母乳汁少ク常ニ牛乳汁ヲ呑マシム。土俗、婦人乳ヲ露ハスコトヲ羞ヅ。故ニ人ヲ避テ兒ニ乳ス。太吉素ヨリ肥太ニシテ、乳房婦人ノモノニ似タリ。彼児輩之ヲ見テ悦ビ珍トシテ之ヲ吸フ。太吉驚キ覚タリト云フ」

隣家の女児に乳を吸われる太吉
（「墨是可新話」、肥前島原松平文庫所蔵）

九人がサン・ホセに落ち着いて四十日ほど経ったころ、善助はコマンダンテ・フランシスコの転勤に伴い、「九十里許」北のラ・パスへ移住した。ここで二百日以上を過ごす間、コマンダンテ「衙第《やくたく》」に同居し、ルイスという「博学者」（太吉によれば「大医」）にスペイン語を習い、何一つ不自由なことはなかったが、このままメキシコ社会に吸収される恐れがあった。「善助申口上書」によれば、コマンダンテは「我子之様ニ厚世話いたし呉、自然私当地ニ留置度心底ニ相見申候」。というのも、コマンダンテは、グワダラハラに住む娘を娶わせ、善助を「贅壻《いりむこ》にし、家を譲与せんとの志」をもっていたからである。

中南米ではコロンブス以降スペイン人征服者による原住民との混血の歴史が三百年に亘って続いていた。加えて海際の雑居地には、メキシコの銀、ブラジル蘇芳《すおう》を求めて世界中から船が到来し、居付く船員も多かった。英人トマス・リッチー、フランセシコウはその実例である。「当地ハ入壻《いりむこ》ノ制」（亥之助）、「女子は嫁せずして家相続し、男子は贅壻《いりむこ》となるの風習」（弥市）だった。善助は『亜墨《アメリカ》竹枝』に「独《ひとり》無二瘂痕一」と記された美男であり、若くして船頭を務めるほど組織的事務労働に優れ、「怠慢なく学習」するのでスペイン語の上達も速かった。娘だけのコマンダンテにとっては格好の婿だった。この吸引力は徐々に強くなっていったに違いない。このあと善助は仲間を置いてメキシコを逃げ出すという素早い行動を取ることになるのだが、その脱出速度はこの吸引力の大きさの反映でもあった。

河田小龍「漂巽紀略」によれば善助は、「祖父の世には本（紀州）藩の武官にて有しに、善助の世に至り大に業を堕して、兵庫の商人高田屋嘉十郎と云もの、宋人（親類）某なるもの、船人（船頭）」となった（『中浜万次郎集成』513-4）。それでも彼の家は庄屋格であり、家を士分として再興することは「家を昌《おこ》すべき人」たる善助の使命であった。「主人（コマンダンテ）いふやうは、吾に三女あり、好に応じて一女を嫁すべきゆへ、此土に止るは没歯まで見すてまじきやう勧られども、原来帰朝せんと思ひこみしことなれば、其意にもならず、終に固辞」するのである（486）。

善助が帰国の意志を表明し、コマンダンテが説得・阻止するという交渉が続いた。「東航紀聞」にその論点が記されている。「只管《ひたすら》にコマンダンテへ歎くより外なしと思ひきわめ、屡《しばしば》帰朝の事を歎きしかども、コマンダンテは此国に止めんの意ありしかば、日本までは万里の海路なるのみならず、此国とは絶て往来せざれば、送帰すによしなし。此国は世界第一の金銀多き所なれば、諸番の船競ふて入港し、万物自らに満足せる善国なるに、幸にして茲《ここ》に漂到せしならば、帰国の事は思ひとゞまれかしとすゝめくれしかども、日本には父母存在せるが故に、父母を慕ふの念やむ時なし。いかにも帰国を許したまわらば広大の慈恩なりと歎けども、只管《ひたすら》にとゞめんの意厚く、帰朝の事をいひ出れば、心よからぬ躰なれば、屡《しばしば》もいひ出しかねて打過ぬれども、帰思ます〳〵切なりし」。コマンダンテが日米通交不在を根拠に帰国を阻止し、善助が父母への「孝」の観念を主軸に帰国を訴えたことがわかる。

善助は体制順応型の有能な青年である。当然「孝」の観念を強く持っていたのであるが、また「孝」の観念の強調が幕藩体制下で出世の糸口になることもよく分かっていた。しかも聞き書きを取る紀州藩は御三家の一つである。「東航紀聞」には、藩主徳川治貞の「報恩」を説く長々しき訓話を伝える岩崎俊章の茶坊主的記述が挿入されているほどだ。

しかし善助をとどめ置こうとするコマンダンテの意向も強かった。膠着状態から脱出する機縁となったのは、或る船長の出現だった。この船長がもたらした情報と説得工作が効いて、ついに善助は小村を脱出して東洋渡航の起点となる大湊マサトランへ出ることになる。

「アントニヨ・ベロンといへる者あり。パスの人にて、船を所持し運漕を業にせり。此人に帰朝の事を頼しに、マサタランといふ所は、諸番の舶入津の港にして、茲《ここ》を去る事甚遠からず。マサタランへ渡海せば、日本へ帰らん事いと易かるべし、といへりしかば、ベロンを頼みマサタランへ渡海の事を、倶《とも》にコマンダンテへ懇請せしに、マサタランへ渡れりとて、日本へ便船ある事なし、無用にすべし、とゞめしかども、ひたぶるに歎きしかば、さらばマサタランへ渡り試《ためす》るべしと、始て許されたり」。マサトランへ出ることは終の別れになると双方とも予感したのだろう。実の父子にも勝る情愛の表現となる。

「こゝにをゐてマサタランへ渡海を急ぎしに、ベロンの舩に乗組、パス出帆に極《きま》りしかば、コマンダンテは別れを惜み、もしもマサタランに便宜の舶あるならば、今生の対面これを限りならんと落涙せられしかば、番〔＝蛮〕人ながらも数月の間同居し、殊に歓待を辱《かたじけな》ふし、父のごとくにをもひ憑《たの》みし人のかほどまで名残りを惜まれしことなれば、情義にせまり、悲歎に堪かね落涙とゞまらざりし。別離のかたみにとて、此国の銅鏤《る》の輿地図二冊、銀造の肩懸一対を与へくれ、これを何地にても取上られざるやうにとて、書附までも添、マサタランのコマンダンテへ託属《たのみ》の書簡をもしたためてくれ、猶又みづからの髪をはさみ取り、これを我なりと思へかしとて授けられたりし。……出帆の日コマンダンテは親しく船場まで送《おくり》くれ、深く別れを悼《いた》まれ、指にさし居たりし鼈《べっこう》のゆび環《わ》を抜とり、したしく指へさしくれ落涙せられしかば、これまでの厚恩を拝謝し、涙を拂ひ別れをなせり。パスの人々男女児子までも船場まで送り来り、別れを惜み、なきさけぶ者もありし。夫々に別れを告て、かたみに手を握り、或は抱き合などしてパスを出帆せり。此地人情の至厚なる類《たぐ》ひなかりし」

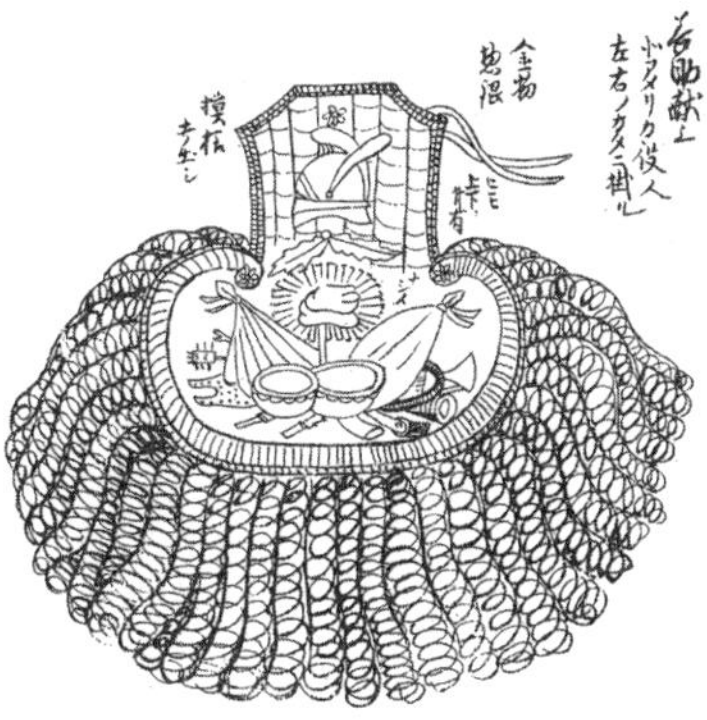

善助が貰った銀の肩飾りエポレット
（「東航紀聞」より）

「善助申口上書」によれば、「誠ニコマンダンテ深切ニ世話いたし呉、マサタラン迄送り貰候。船賃も同人より出し呉、同所江之頼状相渡呉申候」

ベロンは半島側（ラ・パス、サン・ホセ……）と大陸側（マサトラン、テッピイン〔Tepic〕……）とを往復するパケテ《小荷物定期船》・デ・パスの船長だった。善助は彼の船でパスを出て南方のサン・ホセに到り、ベロンとともに初太郎が寄寓するミゲル・チョーサの家に泊った。このとき主人ミゲルは偶々出張で不在である。漂民のうち、亥之助、儀三郎、惣助は山中の牧場に送られていたが、初太郎、七太郎、弥市、太吉、万蔵と別れた後のことを語り合った。そのときベロンが、「マサタランへは初太郎一人を伴ふべし」と告げた。あとの四人は一緒にマサトランへ行くことを懇願したが、ベロンは「コマンダンテより二人のみ送るべしと命ぜられし」と突っぱね、二日後に二人を伴ってマサトランへ出航した。

このように事態は急展開してゆくのだが、幾つか疑問が湧く。まず、なぜ二人だけなのか。太吉は「商船ナルヲ以テ二人ノ外寄載スベカラズ」とあっさり了解しているが、カリフォルニア湾内の船旅ゆえ乗員数にさほど問題はないはずだ。二人だけしか出さないのは、「東航紀聞」によれば、コマンダンテの命令なのだ。その命令はサン・ホセ村民の意向を汲んだものだったと思われる。考えてもみよ。廻船乗りとして十三人で千石船を操った漂民たちは、いざという時には俵を担ぎ上げる体力があった。彼らはまず腕力で評価されていた。五人ともメキシコ人の体力のなさ(亥之助は「脱肉」と表現)を報告している。また善助ほど有能ではないにしても、高度物流の基幹を担うだけに勤勉であり、事務にも習熟していた。漂民たちは、そうした熟練労働力あるいは他所の血として貴重だったのである。次に、ではなぜ初太郎かという疑問が湧く。善助・初太郎だけがベロンの船で大陸側のマサトランへ渡ることはどうやら既定の事柄だった。とすれば、そもそもこの脱出計画の始まりは初太郎ではないかという仮説が浮上する。初太郎は、善助と張り合うかのように自分のイニシアチブを強調する。ベロンにラ・パスの善助をサン・ホセまで運んできてもらい、一緒にマサトランへ船出するまでのくだりを読んでみよう。

「ラッパスの船頭に、ベロンといふ者あり。兼てサンホセへも時々来り、ミゲリチョウサと親しく往来し、初太郎をもよく見知り居たりけるが、十月の初め頃、初太郎、ベロンの旅宿江ふと往《ゆき》ければ、ベロン、初太郎に向ひ、其方、日本へ帰国の志あるにやと問ふ。初太郎、老たる父母ある故、郷里を思ふの情、暫くも忘れ難しと答ふ。ベロンが曰く、然らば、我善きに斗ふべし。ミゲリチョウサは、其方を養子にせんとの志ある故、斯の如く寵愛致す也。しか有りては帰国の期有べからず。我常々マサトランへも船にて往返する故、彼地の案内をくはしく知れり。紅毛《オランダ》船折々彼地へ来る事あり。此頃も一艘来り居る由、風の便りに聞り。紅毛は日本へも通商する事なれば、我往て其蘭船に頼《たのみ》なば、帰国せん事安かるべし。先善助と一所に相談有て然るべしとて、ベロンより使を以て、ラッパスへ書翰を送り、善助が家主へ達し、其旨を申遣し置、其後、ベロンが船に善助を乗せて、サンホセ江伴ひ来りける。惣助、伊之助、利〔儀〕三郎等も、家主と共にとくより帰り居たりし故に、九人集りて評議し、誰かベロンと共にマサトラン江渡り、事を謀らんと、云ければ、各《おのおの》申様、善助、初太郎の両人は、別して愛せられし故、言語なども余程心得たるべし。七人の者は、日々産業につかはるゝ間、言語をも知る事少し。余程の海路、大義なれ共、両人渡りて宜しく取斗ひ給はれと、言辞を揃へて申ければ、両人承知して、初太郎は、善助を家主の宅に伴ひ帰り、家内の者へ対し、マサトランへ用事ありて往たきよしを、何となく咄しければ、ミゲリチョウサの妻子、いかなる事にて行やと問ふ。初太郎彼地の様子をも見たく、又は家主にも逢たきよしを答ける故、妻子も留ること能はず。マサトランは繁華の地なれば、見苦しからぬ様にとて、三日斗《ばかり》已前、新らしき衣服を数々製し、且朝夕の食事等も、種々の馳走をなす。善助も同じ家に逗留して在けるが、十月廿八九日比、ベロンの船出帆のよし、告来れば、家内の母子、少しは様子を推したる躰にて、もしや帰らざる事も有んかと、名残をおしみ、初太郎が手をとり、抱きしめて歎き別れける。凡此地にては、男女、老少、貴賤の分ちなく、深く睦じき人々に遠く別るゝ節は、互に手を取合、抱き合て別るゝ事也」

善助の報告と違って、山中の牧場に送られていた三人も含めて「九人集りて評議」し、後に残される「七人の者」の方から二人に「渡りて宜しく取斗《はから》ひ給はれ」と頼んだことになっているが、善助・弥市・亥之助の報告と照合して、これはまったくの嘘である。二人に頼むのではなく、むしろ二人が二人の渡海を決めるのだから。何のための嘘か。二人の脱出の正当化のためである。なぜ正当化の必要があるのか。善助の場合は船頭だから当然である。これに対して初太郎の場合は「ハポンソルド（聾の日本人）」と呼ばれた兄七太郎を置いて去ることに忸怩の思いはあっても、兄が弟を置いて去るほどではないし、いわんや仲間を置いて去る船頭とは訳が違う。

ここで前に引用したようにミゲル・チョウサには「己が女子を以て初太郎に娶《めあわ》せんと」する魂胆があったことを思い出そう。初太郎も次女「センシヲン」に惹かれていた。阿波藩医井上黙の『亜墨《アメリカ》竹枝』は初太郎の事跡に二十八首の漢詩を付した文集であるが、この次女の色香匂う一節がある。「密厄利《ミゲリ》……有レ女《むすめ》、名仙瑟温《センシヲン》年十七八、頗有二姿色一」。この色香は井上黙の文飾だけで匂うものではない。初太郎のメキシコ経験の中に匂っていたからこそ、それを感じた井上黙の文飾に表れたのである。センシヲンに惹かれていたのみではない。現地取材した佐野芳和によると、現在のメキシコ人が「亜墨新話」における結婚式の聖水の儀式の描写を読む限り、初太郎はセンシヲンと密かに結婚していたことになるという。その箇所はこうだ。

「婚姻の礼は婿と婦とを向ひ立しめ一筋の細き綱、長さ七尺斗なるを輪にして首引するごとく両人の頸へかけ男の戒指《ゆびがね》と女の戒指とを一つ〳〵たがひにさしかへさせ、右と右との手を握り合させ置て媒《なかだち》の者側より両人に向ひ色々と戒めの詞を言ひ聞かせ、何やらん口に唱へつゝ鉢に水を入れたるを持居て杓子の様なる物にて握り合たる手の上へ水をかくる……扨又、男女を並び立しめ男の左の手と女の右の手を握りあはせ、男は右、女は左の手に火をともしたる蠟燭をもたせ、媒の者盆に銀をのせて持ち、両人の前に立居て何やらん言聞《いいきか》することあり。夜の八つ時より明七つ時頃迄の間、長々と説き聞かすよし也。其後ともに寝所に入れば、勝手にては立合たる人々あつまりて音楽をなし酒をのみて祝ひたのしむなり」

その近くに居る人間しか分からないような細かい描写である。ところが初太郎は新郎新婦の付添役をやったことはない。ではこれは初太郎とセンシヲンの結婚式の予行演習か。確かに、「亜墨新話」に、「或時、娘と初太郎と一所によせて、婚姻の式はかやう〳〵と教られし事も有し」、また『亜墨《アメリカ》竹枝』に、「密厄利《ミゲリ》深愛二初太一、竊《ひそかに》有二招贅之意一。嘗習二婚姻之儀一、結二長索一為レ環男女各係二両端一、於二其項一而相対立、媒人立レ中、説二戒諭一者数刻而未聞」とある。初太郎・センシヲンが新郎・新婦として予行演習したのであれば、情調が籠った記述であることに納得がゆく。しかし佐野芳和によれば、現地の人は断言した。「結婚式の聖水の儀式にリハーサルはない」と。それは神の前での一回限りの儀式なのだ。現代メキシコ人の判断に立脚する限りではあるが、「亜墨新話」

の結婚式描写は、初太郎がこの儀式の当事者として「媒人」の前に立ったと読めるのである。

実際に結婚していたかどうかは、ハリケーンで流出した教会文書が出てこないと確認できないが、婚約に近い状態にあったのは間違いない。初太郎はそこから逃げ出したのだ。善助同様、父母への「孝」と郷土愛の観念を表明しているが、それは帰国後のタテマエで、本音は、センシヲンへの愛に嵌るも故郷に帰るも紙一重だったのではなかろうか。初太郎は後ろ髪を引かれながら逃げ帰る浦島子なのだ。本人も半ば同意していたこの入婿寸前状態から逃げ出すには、後に精神的外傷《トラウマ》を残すような決意と策略が必要だった。マサトランへの脱出行動が、「国都メヒコより出張役人」(「長尾市太郎成立書」)ミゲル・チョウサの出張中に遂行されたのは偶然ではあるまい。「マサトランへ用事ありて往たきよしを、何となく咄し」聞かされた留守宅の母娘が、この予期せぬ行動に「いかなる事にて行や」と初太郎を問い詰めたのはあまりに当然である。

ここで注目すべきは、初太郎の言明が、自身のイニシアティブを強調しながらも、アントニヨ・ベロンの提案が先にあったと語っていたことだ。ベロンが、ミゲル・チョウサ留守の時期を選び、善助を運び来り、初太郎を連れ去ったのではないか。ではベロンは何故そのような行動を取ったのか。初太郎への「愍《あわれみ》」か。なるほど節々にメキシコの人々の善意は感ぜられるが、気配り、お節介とは無縁の土地柄である。無私の奉仕はそぐわない。和巻耿介は、ベロンがセンシヲンに気があったので初太郎を帰国させた、という設定で小説化している。ありうる想定である。なべて実態はカント的「物自体」の域に位置する。事実とすれば初太郎はますます、後ろ髪を引かれながら逃げ帰ったことになる。おそらく、センシヲンと結ばれ定着することに幸福を感じれば感じるほど、何かが違うという異和感が湧き起こっていたのではなかろうか。そこに恋敵を遠ざけようとするベロンの画策が介入した。そして、浮いたような幸福感であれ、それを喪失した哀しみと後悔は、このあと帰国するまでずっと初太郎に付きまとったに違いないのである。

　ともあれ善助・初太郎は、司馬江漢の銅版画『与地全図』（一七九二年）に「東紅海」と記された（太吉曰く「土俗此海ヲ呼テ血ノ海」）カリフォルニア湾を渡り、十月下旬マサトランへ着いた。ここでもベロンの案内で重鎮ルイスを訪れ、彼の導きで役所へ赴き、ラ・パスのコマンダンテからの「頼状」を提出した。これもベロンが書かせたものだろう。ラ・パスで善助がスペイン語を習ったルイスはマサトランへ居を移していた。善助・初太郎出発後亡くなるルイスは老齢で、若い二人が父から離れていることを哀れみ、「マカウへの渡海の都合はすべてルイス肝煎《きもいり》」だった。二人は、マサトランへ着いて「四五日の内に、唐土へ出帆の船あり」との報せを受ける。北アメリカの船で近日マカオへ航海する船があり、これに乗り込むことになるのである。

　この急展開に継ぐ急展開のところへ偶々《たまたま》ミゲル・チョウサが現われたという。「かくする所へ、サンホセの家主ミゲリチョウサ、先達てより此地に在しが、此事を聞付けたりと見へて、頓《やが》て尋来りて、初太郎に向ひ、其方、帰国せずとも、我家にあらば、行々は娘と娶はせ、銀一万枚も遣はし、商買をさせ、一生安楽に暮さすべし。何とぞ止まるまじきやと云しかば、初太郎申様、是まで数月の間の御高恩、蒼海よりも深し。今又、かく念頃《ねんごろ》に留め給ふ事、誠に有難くは候へども、老たる父母を国に残したれば、何卒帰りて養ひ度存じ、御心に背き候也とて、只ひれ伏て歎きける。ベロンも側に在て、色々と詞をそへ、帰国させ給へと、進めしかば、ミゲリチョウサ漸《ようよう》に納得し、乗船のまへになりては、互に手を取、抱合て、名残をおしみ別れけり」
当時の寺子屋教科書『童子教』の「父恩者《は》高レ山、須弥山尚下、母徳者《は》深レ海、滄溟海還浅」を援用しての養父的存在ミゲル・チョウサへの謝恩と実父母への「孝」の観念の表現である。このように陳述することが、帰藩後の身の振り方に有利に作用する。本当は外地に居付いてもよかった、とは決して口にしてはならないのである。このように歌舞伎がかった場面を経て、和解と別離の終幕となった、と初太郎は述べる。

ところが伊予に帰った亥之助の供述によれば、「善助八（＝初）太郎両人ハ此船（「ラッパソ」ト云所ノ商船）ノ船頭（ベロン）へ相対ノ頼ニテ渡海シ、其後手紙差越候処、此地ヨリ帰郷ノ順モ附候故、早々渡海セヨトノ書面也。此両人出船ノ時、サンホセノ役人（おそらくミゲル・チョウサ）マサツランへ送リ方ノ相談ニ行タル留主（＝守）也。其役人罷帰、右両人相対ニテ出船セシ迚、甚腹立ノ体也」（『海外異話』）。亥之助はこの脱出劇を善助・初太郎が二人してベロンと諮ったものと断定した上で、ミゲル・チョウサは後々までこの脱出劇のことを怒っていたというのである。そもそも初太郎と行動を共にした善助の記述にミゲル・チョウサとの出会いと交渉はない。とすれば、佐野芳和も述べているように、マサトランでの出会いもまた虚構である。この虚構の挿話もまた、初太郎がずっと感じた喪失感と自責の念を宥めるべく拵えたものだろう。

さて善助は、初太郎とは全く違った自責の念をもって船に乗ることになる。仲間を置いてさっさと帰る船頭は、おそらく幕末に初めて現われる存在だろう。しかも同郷の先輩弥市を残し置いたままである。善助は「東航紀聞」において、一緒に異郷で朽ち果てるよりも、まず誰かが故郷の人々に消息を知らせることが重要だったという弁明を用意した。たしかに乗組み全員は漂流中の船上で水盃と同時に、「偶《たまたま》天幸アリテ命ヲ全《まっとう》シ帰朝スル者アラバ、為メニ其々ノ郷貫《ざいしょ》ニ書ヲ寄ス可シ」という盟約を交わしている。さらに善助は、新大陸に残る十一名が帰国できる手立てを可能な限り考えたことを強調している。まず善助は「ベロンに向ひ、サンホセに残れる七人のものは、我等よりは艱苦も多し。何とぞ一所に連帰りたし」と訴えた。しかし小型船には二人だけしか乗せられない。二人合せて十一人という乗員数である。ここでは「大洋ヲ渡ル異国船ハ凡《およそ》日数ヲ考、人数積リヲ以テ予ジメニ水ヲ貯へ舩ヲ出ス」という亥之助の理解が妥当する。

注目すべきことに、ここでもベロンが二人を説得する。「ベロンが曰《いふに》、此地より唐土へ便宜ある事、一年に一度か、二年に一度也。此舟に乗後れては、いつか帰らん期を知りがたし。其上海上四百里もあるサンホセへ、七人の者を迎ひに往かば、往返の間に数十日かゝるべし。彼船いかで空しく待ちて有べきや。誠に得がたき幸の便船なれば、帰国の志しあらば、早々に乗り渡るべし。七人と同船する事はとても叶ふまじと有ければ、両人談じ合て云やう、先《まづ》我々斗《ばかり》にても、恙なく帰国して皆々の無事を告げなば、旧里《ふるさと》の人々も喜ぶべし。少しの義理を建て此便舟におくれては、九人共に空しく此国に朽果ん事も斗り難しと、心を決し、然らば先我々両人のみ渡海すべしと、念頃に頼みける」

初太郎は、残る兄のことをベロンに頼んだ。「両人より、七太郎を始め七人の輩《ともがら》のことを、呉々とたのみければ、ベロン申様、一時には、雑用多くかゝりて叶ひ難し。便船のあるごとに、弐人三人づゝ、追々に送り返すべしと、心よくうけ合」った。しかし兄七太郎はついに帰って来なかった。ベロンはその後、残った漂民たちを送り出す努力をしたかどうか定かではない。弥市・太吉らの脱出はかなりのところ自力であり、別の船長（リス・フランシスコー）がマサトランへ運んでいる。ベロンはとにかく初太郎を送り出したかったのだ。そして期間限定・個数限定に引っ掛かって買わされる日本人の心理よろしく、二人は船に乗り込むのである。

船に乗る間際、善助は、サン・ホセ村に残る四人とラ・パスのコマンダンテへ手紙を書いた。後者はベロンの添削を受けて仕上げた。「サンホッセに寓居せる四人の者をも、同船に伴はむ事をルイスへ頼みしかども、開洋（出帆）間近ければ叶ふまじ。四人は来春の便船に送遣《そうけん》すべしとの事なりしかば、四人の者へ別離の書簡を贈り、マサトランへ渡りし。折から急にマカウへ便船ありて、二人まづ渡るなり。来春又々便船ありと聞ゆれば、何れもは跡より渡来れよと、念頃にいひ遣し、パスのコマンダンテへもマカウへ渡る事を告て恩恵を謝し、猶亦四人の者をも送り玉へと託寄《たのみ》の書簡を番字にてしたゝめ、ベロンの添削を受たり。二書ともベロンに託し置たりし」。四人へ手紙は、弥市・太吉も言及しているので事実である。コマンダンテへ手紙もおそらく事実だろう。問題は次の手紙である。

善助は、最初に別れワイマスに上陸した四人のことも気遣ったとして、要蔵以外の三人から帰還予定を記した手紙が来たという。「偖《さて》又グワマスへ上陸せし岩松、勘次郎等よりも書簡を送りていふ、四人倶《とも》にグワマスといふ港へ上られしが、其後要蔵一人はいづ地へか伴はれて行衛をしらず。三人はグワマスの管舗《みせや》に恙なく寓せり。近日マネラへの便船にて三人ともに送貰ひ、マネラより帰朝のつもりなり。各にもいかにともして帰朝せよかしといひこしたりしが、出帆間なかりしかば、返書は贈り得ざりし」。これは、「どう見ても善助の拵えごとである」と佐野芳和は指摘する。「近日マニラ行きの船で云々は、そのような大事は誰の報告にも出ていないし、むろんそうした行動の痕跡もない。何よりも当事者の一人三兵衛（三平）が、善助が出国してから数カ月も後になってようやく、マサトランに現われて、ワイマス上陸と四人の近況を、初めて直接語ったのである」

のちに亥之助はマサトランで三人の消息を聞き、「火車船」を含むメキシコ軍艦十一隻が結集したことに触れ、「ハイマワシト云地ニ此時争戦有レ之由」と記している。一八四六年米国のテキサス併合に端を発する米墨戦争（一八四六-八年）の前哨戦がグワマス辺りの小競り合いとなっており、戦争ゆえにグワマスの三人はマサトランまで来れないと亥之助は思っていた。しかし実は彼らは遥か南方のチリの港へ移っていたのである。

井上黙は阿波から漂民引取りに赴いた長崎で、ワイマスにいた三人についての情報を亥之助から聞いた。「ツキハライソ方角は存不レ申候得共、三十日路あるよし。ツキハライソに居る要蔵・岩吉・勘蔵三人は書状指遣《さしつかわ》し、日本江帰国之事申遣候処、返答に此方の三人は是非帰り度も存不レ申との事ニ御座候」（『亜墨竹枝付録』）。また弥市は語る。「三人は「グワイマワシ」ニて世話ニ相成候内之商売用ニ付、先達て「ハキハラ井」と申所是ハアメリカ嶋離れ海路五十日程南之国之よし江罷越候。此程右三人之者より手紙参り候処、三人共彼所ニて縁付致し候由」。さらに太吉は、三人についてではなく、南米の「硝子器《ガラス》」の物流を紹介した文脈においてではあるが、「ワキッパライリ……海路波高シテ甚険ナリ。故ニ遥ニ迂路ヲ廻り六十日ヲ歴テ瑪撒禿蘭《マサトラン》ニ達ス。帰路ハ五十日ニシテ達スト云。……四南海ノ窮極ニアリ」と語っている。この「ツキハライソ」「ハキハラ井」「ワキッパライリ」は、チリの「バルパライソ」であろう。南緯三十三度にあたり、北緯二十八度のグワマスから七千七百キロメートル離れている。弁明と嘘を並べた善助だが、三人の人生はこれを遥かに凌駕する展開を示し、メキシコに残っている連中のところへ、日本へは「是非帰り度《たく》も存《ぞんじ》不レ申」と書き送ってきたのである。この衝撃の余波は後に考察する。

さて善助・初太郎は、出航直前、マカオへの積荷を扱う問屋に世話になった。ここに善助はまことに興味深い一枚の書を残した。のちに同問屋に世話になった弥市の記録にしか出てこない話である。「いろは四十七文字并びに片仮名イロハ不残。人名尽し状文章五下り程。女の文躰」を連ねた後に、

「恋しくハたづねきてみよいつミなる志の田の森のうらみくずの葉
日本国摂州兵庫中村屋伊兵衛船紀州周参見浦船頭善助乗。天保拾二丑八月出帆。寅十月頃ニ日を不覚。マサタランニ大ニ世話ニ相成居候善助、此家ニ我墨跡を壱枚残置」と書いてあったという。

東洋の書は珍重される。私事に亘るが、貧乏旅行中ユースホステルで知り合ったという縁だけでドイツ田舎町のお宅に転がり込み、お礼代わりに父が写経した『般若心経』の反古紙を渡したことがある。十年後再訪したところ、町役場の観光課の壁に逆様に飾ってあった。この善助の書もどこかに収まっている可能性がある。さて、この書の中心は和歌であり、善助の故郷である和歌山の北に位置する和泉の国の物語、すなわち、助けられた返礼に阿部保名と結婚した信太《しのだ》森の白狐「うらみくずの葉」が、正体を知られ森へ帰るときに子供の童子丸（安倍晴明）に歌を残して去ったという、説教節で知られる信太妻伝説である。書を残した善助は、歌を残した女狐の立場に立つことで

何を表現したかったのか。育ててくれたコマンダンテへの後ろ髪を引かれる思いが籠められているのか。しかしそれでは童子丸の立場になってしまう。むしろ善助は、行動を共にするようになって以来、打ち明けられ、さらに今後は隠さざるを得ない初太郎の仙瑟温《センシヨン》に対する想いを、後ろ髪を引かれる想いで森へ帰ってゆく女狐に仮託して表現したのではないだろうか。

善助、初太郎は米国船で「サンルイチ」（＝ハワイ）経由でマカオへ向かう。ハワイには土佐漂民四人が滞在していた。鳥島漂着後、米捕鯨船に救出され、ホノルルで下船したのだ（第四章）。かの万次郎は米捕鯨船に乗り続けていた。四人は、「あはれ其船に頼みて我々を共に乗帰り給へ、船中の働はいかなることにても致すべしと、涙とともに頼みける故、両人即ち船頭に向ひ、右の四人は近国の者なれば、何とぞ連帰りたし、我々が持来りし銀を残らず出して船賃とすべし、何卒《なにとぞ》連渡り給へと辞《ことば》ことばを尽して頼みけれども、船狭しとて承引せず、両人再三推返しひたすら頼みしかど、船の乗前にかゝる間、幾度たのむとも叶はじと言はなしければ、詮かたなく右のわけを中聞せければ、四人の者、足ずりして歎きかなしみける」、と「亜墨新話」は伝える。

善助の調書類にハワイ経由の話はない。「亜墨新話」も『海外異聞』（一八五四）の形で海賊出版されるとき、すべて省略された。何故か。米国船ゆえホノルルでキリスト新教との接触があったはずで、それが語られないのは当然である。しかしこのあとの中国での新教との接触は、寺の描写の形を借りてではあるが語られている。万次郎が米国へ向かったことを伏せておきたかったのではないか。ペリーの砲艦外交によって開国を余儀なくされ、米国との緊張関係が高まった時期に、米国に庇護された、それどころか、米国に庇護されることを望んだ漂民の存在を公刊するのが憚られたのだろう。

中国での二人の動向はよく分からない。西欧諸国の侵略と植民地分割が始まり、それまでの日本人漂民送還ルートがズタズタにされ、乍浦まで辿り着く過程が錯綜したことは理解できるが、二人は何かを隠そうとしている。何故か分からないが、マカオには別々に上陸させられた。善助が寄宿したのは、印刷宣教師ウィリアムズのところである。善助はその名前を隠しているのだが、「東航紀聞」続巻で弥市が明かしている。善助は「漢満府《カンマンフウ》」という役所へ「墨利加《メリカ》の送帖」を持参し、帰国のことを頼んだところ、ポルトガルの役所へ行けと指図を受け、そこへ回ったが、「一旦イギリスの手に託寓せしなれば、今にして請託《たのみ》を受がたし」と言われ、また漢満府に行って頼んだが、唐人もまたイギリス人の手に属したことだからと受け入れてくれなかった。善助のマカオ到着は一八四三年二月下旬。特命大臣林則徐によるアヘン投棄を口実に英国が中国侵略を始めたアヘン戦争（一八四〇-四二年）直後であった。

四月下旬善助は、ウィリアムズの口利きで英アヘン密輸船に便乗し舟山へ渡った。そこで英国勢力下に留め置かれたが、自分で船賃を出して便船を工面し、「唐人への送帖」を貰って船出し、ここからは中国内の水運を乗り継いで、寧波・杭州を経由して乍浦へ辿り着いた。途中船頭が、洋服の善助への敵意を懸念し、「黒毛綿之切レ七尺程有レ之候を、私之天窓《あたま》江巻キ、私之着類を脱セ、水主躰唐人之衣類を着セ、何方よりか持参り候駕《かご》之様成物ニ乗セ、水主躰之唐人十丁程舁《か》キ参り、町家続キ之所ニて、両方ハ石を畳上ケ有之所を通り抜ケ、右之所ニて駕よりおろし、天窓《あたま》の切レを取、衣類は元之通り着替させ、開キ門の内江入候」ということもあった。排外感情が沸き起こっていたのである。

乍浦で、マカオで別れた初太郎、二年前同月同日同灘で吹き流された石巻船と能登船の漂民と合流。乍浦から中国船で天保一四年（一八四三）長崎に帰国した。

「優等生」善助・初太郎とはここで別れよう。本章で述べたいのは、二人の要領良く速やかな帰国ではなく、後に残された漂民の苦心の脱出、そして脱出放棄だからである。

まずは「苦労人」弥市の語りを聞こう。マカオへ出航する直前の善助からの手紙で、マサトランへ渡らなければ帰国のメドは立たないことを知った弥市は、寄寓家に出入りする船頭（『東航紀聞』によれば名はリス）に頼み込む。「バスと申所之舩、此処へ毎々交易ニ相越、私世話ニ成居候家ロレタ、右舩宿ニて舩頭等馴染ニ相成候。然るに卯二月頃右舩参り候ニ付、マサタラン江渡し呉候様段々相頼候処、舩頭承引致、則初太良世話ニ相成居候チョウサよりマサタラン之コンスル（福沢諭吉『西洋旅案内』によれば「コンシュルとは、其国の政府よりいひ付られ外国の港へ勤番して、本国より交易に来る商人の取締をする役人」）と申大問屋へ頼書認《したた》メ呉候。尤此家へ毎々遊びニ参り世話致呉候ニ付、右マサタラン江渡る事極《きま》り候ニ付、私・万蔵・太吉・七太良、四人一日山江薪を伐ニ行、弐荷此家へ遣《やり》候処、大ニ悦び申候。外ニ儀三良・惣助・伊之助、此の三人ハ、右之舩は小舟故、私と七太郎両人ならでハ難㆓乗舩㆒と申候得共、色々相頼、右四人丈ヶ乗せ貰ひ申候。此砌《みぎり》、外へ働きニ参り、此場ニ居合不㆑申者も有㆑之、病人も有㆑之候ニ付、後舩ニ渡り候様申し残置候。尤舩頭申ニハ、小舩ニて食物等多分用立無㆑之故、舩賃ハ不㆑苦《くるしからず》候得共、食物丈《だ》ヶハ用立可㆑致との儀ニ付、夫より世話ニ相成候家々江相頼候所、七八日程ツ、の食物用立いたしくれ申候」。この食糧供与に

中南米における永住丸漂民の分散

ついて太吉は、「此三月より此節迄相応の勤はたらき致すといへ共、聊も銀銭不レ与。しかれば此節、向迄渡海の舟兵粮位の事ハ、我々有村の主人家より与へ呉べき物とも思ふ也」と、強く主張し、「主人〳〵より追々送り遣ハさんとの申事なれば、さしていそぎ給《たべ》物もらひ渡るには及びまじき」という村民たちの牽制を突破した（「島原漂流人太吉物語」）。江戸期の高度物流社会を経験した賃労働者として見事な主張である。

かくして残された七人のうち四人が渡船することになった。サン・ホセ村民は漂民たちに賃金は支払わなかったが、渡航中の食糧を与え、優しく送り出してくれた。弥市はそのときの雰囲気を生き生きと伝える。「夷国人、日本へ早く帰る《パッポンポロンドバスモ》。夫ハ能ひ事《ムンチユウボイ》と申なり。近所は勿論在中一統皆々見送り出候て、日本へ皆々帰る《トウドウバスモ》、定て父母兄弟《パ、マ、イルマノ》、女房子供等《モヘリムチヤチヨ》、ゑらふ嬉敷《ムンチウ　ボイノ》がつて泣で有ふ《ヨランドウー》、と皆口々に云ふなり」

しかしマサトランへ到着してからが大変だった。「船頭同道ニてチョウサ之手紙を持、コンスル江罷在候処、主人躰之者上封を見て開封不レ致《いたさず》、否《ノケリ》と申。船頭も様々相頼呉候得共《あいたのみくれそうらえども》、相手ニも不レ成《ならざる》由《よし》ニて、奥江入申候。船頭も善助を尋る事立腹致候て、其の家を出。船頭ハ積荷物の手本ケソ（チーズ）バノチヤ〔panocha（赤砂糖）〕等を持参致候ゆへ、店々江見せニ寄り候ニ付、私共も夫に付添参り候処、其内船頭ハ何れへ参候哉、行衛不レ知ニ相成、我々も空腹ニ罷成、無據《よんどころなく》、元之浜辺江立戻り、乗来候船を呼候得共、三丁程も隔り有レ之事故《ことゆえ》、聞へ不レ申哉答へもなく、如何可レ致と色々評議心配罷在候所、ブランタ〔plantano（バナナ）〕と申物を浜辺江水揚致有レ之故、其所江参り、サンホセニて餞別に貰ひ候目方凡七匁程有レ之銀壱文ペソニてブランタの下之方三十買、食事ニ致、暫く見合居候処、以前之船罷越申ニハ、折角チョウサより手紙も貰ひ此処迄乗参り候処、かくコンスル否《ノケリ》と申。悪い人ぢゃ、其方もサンホセニて便船遣《や》るを、否といふニ、無理ニ乗セ呉といふニ付、無二是非一乗て来た。然処右之仕合故又サンホセ江帰らねバならぬ。二三日荷物揚る間、其方等山江行き薪を伐出スベし、水も汲むべし、と船頭大ニ立腹ニて我々を叱付、直《すぐ》又何れへか出行候」

「東航紀聞」も引いておこう。「マサトランに上陸し、船長リス・フランシスコー等に附添ひ、管《とひ》舗《や》にゆきてチヨーサの書簡を示しゝに、披見し畢《おわり》て、託請なれども、鼎護《をせわ》叶はじとて承諾せざりしかば、管舗の家々を経廻して寄託せしかども、うけ引家なし。茲《ここ》に於て船長リス恚《ふづくみ》ていふ、サンホッセに居馴染しを、憖《なまじ》ひに此地に渡りて、たよるべきよすがもなし。是よりサンホッセへ還るべしと。フランシスコーも亦いふ。此地は津湊なれども人情薄く、サンホッセは辺鄙なれども人情淳厚なれば、サンホッセへ返るにしかじと」

サン・ホセ村長ミゲル・チョウサからマサトラン役人宛の「頼書」を持参したものの、帰国の便はおろか、寄留先の斡旋もしてもらえず、玄関払いを食らったというのである。「頼書」の内容が分からないが、ミゲルの留守中に逃げた初太郎のとばっちりを被った可能性がある。「島原漂流人太吉物語」には、「頼書」の話はなく、「船頭伴ひ、ヲランタ出張所（「墨是可新話」では「和蘭《オランダ》ノ日館《クワイショ》」）と聞伝し大なる店方問屋へ参」ったものの、「主人一向引受る事を断て、よせ付ず」とある。「船頭」が気を回しすぎて、旅券発行の権限を持つメキシコの役所ではなく、当時日本貿易を独占していたオランダの商館（果たして存在したのか？）に連れて行ったことが、この窮状の原因とも読める。二カ月後にサン・ホセに残っていた亥之助、惣助、儀三郎の三人がマサトランへ渡る時は、「所ノ役人（ミゲル・チョウサ）」より「送リノ書簡」を貰い、マサトランの「役所」に「同伴書状」を提出し、「安心可レ致、日本へ返し遣《つかわ》ス間、十月の便船を可二相待一」と順当な応対を受けている。

　ともあれ四人は食物に困り、渡航船の積荷のバナナを買って食うために船着場に戻る。運んできた船長は、三日後にサン・ホセ村へ連れ帰るまで日雇い労働せよと宣告し、荷揚げの仕事に出掛けた。四人はここで考える。「扨《さて》、詰らぬ事なり。併、折角此処迄参り候ゆへ、此処も繁花の土地に候得バ、仮令《たとい》乞食致して成共（「島原漂流人太吉物語」は「浜辺の魚釣、磯せゝりしても」と付け加える）サンホセ江ハ参りがたく、さすれば船頭立腹す共不レ苦迚《くるしからずとて》、評議相極《き》メ、夫より皆々町へ出、（太吉によれば二日間）うろ〳〵歩行《あるき》候所、間口拾四五間程有レ之軒ニ録青ニて駒寄垣（人馬止）を致有レ之家（マチャド家）より五拾才位の夷国人罷出、我々を呼戻し候ニ付、皆々参り候て内へ入候処、曲録ニ腰を懸居候仁、我々ニ向ひ四人之者之名を呼候ニ付、不審ながら誰成候哉と能《よく》々見候得バ、最初乗移候「ロソン」国の船之水主ニて、皆々地獄ニて佛に逢ふたる心地して嬉敷存じ候」

　苦労の細部を語った弥市の記録からは、衝撃、落胆、安堵と、起伏の激しい感情の動きが伝わってくる。肉声が聞えるようだ。なべて、調子のよい幸福な話は、一様で、人に感動を与えない。『アンナ・カレーニナ』冒頭が語るように、不仕合せこそ、多様な個性を表すものだ。「地獄ニて佛」の水夫の名は太吉によれば「ビロド」だったという。かのスペイン密貿易船の水先案内人《ピロート》であろうか。

マサトラン市街のたたずまい（「東航紀聞」より）

マサトランは、「港内ニハ諸国ノ賈船ヲ繫グコト二十艘許、街市繁広、千戸並連ル」港湾都市だった。四人が世話になったマチャド家は、「奴婢六人」「千石積位之舩」を所有。「ロソンより出店ニて、同国との諸色交易問屋」で、「蕕黄《すおう》木、塩、木綿、綿、小麦粉、真鍮、鉄、砂糖、豕《ぶた》之油、牛之油、ケソ、蠟燭、鉛、菓子、酢、焼酎の類」を商っていた。漂民たちは「日々諸国ノ賈船ヨリ貨物ヲ運シ此家ノ土庫ニ蔵スル」仕事に従事した。太吉は、「此地富饒ナルヲ以テ傭作スル者甚稀ナリ。故ニ傭銭甚貴シ」と、労働力不足で賃金が高いことをすぐに看取した。これは鋭い観察である。資源は無尽蔵。奴隷労働力はあっても、規律化された熟練労働は不足している。この認識に基づいて太吉は、漂民中最高額、そして帰航に十分な金を貯めるのである。

　太吉の仕事は、最初「傭作」だったが、やがて「主人の少女に従ヒ、其習書ニ行ヲ送迎シ、或ハ之ニ餉《かれいい》ヲ餽《おく》リ、食スル時ハ之ニ給事」する役目になった。用心棒である。そして倉庫番を任された。かのスペイン密貿易船主の親族であったマチャド家は、任侠系を尊ぶ傾向があったのだろう。その船で太吉らをいたぶった船員が雇われたこともある。彼は太吉が余暇に作る釣針をたかろうとした。太吉は逆襲する。「漂流ノ時洋中ニテ逢着セシ所ノ賊舩ノ舟子、名ハ「アラナ」ト云者、無頼ノ徒ナリ。彼舩哇伊末哇失《ワイマワシ》ニ於テ覆溺スルトキ、「アラナ」哇伊末哇失ニ留リ、一家ニ贅《ぜい》ス。飲酒博奕シテ殆ンド産ヲ敗《やぶ》ラントス。養父母之ヲ怒リ官ニ訴フ。官之ヲ囚《とら》ヘ鐵鎖ヲ以テ足ヲ梏ス。其重サ十六貫目長ニ尋許、遂ニ之ヲ遂《お》フ。弊衣ヲ着テ瑪撒禿蘭《マサトラン》ニ来リテ太吉ガ主家（マチャド家）ノ船ノ「マル子ロ（水夫）」ト為ル。暇アル時ハ子船ニ乗リ漁シテ之ヲ市《あきな》フ。此時太吉此家ノ守庫タリ。主人ノ待遇厚シ。暇アルトキハ鉤《かぎ》ヲ製シ之ヲ市フ。「アラナ」ハ嘗テ賊船ニテ屡々太吉ヲ虐使ス。此家ニ来テヨリ節ヲ屈シテ太吉ガ許ニ至リ鉤ヲ買フ。一日来テ価ヲ減ゼヨト強ユ。太吉肯《がへん》ゼズ。彼太吉ヲ罵リ、太吉ハ「ムチマロ〔mucho malo（大悪党）〕」ト云。太吉怒リ、側ニ在ルトコロノ鐵棒ヲ執リ之ヲ打タントス。船ノ「ミル」船長ノ使令ニ給スル職名偶《たまたま》側ニアリ、之レガ為メニ謝シテ、「ムチマロ」ハ汝自言ナリト云。明日「アラナ」海鰻鱺《ハモ》三尾ヲ太吉ニ賂《まいな》フ。太吉怒テ之ヲ却《しりぞ》クレドモ可《き》カズ。太吉ハ素ヨリ主人ノ待遇厚ク食類ニ乏カラズ。故ニ悉ク之ヲ家ノ奴婢ニ予《あた》フ」。太吉の信頼度を物語るエピソードである。

　メキシコ人の労働規律の出鱈目さは、弥市も伝えている。「管計（番頭）マテヤは舗蔵《みせや》の鍵を預り、頗ぶる家事を委任せられしが、竊《ひそか》に博奕《ばくち》を興行し、一夜にして数多の銀銭を負失して出奔せり。其後詫して復帰せしかども、船稼を事とせしめて、家事を任せざりしかば、遂に此家を立去り、サンブラスといふ所にありて流落せりと聞えし」。また亥之助も「奴僕ボタカ」が「主家ノ買物」で為した「不正ノ事」を「見咎」め打擲して懲らしめた。漂民が腕力で評価されたことを裏付ける話だ。

　既に触れたように、二カ月後にサン・ホセに残っていた三人がやって来る。亥之助によれば、彼が先導して、儀三郎・惣助を伴いマサトランへ渡ったという。「癸《みずのと》卯七月中旬、伊之助屡其寄家ノ主人ニ向ヒ瑪撒禿蘭ニ護送センコトヲ請《こう》ヲ以テ、遂に其余二人ト同ク便船ニ枕シ、各主人ヨリ裏糧ヲ齎《もたら》サシメ、之ヲ送ル」。さらにグワマスにいた四人のうち三平が「日本之背取舟（陸揚用の小舟）躰之水主」としてマサトランへやって来た。「乗組候舟之暇《ひま》を貰ひ呉候様三平頼ニ付、則舩頭へ訳合咄し、暇中受」けた。これで総勢八人となる。

漂民たちのマサトランへ出るという判断は正しかった。サンホセに居続けたならば、土地に縛り付けられた農村の定住生活に呑込まれてしまっただろう。原住民・混血を農奴として使役する社会構造ゆえ、賃労働は都市部にしかなかった。亥之助は言う。「サンポセニ在シトキモ、此所（マサトラン）同様食物万事上品ニ致呉《いたしくれ》タレドモ、此所ヨリ片避地ナレバ不自由勝《がち》ナレドモ、此マサタンハ何ゴトモ自由成地ナリ」。そして繰り返し述べてきたように、熟練労働力を「入聟《いりむこ》」として吸収する力は農村部のほうが強かっただろう。亥之助は病気がちでマチャド家の「仲仕」労働に堪えず、その酷使を「迷惑に付」役所に訴え（この行動は伊予水軍の末裔というべき興居《こご》島の梶取亥之助が、漂流者が受けるべき待遇の世界市民的見地を保持していたことを示して興味深い）、「カンポ」という役人（佐野芳和はアントニオ・カンプサノと比定）宅に寄寓したのだが、この都市の役人も労務管理能力を示した亥之助にメキシコ永住を勧めた。「此地へ住居ノ義ヲ深ク相進メ、永住居致候ハヾ生涯安楽ニ世ヲ渡ル様ニ致遣可レ申《いたしつかわしもうすべく》、又武家ノ望アラバ取立可レ遣、メヒコノ方へ行、是非仕官致サヌカ抔ト、段々勧候」。亥之助は「何分炎暑堪難地、永住ハ難レ致ト」断ったという。まことに「入贅《いりむこ》ノ議ハ啻《ただ》初太ノミニアラズ。漂客中ノ壮者皆然リ」（墨是可新話）だったのである。

漂民たちは一八四三年の「正月下旬頃より七月頃迄」マチャド家にいたのだが、取り越し苦労気味の弥市は、このままでは帰国できそうもないと焦り出す。「此家之主人始め之内ハ宜敷《よろしき》内之様子ニ相見へ申候ゆえ、長く居候積《つもり》ニ存居候所、此家族之者死去等致候得バ、こも巻ニ致し海底へ埋め捨候儀抔見請《うけ》候ニ付てハ、私共をいつ迄も使ひならし日本へ帰らする了簡ぶり無レ之様相見へ、殊更日々の仕業大ニ骨折せ身躰も難レ保《たもちがたし》と存《ぞんじ》、夫より暇《ひま》を乞、勘定を致貰ひ、外之者共も誘ひ候得共不承知故、私と七太良両人連候て（「東航紀聞」によれば弥市・伊之助・儀三郎・七太郎・惣助の五人）此家を出」るに至った。

弥市の方からマチャド家を出たと言うが、これは嘘である。「墨是可新話」に、「弥市等三人ハ午睡シテ務ヲ惰《おこた》リ、主人ニ罪ヲ得ルヲ以テ、出テ外ニ主人ヲ求メ之ニ事《つか》フ」「弥市瑪撒禿蘭《マサトラン》ニ住スルノ日浅クシテ屡々午睡シ業ヲ懈《おこた》ル。遂ニ主人ニ遂《お》ハル」とある。弥市ら三人は昼寝常習者として馘首《かくしゅ》されたのだ。

さあ大変だ。彼らは賃金の貯えで食いつなぎながら、「十日程奉公口聞合居候。其間二人共山江木を伐《きり》ニ行き、町中売ニ歩行《あるき》、又ハ瓦屋之手伝いニ被レ雇《やとわれ》、或ハ呑水を取ニ被レ雇、右等ニて十日程ハ野宿致申候」。市内を歩き回っていると偶々「大躰大家と相見へ候家より呼込ミ候ニ付、内へ入候処、此家之主人躰と相見へ申候者（マヌエル・クレスポ）、「日本人《ハッポンシャシ》　舟潰し《バリコケブラン》　水主《マリコロ》　ケシ船頭善助《カンヒンタンノシャベン》（知らぬか）」と申して、左之如く善助書残し置たると相見へ持出し見せ候」。運のいいことに、市内を彷徨っていると、「大家」から呼び止められた。その「大家」は、マカオへ向けて出発前の善助が世話になった交易品を扱う問屋だったのだ。彼らは「恋しくハたづねきてみよいつミなる志の田の森のうらみくずの葉」の書を見て笑ったことだろう。弥市は故郷の山が招く心地がしたに違いない。主人は善助が置き残した「単物《ひとえ》」を出してきたので、「籤」で万蔵が貰った。

弥市は翌日雇用となったが、当日の努力が哀感をそそる。「主人申候は、料理《コシロネ》を不レ知か。私答へ、少々知る《ポコノシヤベン》。主人明日《マンヤ》こい《ベン》と申付。弐人は此家（クレスポ家）を出、煮売家江支度ニ参り候処、日頃「ベント」と申蘓黄《すおう》木屋へ出入致スもの「ナラ」参合候て、両人の身之上尋候ニ付、十日程以前蘓黄木屋を出候儀物語りいたし、右ナラへ酒飯抔振舞候処、「ナラ」申すニハ、今夕ハ我等方（マチャド家）へ参り泊り可レ申との儀故、両人共夫江参り、其夜壱宿致候」。次の日からの寄宿先は決まったものの、夜の宿泊場所をどうしようかと思案している時、馘首され出てきたばかりのマチャド家の使用人に出会い、「酒飯」をおごって、使用人部屋に潜り込ませてもらったというのである。

「東航紀聞」には、職住場を転々と替る間の苦労が具体的に記されている。「ベニトの家を出て、一二日街中を俳徊し、食物はプラサ調食〔にうり〕の店をプラサ〔市場〕といふにて賃食し、夜は山腹に露次《のじゅく》し、寓家を尋求しかども、然るべき託属の方もなかりしが、ベニトの家へ出入せし傭人ナラといふ者に邂逅し、ナラの家に伴はれ、一両日寄宿し、此者の紹介にて瓦匠の家に寓せし事三日、去て又キリノといへる屠牛の家に転寓せし事一箇月許、此家も然るべからざらしかば、復爰《またここ》をも去りて、遂に綵舗《ごふくや》ヤマノヱラといふ者の家に留寓せり。時に六月十日あまりにてありし。伊之助、儀三郎はカンポサンノといふ吏人の家に留寓し、七太郎、惣助はベニトの家に帰寓したりし」。こうして弥市は「ヤマノヘラ」「キリシ゜ツ《(ママ)》゜ホ」（佐野芳和はマヌエル・クレスポと比定）家に寄寓、七太郎、惣助はベニトの家に戻った。このころ亥之助、儀三郎は、役人カンプサノの家に移った。

仕事がマチャド家の貨物運搬からクレスポ家の炊事へ替って落ち着いた頃、弥市は高賃金の勧め先を求めてジタバタする。「此在所者ニ余程馴染も出来、何分金銀沢山なくてハ唐土へ渡海難二出来一

弥市もしばしば幼児を車に乗せて曳廻った。「兒子を車に乗せて街中を曳廻れり。食物のよく消化する故なりといふ。ベニトの兒子をも弥等屢曳廻れり。車小にして左右に遮格《てすり》あり。前に泥孩《にんぎよう》の玩具を置けり」（「東航紀聞」より）

との事抔《など》承り、此家より大家ニて給金も大分余慶〔余計〕ニ呉候家有レ之間、夫へ世話致し遣《やろ》ふかとの咄も有レ之、何分唐土渡海致し日本へ早く帰国致度《いたしたき》事なれバ、右大家江世話致《いたし》呉《くれ》候様相頼候処、或日先方へ申籠《もうしこみ》有レ之故、明日目見《めみ》へ可レ致《いたすべし》との儀ニ付、只今之家へハ内證ニて隙《ひま》を考へ、右大家へ参らんと門口を這入候処、門内ニ犬を繋ぎ有レ之。其犬見馴ぬ者故、私之股江喰付。大ニ驚き、其内よりハ家内罷出、犬を引退呉《ひきのけくれ》、何故此門内へ這入候哉と尋られ候得共、目見ニ参り候事申候てハ、只今居候家へ知れんかと恐れ、唯迷ひ来りし躰《てい》ニて迯《にげ》帰り家内ニも知さず。然共、股ニ大成疵《きず》を求め候事ゆへ、心易き人ニ薬を貰ひ、養生致候。然共、料理ハ矢張不ニ相変一勤メ居申候。其後疵も愈《い》へ候得共、全く外へ縁のなき験《げん》かと何くわぬ顔ニて、矢張此家ニ居申候」。勤めている呉服屋に内緒で別の家の下男部屋へ就職面接に出かけたところ、犬に噛み付かれ家中総出の騒ぎとなって立往生したが、戻って平然と勤め続けた話である。

弥市のドタバタ話は、人生の大半が取り越し苦労であり、かつ偶発的な幸運・不運に左右されてあることを伝えて身につまされるのであるが、対照的なのが、万事成り行き任せで現地の生活に溶け込んでいた太吉である。面白いエピソードがある。まずは「島原漂流人太吉物語」から。

「太吉有時、主人方よりコモソヤマ〔como se llama?〕と申、詞《ことば》わからざる故、返答なし。五月の番の朝、門先を飼羊二百疋斗連立《つれだち》通るを見に出し時、家の娘も同じく門口へ見に出、羊を指さし、太吉へ向ひ、コモソヤマと申ゆへ、日本にて羊と答ければ、又太吉を指さし、コモソヤマと申ゆへ、是ハ名ハ何と申やと尋る事と悟り、太吉と答れば、娘台所へ駈て行、何角《なにか》と申、笑声聞へ伝ける。是ハ日本人の名知れたり、太吉と答ける、と申ての笑なると聞へける。其後ハ太吉〳〵と呼ける」

伊勢神昌丸の磯吉が「ヌト・チョワ」という音声記号に耳をとめロシア語の世界へ入ったように、「コモソヤマ」＝「是ハ名ハ何と申や」の発見が相互言語理解の鍵となったのだ。その鍵が開かれる感動的な瞬間を「墨是可新話」はより精緻に捉える。「太吉ガ寓スル家ノ女子、名ハ「マレナ」ト云。年歯廿二三許。太吉此家ニ来テ三四日ヲ歴テ、群羊門前ヲ過グ。女子之ヲ指シテ「コモソヤマ」ト云。太吉、羊ノ名ハ日本ニテ何ト呼ブカト問フナルヲ察シ、日本「ヒツジ」ト答フ。彼女乃《すなわち》太吉ガ「コモソヤマ」ハ事ヲ問ノ辞《ことば》ナルヲ理会スルヲ知テ、太吉ヲ指テ「コモソヤマ」ト云。太吉、日本「タキチ」ト答フ。彼女太ニ悦ビ、走テ家ニ入リ、太吉ガ名ヲ知リタルコトヲ告グ。此レヨリ挙レ家、太吉ガ名ヲ呼ブニ至ル。是ヨリ前ハ太吉モ「コモソヤマ」ト云辞ヲ理会セズ、此国ノ山ニハ虚無僧アルカト疑ヒシナリ。太吉ガ言語多ク彼地ノ婦女子ヨリ学ビタリト云」。弥市によればマチャド家には「先妻之子拾八才より三才迄三人」。マレナは太吉が用心棒を勤めた十八歳の長女だろう。「弐拾才位」の「後妻」と年が近い。このとき太吉四十五歳。あまりに年齢・身分の

瑪撒秃蘭ニテ太吉ガ事《つか》フル家ノ女子、群羊ノ門前ヲ過グルヲ見テ、之ヲ問ヒ、始テ言語通ズル図（「墨是可新話」、肥前島原松平文庫所蔵）

異なる二人ゆえ、慕情とは無縁であったと思われる。

結構メキシコ生活に溶け込みながらも太吉は、こんな所に永住してたまるかと思っていた。脱出の動機は何だったのか。まずは、「夏ハ本邦の猛暑ヨリ甚キコト五倍」「三四五六月、暑気最酷《はげ》シク、沸騰スルガ如ク、土地ノ性、灰ノ如シ」という風土である。六十歳を超えるものが稀であることを五人とも指摘した。だがおそらく決定的な動機は肉食忌避である。マニラ出身のベニト・マチャドも肉食を嫌い「穀食」したが、太吉は「本邦ノ人ナルヲ以テ肉食ハ其好ム所ニ非」ず、つまり太吉の場合まだ殺生戒が活きていたのである。どういうことか。解脱せぬ衆生《しゅじょう》は業《カルマ》により地獄・餓鬼・畜生・修羅・人間《じんかん》・天を経廻るという仏教の六道輪廻の教えによれば、獣の肉を食うことは、前世あるいは来世における自己を食うことなのだ。

「島原漂流人太吉物語」によれば、サン・ホセ村にいた時から太吉はこう思っていた。「食物と申てハ、日本にて人の喰べき物にてもあらず。畜類の乳汁を人の手にて絞り出し、その畜類の養にて万民世を渡る。其牛を情なくも朝夕に殺し、是を食用する事、人たる者のなせる業にあらじ。畜生道とも言べき異界にて、人情ハあれども、命ながらへかいなき所なるゆへ、一度ハ我日本へ帰朝せん事を朝夕心に願ふのミ」。

しかも亥之助によればメキシコは「猿ヲ多喰フ」地であった。コンナ所ニ居ラリョーカ。これが脱出の動機になったことは間違いない。善助も、スペイン密貿易船で牛を殺して料理するのを見たとき、「屠者《えた》の如き者のすむ国」と嫌悪していた。善助はすぐに肉食に適応しながら、適応した環境からもすぐに脱出したのだが、太吉の場合は、「畜生道とも言べき異界」からの脱出は既定の方針であった。

後発帰国組四人（ただし儀三郎はマカオで帰国を諦める）が、どういう経緯で渡航船へ乗り組んだかについては、情報が錯綜している。「東航紀聞」によれば、一八四四年二月頃マカオへ渡海の船があると主人クレスポが弥市に教えた。カンプサノの頼み込みにより、亥之助・儀三郎も同船へ乗り組むことになった。ところが、出帆が近づいた頃、乗るのは弥市だけで、他は次の船に乗り組めと、船頭が断ってきた。そこでカンプサノは怒って、別船に特別に頼んで、亥之助・儀三郎はマニラへ渡航するハンブルク船へ乗り組むことになった。この時太吉は百ペソ所持していたので、一緒の乗船をカンプサノに頼み、三人共マニラへ出航することになった。

太吉・亥之助はこの時のために貯金していた。それゆえ迅速な行動に出ることができた。「勤倹身ヲ持シ、便舩ヲ僦《やとう》ルニ余財アリ。故ニ瑪撒禿蘭《マサトラン》ニアル所ノ伊斯把泥亜《イスパニア》商館ノ加比丹……ノ許ニ至リ、訴」えるという正規の手順を踏んだ。渡航業務に詳しいカンプサノの指示であろう。スペイン商館長は太吉・亥之助をメキシコの役所へ赴かせ、役所は「相貌・年歯等ヲ細記」した「信牌」を発行した。これに基づき「イスハニア国王ヨリ差越置ク所ノマサツランノ湊ニ在留ノフイーセコンシュル高館の主役ノマルティン・エキュレン」は旅券《パスポート》を発行した。亥之助は「往来切手」と表現している。
弥市も貯金していた。「此処ニ壱年余も奉公致居候事故、給金も余程溜り候故、唐土へ渡度《わたりたく》存居候折節、便船有候故、皆之者共を誘ひ候所、七人之内、伊之助・太吉ハ世話人宜敷故渡海出来候趣、残る人ハ金銀の貯へ無レ之故、貯へ出来候迄ハ跡ニ残り候との儀ニ付、或日八人料理屋へ集り別れの酒盛いたし候」。この最後の「別れの酒盛」は後で論ずるとして、弥市によれば、マサトランから出航した四人と、ついに帰らなかった七太郎、惣助、万蔵、三平との分かれ目は貯金の有無ということになる。

これに対し、亥之助によれば、三人をまず帰還させたのは、「商ゴトナレバ多人数ノセ候コトハ迷ワク成由ニテ、年ノ丈《た》ケシ右三人ヲ先へ早ク返シ、若キ者共ハ後ニ送リ遣スベクトノ計ヒナル由」だという。なるほど、惣助四十二歳以外はまだ若かった。しかし後の便で誰も帰っては来なかった。ではやはり貯金の有無だったのか。船賃は五十ペソである。太吉の百ペソ、弥市の百五ペソ（餞別三十五ペソを含む）を合わせたただけで、あと二人分の船賃が出る。善助・初太郎の時のように募金を集めることも可能であった。しかしそのような結束力、同胞感情が既に分解していたのではないか。船賃が払える貯金の有無が運命の分かれ目になったとは思えないのである。船賃を貯める意志、すなわち帰る意志の有無の問題だったのではないか。

すでに引用した「墨是可新話」の一節を引く。「入贅《いりむこ》ノ議ハ啻《ただ》初太ノミニアラズ。漂客中ノ壮者皆然リ。弥市ハ年老タルヲ以テ独其事ナシト云。今按ズルニ、太吉亦老タルヲ以テ亦言フコト然リ」。「入贅《いりむこ》」社会の吸引力は弥市・太吉以外の「皆」に及んでいた。俗な言い方をすれば、すでに四十代後半の弥市と太吉だけはモテなかっただけである。三十代後半の儀三郎と亥之助もさほどパァーとしなかったのか、熟練水夫として活動したかったのだ。もちろん「入贅《いりむこ》」社会に吸引された者も帰りたいとは思ったであろう。しかしチリのバルパライソから「是非帰り度も存不レ申」と書き送ってきた要蔵・岩吉・勘蔵のように、帰らなくてもよいとも思ったのである。こうしてみると、善助・初太郎の場合も含めて、「帰ったロビンソン」と「帰れなかったロビンソン」、または「帰れなかったロビンソン」と「帰らなかったロビンソン」の差は紙一重である。

七太郎については事情が異なっていた。弟が先に帰ったこともあり、彼は帰りたかったであろう。しかも「七太郎は耳遠かりし、故に此国の人、ハポンソルド（聾の日本人）といへり」という状態であった。弥市が先に帰国した弟初太郎への伝言として阿波の井上黙に語った内容が、「阿波の初太郎江亜墨利加より音信有レ之一話」にある。これは異なる藩の間で海外漂民情報が交流した稀にして禁じられたケースであった。阿波の井上黙は、紀州から迎えに来た役人が長崎湾砲台見物に出払った隙に、弥市に面会させてもらったのである。

「第一ニ初太郎へ咄《はなし》たきは、兄七太郎の事、初太郎サンホセニてミゲリチョウサの内に逗留中は、七太郎も同所ニて、ロレタと申人の内に奉公いたし候処、初太郎出帆後は、専ら私世話いたし、処々奉公替へ致させ候得共、何分病人ニて、役ニ立不レ申、給銀も多分は取り不レ得、マサトランへ参候後も、手習師匠の内へ奉公ニ遣し置候処、大病ニ相成、既ニ危ひ位ニて、私事も大に心配いたし居候内、程能《ほどよく》快気はいたし候得共、地盤《もとより》耳遠《みみどお》の上に、最早かな聾《つんぼ》に相成、筆談ならでは応対も六ヵ敷《むつかしき》位故、給銀の貯なども一向に無レ之、甚可レ憐事故、私出帆前に、かのヤマノイラキリシッホの内へ入れ置、後の便船に指《さし》帰し呉候様頼置候得共、病気といゝ、無銭といゝ、此夏冬の船ニ帰り不レ申時は、最早帰らぬ方と存候。私出帆の頃は、日々身をくやみ、初太郎事は、弥《いよいよ》無事ニ日本江帰りたるや、唐の方にても便り知れ候ハヾ、帰り船に聞せ呉候様、且又帰り之上、万一初太郎ニ対面とか、或は阿波の人にても、便り有レ之候ハヾ、急《きつ》と父母を始初太郎へ自分の安否伝言之事、呉々《くれぐれも》被相頼《あいたのまれ》候。澳門《マカオ》ニて、初太郎無事に帰りたる事聞候故、直《すぐ》に北アメリカの帰り船に、書状壱通、七太郎へ遣置候。乍レ併《しかしながら》、ヤマノイラキリシッホは余程大家故、不自由は無レ之、安心可レ致、初太郎へ御申聞奉レ頼《たのみたてまつり》候」

　病気の七太郎を置いてきたという弥市の「悔恨」（『墨是可新話』）の念が伝わるが、七太郎の「帰りたいが帰れない」様子には、「帰らなくてもよい」という気分が入り混じっている。「此夏冬の船ニ帰り不レ申時は、最早帰らぬ方と存候」という弥市の微妙な言い回しと判断は、ついに帰らなかった惣助、万蔵、三平についても言える。七太郎への憐れみが、残り三人が帰らないことへの口実となった可能性もある。こうしてみると「別れの酒盛」は佐野芳和が言うように、暫しの別れではなく、帰ることにした四人と帰らないということを選び取った残り四人との永久の別れであったかもしれないのである。

　まず弥市が広東行きイギリス船で出発した。弥市は土産品をめぐってもドタバタを披露した。餞別金を合わせて百五十ペソから、船賃五十ペソ払ったあと、三十八ペソで虎皮を買い込んできたのである。「内々ニて宜敷虎之皮壱枚、外店ニて金子三拾八枚出し買受持戻り候処、主人申ニハ夫を何にするとの事、是ハ日本へ土産ニ持帰り度由申候処、主人申ニハ、日本へハ余程日数も相懸る事、唐土へ渡り候ても、知人無レ之金子無レ之候ては難儀致すゆへ、虎之皮を止メにして金子ニて持参致との儀ニ付、虎之皮を止めにして金子五拾六枚所持ニて乗舩いたし候」。主人クレスポの適切な助言がなかったら、弥市はマカオから先の運賃が払えず、立ち往生した可能性がある。ルイスの妻ニベラシは弥市に、「まことに人の盛衰、幸不幸ほどあやしきものはあらじ」、「漂流の日本人は追々故郷へ帰るが」、栄えていた一家の主人ルイスは死亡し、未亡人と子供十人はマサトランを去ることを善助に告げてくれと伝言した。ここにも凝《じ》っと運命を見つめている人がいる。

十日後、太吉・亥之助・儀三郎はハンブルクの「ハルリ号」に乗り込みマニラへ出航した。三人余分に乗せることができる大船であった。ベニト・マチャドは太吉に皮靴、鞄、象牙の箸、金釦《ボタン》などを餞別に与えた。太吉は、「軟ニシテ美味比スベキ物ナシ。実ニ蔬中ノ王ト称スベキモノナリ」と思っていたメロンを「瓶ニ種手持帰」ることにしたが、蘇芳木で作った杖と背負子《しょいこ》を持ち帰るのを忘れた。日々の労働で使い込んで愛着を持っていた品だったのだろう。職人気質を感じさせるエピソードである。

船へ乗り込む場面では愛犬との別れが感動的である。「此日太吉ガ愛シ飼フ所ノ犬テンボト呼フ　太吉ヲ慕ヒ海浜ニ至ル。太吉テンボアリユス〔adios〕ト云テ別ヲ告レバ、犬大ニ別ヲ惜ミテ狂走シ、或ハ山ヲ上下シ、舩ヲ望テ悲吠スルコト、帆影ノ尽ルニ

犬別ヲ惜デ悲吠スル図（「墨是可新話」、肥前島原松平文庫所蔵）

至ル」。主家の娘マレナよりも犬のテンポとの別れが悲しかったようだ。

マニラへ着いた三人は、「ハルリ号」船長が付添い、役所で「往来切手《パスポート》」の「裏書」をしてもらった。ただし「此所ノ国法ニテ日本人上陸ハ不二相成《あいならざる》一間、船ニテ待可レ申《まちもうすべく》、便次第送リ可レ遣《つかわすべし》」ということになった。給水のため川奥に上るボートに随行して「水主《かこ》ニ紛レ」見物した。スペインの植民地支配について「墨是可新話」は、大槻磐渓「呂宋漂流記」の一節（第四章で河田小龍が海外事情として坂本龍馬に語る箇所）を引用している。「初伊斯把泥亜《イスパニア》人此国ニ至テ通商シ其国ノ兵弱クシテ奪取ルベキヲ見テ、即チ王ニ黄金ヲ奉ジテ曰、願クバ牛皮ヲ覆フニ足ルノ地ヲ賜ヘト。王之《これ》ヲ許ス。伊斯把泥亜人即チ牛皮ヲ細長ク截《き》リ線トナシ、多クノ地面ヲ囲繞《めぐ》ラシ、之ニ城郭ヲ建テ兵備ヲ厳ニス。王之ヲ如何トモスルコト能ハズ。伊斯把泥亜人遂ニ兵ヲ以テ其都ヲ囲ミ王ヲ殺シ其地ニ據ルト」（第四章で再言及する）。しかしこの状況を観察する間もなく、米を運送する英国船に乗り、三人は広東の入口、ポルトガル領マカオに着いた。メロンの種は腐っていた。太吉は「清本奥門《マカオ》ニ来テ之ヲ棄ツ」と残念そうである。

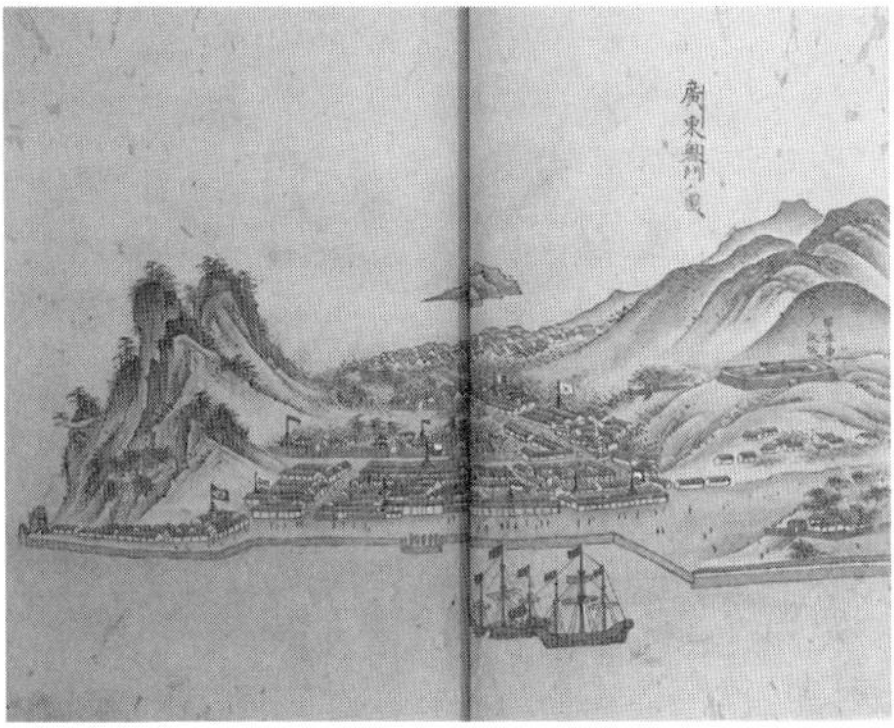

広東奥門ノ図（「墨是可新話」、肥前島原松平文庫所蔵）

さて中国南端にたどり着いたものの、揚子江河口域にある乍浦《さほ》からの日本人漂民送還ルートに乗るまでが大変であった。マカオ・香港・舟山・寧波・杭州・乍浦と船を乗り継いでいかねばならないのだ。その距離、二千キロを超える。これに加えて、漂民たちはアヘン戦争後の植民地分割という事態に直面することになった。後に弥市はアヘン蔓延の惨状について、「イギリスより渡り候物なり。呑様ハ、きせるを口ニくわへながら眠り、いびきかき、夢の如く一二時程何事も忘れ申候。呑時刻ハ、朝ハ四時分、昼八ツ時、夕方夜五ツ時、四ツ時なり。至て高直之物ニて貧家之者ハ呑事あたわづ。是を好ミ候ものは是が為に身代を仕舞、貧敷《まずしく》相成候。然共難《やめがたく》レ止、相止メ候得バ惣身ふるひ候故、きせるの脂を取、少々口中江入るとふるひやむなり。凡弐三拾年も呑候得バ、惣身やせおとろへ、精力も尽、食を縮め死する也」と説明した後、「是故に唐土ニてハ売買法度ニ致候処、イギリスト争論に及び、軍《いくさ》を仕懸、大躰繁花之所ハ、イギリス之為に屋敷町家共に打砕かれ、只今ニてハ、イギリスと入合ニ合成《あいなり》候場所多く有レ之。既ニ奥門、ヒョンコン、舟山、寧波、チンハエ〔鎮海〕、乍浦、其外道中筋に何ヶ所も打砕き有レ之所見受申候。是故に只今ニてハ法度厳敷不ニ相触一、猥りに相成候由承り申候」と戦禍に荒れた状況を報告している。この状況の中で船を乗り繋いでいかねばならないのだ。二年前のように、唐人船頭が洋装の善助を中国風に変装させなければ安全を図れなかったほどではなかったが、治安は悪かった。そしてもはや中国国内移動ではなく、諸国の船、スペイン、ポルトガル、英国、中国の間を移動して行かなければならなかったのである。第五章で紹介する栄力丸漂民の場合は、太平天国の乱による清の主権崩壊状況に直面してさらに大変なことになるのだが、太吉たちは中国侵略を始めた英国の船で到着したため冷遇された。

船長が寄寓先を探してくれたが、どこも受け入れてくれない。亥之助によれば、「川尻の庄蔵」

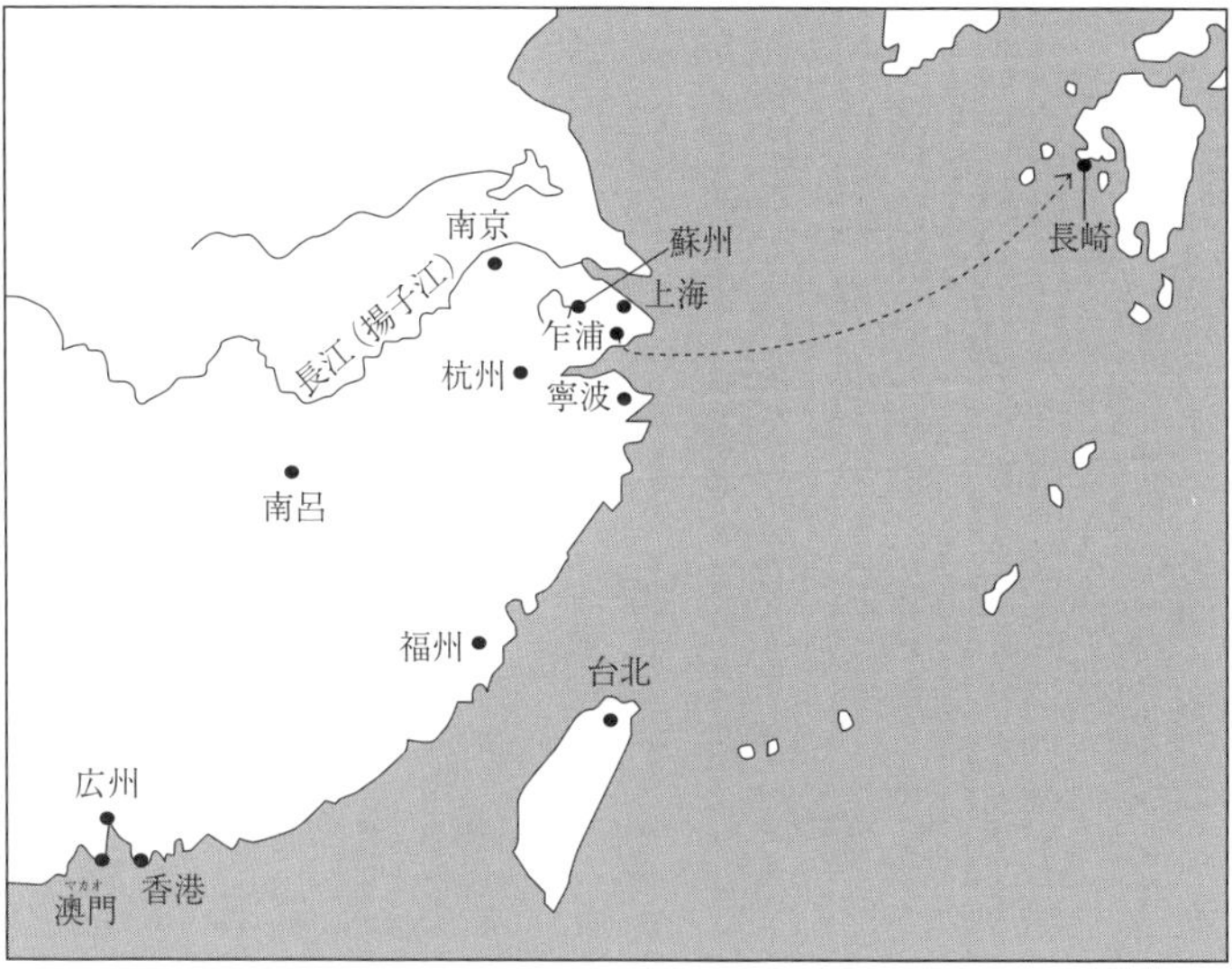

中国における日本人漂民送還ルート

の情報を得ていたようであるが、そこを訪れると留守だった。唐人屋敷で「切手」を見せたが無視され、困り果てた。太吉によれば、やっとポルトガルの商館で「此上部ニ南亜墨利加人ノ寺アリ。彼ニ至ラバ必ズ日本ニ護送スベシ」の情報を得る。そこへ行って「信牌」を見せたところ、印刷宣教師の「ウエミ（サミュエル・ウィリアムズ、中国名「衛三畏（Wei Sanwei）」）」が出てきて、「ヲマエハ　ドコカラ　キタ」と聞いた。太吉は日本語で意思疎通できることに狂喜して話し始めるが、思わず使い慣れたスペイン語が出る。「島原漂流人太吉物語」によれば「マサタランの奥にマサトランと申所あり」と思い込んでいたので、こう叫んだ。「瑪撒禿蘭《マサトラン》　瑪撒杜蘭《マサツラン》　瑪泥児訝《マニラ》　アキー（此処）」。ここからは珍問答である。「ヲマエハ日本辞《ことば》ワスレタカ　ワタシニハ　日本辞デハナシナサイ　何人乗リ合ヒジヤ」。太吉が「善助」の名を挙げると、「ハ、ア　ゼンスケ　ウチマキ（同船）ジャナ」という応答。音吉、庄蔵ら漂民の発話がウィリアムズの日本語理解に浸透したことを思わせる言葉遣いである。ともあれ、三人は善助の乍浦への護送同様に世話してもらうことになった。

一カ月後に世話になる弥市によれば（「東航紀聞」）、「此家は書肆にて、日々数人書籍の事にかゝり居れり。前年善助をも寓せしめて、舟山へ送れりといへり……弥此家に寄寓中、番書《よこもじのほん》、刷印《いんばん》の事を助作せり」。太吉らもアメリカ海外伝道会印刷所の手伝いをしながら、舟山への船を待った。

太吉がウィリアムズから聞いた説教の一つを紹介する。これは幕末の日本人が聖書説話と接触した最初の場面であり（おそらく次が黒田麹盧「楊世夫伝」、一八四九年頃である。二つとも試練のヨゼフの物語であるのは、ジョセフ彦、新島ジョー、矢吹ジョーへの連なりを予感させ興味深い）、西欧文学との接触という視点から見ても、かつて一五九一年島原半島南部の加津佐コレジョにおいてローマ字印刷された中世聖人伝『黄金伝説』からの抜粋『サントスの御作業のうち抜き書き』以来の出来事である。全文転記する。

「此寺ノ主人一日《あるひ》燕居。太吉ト語リ和語ヲ以テ一箇ノ奇話ヲ為ス。曰ク、某国ニ賢人アリ。兄弟凡十人。八人ハ先母ノ生ム所ニシテ、二人ハ後母ノ出ナリ。季《すえ》ノ名ヲ満細《マンジ》ト云フ。幼フシテ未ダ遊行スルコト能ハズ。父鍾愛して常ニ其側《そば》ニ置ク。其兄八人、第九弟名ハ設々弗《ゼヾブ》ト云者ト出遊ス。第二三ノ異母兄、性甚険悪、設々弗ヲ悪《にく》ムコト甚シ。一日之ヲ殺サンコトヲ謀ル。長兄之ヲ止ム。又之ヲ坑《あな》ニセンコトヲ謀ル。長兄又之ヲ止ム。一日又之ヲ他邦ニ鬻《ひさ》ガンコトヲ謀テ曰ク、家君ニ謝スルニ、相失シテ之《ゆ》ク所ヲ知ラザルヲ以テセバ、即チ事無ケン。長兄遂ニ之ニ従フ。倶ニ設々弗ヲ携へ、他邦ニ往テ之ヲ其ノ土豪ニ鬻グ。帰テ父ニ謝スルニ、謀ル所ノ如クス。父大ニ之ヲ怒ル。而モ業已《すで》ニ往ク。之ヲ如何トモスルコトナシ。設々弗長ズルニ及テ、睿悟《えいご》秀徹行ヲ厲《はげ》マシ身ヲ修メ、主人其材ヲ愛シ、委《まか》スルニ家事ヲ以テス。府庫ノ管籥《かんやく》（鍵）金銭ノ出納皆之ヲ掌《つかさど》ル。設々弗姿容美ナリ。主婦之ト通ゼンコトヲ欲ス。設々弗辞シテ曰ク、主人僕ニ委スルニ家事ヲ以テスレドモ、未ダ委スルニ主婦ヲ以テセズ。敢テ辞スト。一日主人家人ヲ拉《とら》へ出テ花ヲ賞ス。主婦設々弗及ビ僮僕二三人ト留守ス。主婦乃《すなわち》設々弗ニ迫ル。設々弗袂《たもと》ヲ揮《はら》ヒ避ケ走ル。主婦之ヲ恚《ふづく》ミ大ニ呼テ曰、設々弗我ニ迫ル、不義甚シト。故《こと》サラニ僮僕ノ耳ニ聞カシム。主人帰リテ、妻之ヲ訴ヘテ曰、設々弗我ニ迫ル、大不敬ナリ、請フ、官ニ訴ン。主人大怒リ、之ニ従フ。官設々弗ヲ獄ニ囚フ。久フシテ此国ノ酒吏及宰夫罪アリテ獄ニ繋ガル。一夜二囚奇夢アリ。明旦共ニ夢ヲ説ク。設々弗久シク獄ニ在ルヲ以テ囚長タリ。側ニ在テ之ヲ聞キ、曰ク、我汝ガ為メニ之ヲ占《うらない》セン。二囚喜テ之レヲ請フ。宰夫ノ夢繇《むよう》云、某月某日斬死セラレン。酒吏ノ夢繇云、某月某日赦ニ遭テ旧職ニ復セン。既ニシテ果テ其言ノ如シ。酒吏獄ヲ出ルノ時、厚ク設々弗ニ謝ス。設々弗亦竊カニ囑《しょく》シテ曰、子旧職ニ復セバ余ガ為メニ冤状ヲ官ニ告ゲヨト。酒吏諾ス。後経年ニシテ酒吏之ヲ言ハズ。其嘗テ縲絏《るいせつ》ノ中ニ在リシヲ顕スコトヲ耻《はじ》テナリ。後三年国王夢ムラク、肥牛七頭水辺ニ出テ草ヲ茹《くら》フ。頃《しばら》クアツテ瘠牛七頭又出テ肥牛ヲ食ヒ之ヲ尽スト。王覚メテ之ヲ怪ミ広ク右夢ヲ求ム。斯ニ於テ酒吏王ニ謂テ曰、設々弗ト云者アリ。罪無クシテ久シク獄ニ在リ。善ク夢ヲ占ス。往年臣ノ夢ヲ占シテ験アリト。王乃《すなわ》チ設々弗ヲ謝シ召シテ命ズルニ、右夢ノ事ヲ以ス。設々弗之ヲ占シテ曰、是ヨリ七年間豊熟、又七年間饑饉ト。王大ニ悦ビ、国事ヲ挙テ之ニ委《まか》ス。後遂ニ位ヲ禅《ゆず》ル。後七年豊熟、又七年饑饉隣国モ然リ。斯ニ於テ設々弗ノ兄八人此国ニ来リ、糴《かいよね》ヲ乞フ。嚢《ふくろ》ヲ驢《ろば》ニ駄シテ至ル。設々弗ガ此国ノ王タルコトヲ知ラザルナリ。吏之ヲ王ニ告グ。王糶《うりよね》ヲ許シ其価金ヲ竊カニ米中ニ蔵《かく》セシメテ之ヲ遣《や》ル。八人者家ニ帰リ米中ノ金ヲ見テ驚テ曰、誤テ此中ニ墜《おと》スナリ。宜ク速ニ之ヲ贈リ償フベシト。一人曰、久シカラズシテ復彼国ニ糴スベシ。宜シク此金ヲ併セ償フベシト。皆曰、善シ。後八人復来糴ス。吏之ヲ王ニ告グ。王吏ヲシテ、八人ノ名、及ビ余ノ兄弟ノ事ヲ問ハシム。彼佯《いつわ》リ対テ曰、兄弟十人嘗テ出遊ス、第九弟ト相失スト。王命ジテ曰、季《すえ》弟ヲ携ヘ来ラズンバ、糶ヲ許サズト。長兄謝スルニ、父季《すえ》ト出行スルコトヲ許サヾルヲ以テス。王聴カズ。八人者国ニ帰リ、父ニ告グルニ實ヲ以テス。且ツ誓テ曰、不肖ガ児数名アリ、今季弟ヲ携ヘ往キ、若シ之ヲ失セバ、不肖ガ児童、死生唯阿爺《おやじ》ノ欲スル所ノマヽナリト。遂ニ季《すえ》ヲ携テ至ル。王九人ヲ宮ニ召シ、享スルニ盛餞ヲ以テシ、酒ヲ賜フ。復竊《またひそか》ニ償フ所ノ金ヲ悉ク米中ニ蔵《かく》シテ之ヲ与ヘ、又吏ヲシテ竊カニ一銀盃ヲ取リ、季《すえ》弟駄スル所ノ米嚢中ニ蔵《かく》シテ之ヲ遣ル。九人者糴ヲ謝シテ去ル。王吏ヲシテ之ヲ追ヒ、罵ラシシメテ曰、汝等銀盃ヲ盗ミ去ルト。九人者大驚テ曰、敢テセズ。吏聴カズ。遂ニ其米嚢中ヲ検ス。銀盃季《すえ》弟ノ嚢中ニアリ。吏将ニ季《すえ》弟ヲ執ラヘントス。九人者叩頭罪ヲ謝シテ曰ク、僕等嘗テ一弟ヲ失スルヲ以テ、父季弟ヲ携ヘ遊ブコトヲ許サズ。今父ニ強テ季《すえ》ヲ乞ヒ来リ、又之ヲ失ハヾ何ノ面目アツテ父ニ見ン。若《もし》有罪ニ遭ヒ共ニ帰ルコトヲ得バ、白骨肉ヲ生ズルナリト。吏聴カズ。遂ニ季《すえ》弟ヲ縛シ牽《ひき》去テ王ニ献ズ。王之ヲ見テ縛ヲ解カシメ、兄弟ノ礼ヲ以テ之ニ遇ス。斯ニ於テ始テ設々弗ガ此国ノ王ナルコトヲ知ル。八人者国ニ帰リ、父之ヲ譴《せ》ム。八人者辞ヲ以テ謝スベキ無シ。

設々弗遂ニ父母兄弟ヲ其国ニ迎へ、田宅ヲ置テ以テ養フト」

　礼拝の際に牧師ウィリアムズが旧約聖書ヨゼフ物語にもとづく講話を行ったのであろう。ユダヤ民族の末子相続、エジプトにおける苦難と神の摂理《プロヴィデンス》、やがて語られる脱出《エクソダス》の意義など講釈の部分は伝わらず、物語の粗筋だけになっているが、じっくり聴かなければ、これだけの筋を覚えるはずがない。長崎奉行所での弁明に、「於外国切支丹ニ携《たずさわり》候儀無レ之、見も聞もせず、勧られもせづ、拝もせず」とあるが、それどころか、おそらく日曜日ごとの説教を聴いていたのである。亥之助に至っては、メキシコでの礼拝が現地語の「テンノツカサ」（ギュツラフ、ウィリアムズによるgodの和訳）と言うものを拝んでいたと勘違いするほどだ。

　善助・初太郎はイギリスのアヘン運送船で舟山に運ばれたのだが、太吉らもウィリアムズの世話により「アメリカ御用舟」「軍舩」で運ばれることになった。世話になったお礼を言うと、お礼は「天」に、「天」を拝め、とウィリアムズは答えた。これは殿様に献上された一八四七年成立の「墨是可新話」にはなく、一八四六年成立の「島原漂流人太吉物語」にのみ記されたエピソードである。「主人ウエンサンの差図にて、銀なし兵粮なしにて乗。チヤクノ、オヽモン〔唐土ノ内奥門〕出帆して、廿九日ぶり、チウサン〔舟山〕へ着しけり。出舟の節、段々御せわに預り、御せわにて渡海の都合もよろしく、有がたき段、一生忘れまじ、と厚く礼を申ければ、ウエンサン申ハ、左様の礼、私に可申にあらず、是ハ私がなす事にあらず、皆天よりお前がたへなさる事ゆへ、天を拝ミなされ、天拝をなされ、と懇に申しけり」

三人が去って入れ替わりに弥市がウィリアムズの所に厄介になった。弥市の船はマサトラン北方のサンブラス、クリアカンを経由し、マカオに遅れて着いた。始めマニラの船問屋「マカセ・シリベリヤノ・ビント」に寄留していたが、ショーという外国人が訪ねてくる。一ト月ほど太吉、亥之助、儀三郎の三人を家に預かり、舟山へ送ったという。同様に送ってくれと頼むと、ひとまず自分の所へ来いということになった。それがウィリアムズのアメリカ海外伝道会印刷所、ショーはその「管計（番頭）」だった。

そのころ太吉ら三人は戦後処理のため英国占領下の舟山に着く。「暎夷の唐土を乱略せしは……舟山最甚し。士商の論なくすべて大戸は焚倒せられて、ただ頽垣のみとなり、寺観の佛像は地上に横はれり」（「東航紀聞」）、「此市中アヘン一件ノ争乱ニ打崩、其儘《まま》成所モアリ」（「海外異話」）という状況であった。亥之助によれば「此地ニ尾州ノ者或人罷在由」を聞いていたが、その岩蔵（第一章「宝順丸」の岩吉）は寧波に行き不在。三人が「八百屋体《てい》ノ店先」で思案に暮れていると、「打廻リノ役人体」（太吉によれば「南亜墨利加人ノ吏人ノ如キ者」）が寧波への渡しを世話してくれた。自分たちの銀大銭四枚で「小舩雇出」の予定だったが、英米の「軍舩」で行くことに変更。これが中止になり、やはり「小舩雇」となり、「大将よりニンブウ（寧波）ニ罷在イキリス人ロツハタロ（春名徹は英領事ロバート・ソム（1808–47）と比定）ト申者へ頼ノ手紙」と銀大銭を渡されたという。戦禍で状況が流動的であったことが察せられる。

寧波に着く直前、太吉は中国人の運賃不正に対して、庖丁を振り回して抗議した。「漂客岸ニ上ル。此地及舟山・鎮海ノ土人ハ甚信少ク軽佻ニシテ、路《みち》ヲ問ヘドモ告ゲズ。鳥ノ群ルガ如ク喧譁《けんけん》シテ漂客ヲ玩弄スルノミ。事ヲ問ハバ、聞カザル者ノマ子《ネ》シテ鳥ノ如く散ズ。漂客實ニ困《くる》シメリ。一小河ニ至リ、渡舟ヲ買フ。一人ノ賃二銭ニ定ム。然ルニ太吉等ガ齎《もたら》ス所ノ銀銭ヲ奪ヒ取ラントス。太吉行李ヨリ庖丁ヲ出シ、揮《はらい》テ之ニ擬ス。彼恐怖シテ遁レ去ル。又行コト暫アツテ、暎咭唎人ノ居館ヲ見ル」。太吉の行動を天晴れと見るか、眉を顰めるか、分かれるところであろう。

三人はこの寧波英領事館に三カ月ほど世話になった。館長「ロッパタロ」（「島原漂流人太吉物語」によれば「イキリス国荷方ロッハタ」）と下役の岩蔵は三人に、一八三七年にモリソン号で漂民を送還しようとして打払われた話を聞かせた。しかし亥之助は宣教団の策動を察知する。「日本へ何用ノ有テ行シヤト尋タレバ、日本ノ漂流人ヲ乗テ行シ故、陸へ上ゲ遣スベクト存、近寄リシ所、思ヒモ不ㇾ寄事ニ出合シト答フレドモ、左ニテハ非ズ。日本ノ地ヲ見ニ来リシ様子ニ察セラレ候」。「ロッパタロ」と岩蔵は、脅しに似た配慮をもって帰国断念を勧めた。「此暎咭唎ノ館長「ロッパタロ」三人ニ漂人等ニ申様、爾《なんじ》等日本ニ帰度《かえりたき》ヤト云。皆々少モ早ク帰タシト答候ヘバ、「ロッパ」云、長崎ハ役人悪ク異国ヨリ帰者ハ牢ニ入、後ハ首ヲ切由。然ドモ帰度カ。此地ニ留リ予等ノ役所ニ在ラバ一ヶ月一貫二百文ツヽノ銭ヲ遣シ、三年ニモ及タレバ本国ノ王ニ願、二貫四百文宛可ㇾ遣間、是非止リ候ヘト。岩蔵モ深ク勧ムレドモ、亥之助・太吉ハ止マル心更ニナク、辱《かたじけな》ク存《ぞんず》レドモ何分帰郷致度、譬《たとえ》首ヲ切ラルヽトモ古郷ノ地ヲ踏タレバ本望也ト答ケレバ、然者《しからば》是非ニ不ㇾ及ト云。儀三郎ハ如何思シヤ此地ニ止リ世話ニ成度《なりたし》ト答《こたふ》」

太吉・亥之助は、首を切られても帰郷したいと突っぱねたが、儀三郎は、なんと、ここで帰国を諦めるのである。おそらく儀三郎は、サン・ホセで亥之助を引き取ったイギリス人の「首ヲ切ル手真似」思い出したのだろう。マカオのウィリアムズも「石櫃《いしびつ》ニ石蓋ヲ差タル如キ国」（これはメルヴィルの「あの二重にボルトを締めて鎖国している日本」という表現を想起させる）の厳しさについて語っていた。そして寧波で警告を受け、ついに恐慌《パニック》に陥ったのだ。亥之助は「儀三郎ハ長崎ニテ若《もしや》殺サル、コトニモ有ント少恐レシヤト察セラレシ」と注記する。とはいえ儀三郎は、帰国後の危険について警告は受けたが、在留を強制されたのではなかった。儀三郎もまた「帰れなかったロビンソン」ではなく、「帰らなかったロビンソン」の運命を選び取ったとも言える。

　寧波から杭州へ渡る前、亥之助らは儀三郎との接触と奪還を試みたが、仲間を獲得した岩蔵が阻止した。「三人一同ニ此地へ罷越タル漂客ノ内、一人ハ差残シヲキ、二人ヲ送リ候儀、日本へ不㆓相済㆒《あいすまざる》コト也。当人ノ身為ニモ不㆑宜《よからぬ》コトナレバ迚《とて》、イキリスノ役人へ掛合、儀三郎ヲ相渡候様申込候由ノ処、尾州ノ岩蔵大ニ妨、当人相進ミ不㆑申迚《とて》相答候由。左ニテハ日本へ冠ヲ脱ギ頭ヲ下ゲ不㆑申テハ不㆓相済㆒寄次第ニ候間、何分相渡し呉候様掛合候へドモ、今ハ早、当人モ帰国ノ心ナク成候体ニテ唐国役人ノ手ニ入不㆑申候故、「ホンチウ」へ相伺候趣ノ所、何分此義ハイキリスノ役所へ篤ト掛合、受取、一緒ニ送リ候様申越タル由ニテ、又々イキリス役人ロツパ方へ掛合候処、儀三郎ハ外方へ参リ、此地ニハ居合《おりあい》不㆑申《もうさぬ》由ニテ、最早致方モ無㆑之。内実ハ岩蔵抔ノ計ヒニテ「ホンコン」ノ方へ遁レシメタル由」

　別れ際、亥之助はウィリアムズに貰った「日本通字万国図」を「ヶ様ノ品ヲ持帰事ハ相成《あいなる》間《ま》敷《じく》、身為ニ不㆑宜《よからず》」と言われ、岩蔵に与えた。これは妥当な助言である。かつて初太郎も、「近年唐土と西洋と戦ひのありし跡なれば、アメリカにて貰ひし衣服、銀銭の類、所持して行かば、西洋の間者と疑はるべし、此処に残し置て然るべし」と言われ、庄蔵に与えた。漂民の持ち物が、中国内においては狙われ、長崎奉行所では厳しい尋問の対象であったことは確かである。

一八四四年十二月三日太吉・亥之助は杭州から乍浦に辿り着く。乍浦からは年二回長崎へ貿易船が出ており、これに乗って帰還することになるのだが、中国側の思惑から半年間余分な足止めを食らった。そのときの珍問答を紹介しよう。

役所に行くと、舌人（通訳）が、「日本モドロフ　ホシイカ」と聞いてきた。「五年ニ成ルカラ日本モドロフ　ホシイ」と太吉は答えた。すると「三日スレバ　日本イコ　船アロフ　モドロフ饅頭タベロフ」と言う。これは嬉しい話である。おまけに現地通貨四百銭もくれた。饅頭を食べながら、三日もすれば故国に帰れると喜んだ。しかし三日過ぎても音沙汰がない。訳を尋ねると、「今年ノ冬船ニハ戻ロナラヌ　来年六月　船モドルヨカ　書状天下様カラヤロ　今茲《コトシヤ》者天下様部屋遠ヒ　書状冬船ノ間ニ合ハヌ」という答えだった。日本の将軍からの貿易許可状がおりず今年の冬には間にあわぬというのだ。しかし船は出航直前の様子だ。太吉は憤って、「今茲《コトシ》長崎イコ　船アロ　ヤロナカモ　コケ居ル　ツマラヌカラ　跡ト　モドロホシイ」と叫んだ。やや意味不明だが、こんなところにあと半年も居ラリョウカ、という気だ。太吉は荷物をまとめ停泊している船めがけて走ろうとするが、病気の亥之助が取り押さえられていた。「太吉ハ戸外ニ走リ出ヅ。伊之助羸《えい》弱ニシテ従フコト能ハズ。衆之ヲ要シテ動コト能ハズ。素ヨリ太吉ハ健ナレバ、五人ヲ以テ之ヲ牽留セント欲レドモ能ハズ」。役人たちは「今茲冬舩ヲ留テ御前へ送クロ　ワシ部屋戻ロ」と引き留める。太吉は「御前《まへ》達《た》チ　ソラゴト言フ　モドロ　ホシュフナカ」と居直る。何をしでかすか分からないという雰囲気である。役人たちは「ダマソナカ　モドロヨカ」と宥める。「已ムコトヲ得ズ家ニ還ル。實ハ其夜竊《ひそ》カニ日本通商船ヲ発スト云」。太吉はさぞ悔しく思ったことだろう。役人たちは「冬船無ケレバ　来年六月マデ待トウ　モドロアロ」と宥めるが、じつは漂民を一日でも長く引き止めることで利益を得ていたのである。「漂客ヲ欺テ帰ラシメザルモノハ、彼等ニ南京ノ商人総甲《シャウニンカタ》ヨリ漂客一人ニ百四十銭ヲ一日ノ食銭ト為シ、更ニ酒価二十銭ヲ送ルコト定法ナリ。彼等其銭ヲ私《わたくし》シ、漂客ヲ帰サヾルナリ」。商人総連合がこれだけの金銭を払うのは、長崎奉行より多量の米の返礼があったからである。

　そのころ弥市は香港を経由して舟山・鎮海・寧波へと乗り繋いでいた。香港は「近頃イギリス討取候てより新ニ建」てられたばかりで、前章で述べたギュツラフが取り仕切っていた。ギュツラフは、南北を結ぶ大運河と東西を結ぶ揚子江の交点近くに位置して重要な舟山地区の民政責任者として赴任する。弥市はしばらくその「僕」（「墨是可新話」）となり、この「ミステヤ之顔ニて船賃無銭ニて」舟山へ渡り、そのあとは宝順丸と肥後庄蔵船の漂民グループの支援を受け、一八四五年二月十三日乍浦の太吉らに合流した。

　六月の船出を待つ間、阿片中毒に陥っていた宿舎の管理人は「商人総甲《シャウニンカタ》」よりの金銭を使い込み（「下婢」はしばしば「太吉サン、粥召しナカ、モユ〳〵《飢ユルト云コト》」と嘆いた）、さらに太吉らに借財した。出発間際、その返還を要求して太吉は暴れた。その行動について弥市は呆れたように報告している。「留宿の家は、商人方より長崎通船往来の雑事を辨ぜしむるために保給し置たる家なり。此家甚貧窮にして、弥等三人にも屡《しばしば》銀借を乞へり。太吉はペソ十枚貸与へ、開洋近づきしかば返銀を乞へども返さゞりしかば、太はしたゝかなる者にて、大に怒り、注管に受たりし壷を破《わ》り、椅子を砕き、猶も小刀にて突むとする勢ひをなせしかば、家主甚懼れて遂に返銀せしかども、器財を砕破せしを憤り、公衙へ鳴報せり。茲に於て太吉と家主とを公衙にて検問《ぎんみ》ありしかども、裁定せずして局裡にて理治せしむ。局裡にても亦定理する事能はざりしかば、家主 恚《ふづくみ》て弥にいふ。太吉の横暴甚し、此事を長崎の送帖へ記載すべきなりといへりしを、太楼上にありて聞とめ、復《また》怒を発し、もし然らば、帰朝せずして此土地に止らんといへりしかば、家主恐れて遂に和解したりし。……太吉は不逞の者なれば、官吏を初すべて唐人を兒女の如くに軽侮し居たり」。待たされた太吉は苛立ちのあまり、戦禍での中国人の生活困難を思いやることはなく当たり散らす。

太吉らは一八四五年七月十二日、弥市は翌日に長崎に着いた。長期の尋問ののち長崎奉行所は、「右之者、去ル寅年外国江漂流致し、去巳一番唐船より送来候付、漂流之次第、於二当御役所一遂二吟味一候処、彼国ニて切支丹宗門勧ニ逢候儀無レ之、疑敷筋も不レ相聞一ニ付、無レ構国元へ差返条、御領分より外江猥ニ住居為レ致《いたさせ》間敷《まじく》候。尤右之者死失致候ハゞ、可レ被二相届《あいとどけらるべく》一候事」の但し書きをつけて、太吉を島原藩へ引渡した。「生国押込」の処置である。「島原漂流人太吉物語」において太吉は、「異国の舟造り、何も角も委敷《くわしく》相覚へ、日本にて一舟仕らへ候ハゞ、御上の御用にも相立候半《そうろわん》」と語った。しかし太吉が活用された形跡はない。

以後の太吉の様子は、入江 湑《きよし》の「墨是可新話」解説に拠る。太吉は、「無レ滞帰帆候やう神仏江祈願」の「願解《ほど》きのため諸国参詣 仕 度存 奉《つかまつりたくぞんじたてまつり》」、「日数二百日限り往来御切手」の願書を藩に出した。しかしその扱いは、「先例もこれあらずやと相伺い候えども何分類例も無レ之、ことに他国住居御差留めにてもとより他参御差留めも同様の儀にて、別して異国漂流のものに候右様の御仕置き筋はすべて江府御伺ひ御下知の上御奉行所より仰渡され候間、何分と御役所において差略相成り候間、何とも御差図に及びがたく、且は他国出の上何等の儀有レ之哉《や》やもはかりがたく候間、せっかく志願の筋不便〔不憫〕には候えども他国御聞済み、その方しかるべくいたす儀相決し候間、願い御聞済み、そのやうほどよく御在所へ申上げ候やう申聞かされ候」、というものであった。前例がない、お上がうるさい、よって、「願解き」の件は伝えておくので、ほどよく言聞かせ、願書は差戻し、という典型的な形式主義・事なかれ主義的な対応である。太吉が面目躍如たる姿を現すことができるのは、聞き書きの中だけだった。太吉の語りが武勇伝に傾くのは、その鬱屈した余生がなせるものである。それでも、攘夷の刃が荒れ狂った時期に、メキシコ土産の折カバンを携え、皮靴を履いて颯爽と歩いていたという。明治六年没。七十四歳。

善助は念願の士禄を与えられて遠見番所の任務に就いた。「一見栄誉のやうであるが、実は変態の禁錮で、外国の事を口外させない為め」の処置だった〔石井研堂〕。初太郎は、「賄《まかない》」の技量を買われ撫養《むや》米穀役所筆算役、米穀仲買共納屋見分などを務めた。亥之助は、松山藩から僅か一人扶持を与えられ、藩外へ出ることを禁じられた。「苦労人」弥市は長生きしなかったのであろう、紀州南端の潮岬上野遠見番を務め堀弥市の姓名を名乗ったほか、一切不明である。

永住丸漂民の分散的帰還は、いわばアメリカから日本への逆漂流の動きであった。以下の三つの章もその動きを追う。大海原に吹き流されっ放しの受動的な不可避的漂流者から、太平洋を跨ぐ能動的意図的漂流者への変様が感ぜられるだろう。それが幕末の空気である。

第三章　モンゴロイドは黒潮によってロビンソンする――ラナルド・マクドナルド

膳所藩の儒者で蘭学にも堪能であった黒田麹廬が密かに我国最初のロビンソン翻訳『漂荒紀事』を江戸で仕上げつつあった一八五〇年頃――それは幕藩体制による「海禁」の最後の締め付けの時期であったが――、その政策の綻びを予兆するかのように、北米西海岸のモンゴロイドの血を引く若者が、日本列島を「ロビンソンの島」と見立てた意図的な漂着を試みた。捕囚後の彼の英語による発話行為そのものが、日本英学史ならびにペリー来航時の交渉に少なからぬ影響をもたらしたことは、すでに知られている。ここでは幕末に活発になった太平洋交通の文脈において、「永住丸」漂民の動きと並行し、万次郎に先立つ、意図的にロビンソンを模倣した偽装漂流として、このインディアン系の若者の果敢な試みを考察してみたい。優れた解説が付いた自伝『日本回想記』がテキストである。

ラナルド・マクドナルド（Ranald MacDonald　1824-94）は、独裁的なシンプソン総督率いるハドソン湾会社の現地取締役であったスコットランド系移民アーチボルド・マクドナルド（1790-1853）と、先住民チヌーク族の酋長コム・コムリーの娘コアアール・クソア（わたりがらす）との間に生ま

ラナルド・マクドナルド。1891年5月撮影（『ラナルド・マクドナルドの生涯』より）

れた混血児である。白人から「プリンセス・サンディ」と呼ばれたこの母は、いわば白人入植者にとっての「女フライデー」だったが、ラナルド少年が幼少の頃に亡くなった。ドイツ系スイス人の若い継母ジェーン・クラインによって白人として育てられたラナルド少年が、或る日、その出生の秘密を知ったとき、彼の白人アイデンティティは崩壊した。実はジェーンもインディアンとの混血だったのだが、このことをラナルドは終生知らなかった。

自伝によれば、ラナルドが自らの出生の真相を知ったのは、父の死後、つまり日本から帰国後かなりたってからということになっている。しかし『日本回想記』の他の部分を読むと、すでに若き頃の苦悩、また父との確執が描かれている。彼の白人アイデンティティ崩壊の日付は早かったはずである。おそらく父追悼のために記憶の中の日付を無意識のうちに並べ替えたと思われる。父アーチボルドは、ラナルド＝「私のチヌーク」（一八三二年一月十五日マクラウド宛て書簡）が白人社会で出世する困難、さらにはインディアン独立運動に走る危険性を懸念して、なんとか読み書き算数を習得させ、インディアンと白人の境界領域での仕事に就かせようとした。しかし「私のチヌーク」という突き放した表現が、すでに父子間の深い溝を表している。この父との確執において、自分の「赤銅色」の肌がもたらす社会的困難に気付いたラナルドは、白人アイデンティティを完全に喪失し、それに代わって、コロンブスの思い込みによってインド人（インディアン）と呼ばれることになったアメリカ大陸先住民としてのアイデンティティ構築へと向かうのだ。彼が後に辿り着いた精神的境位から自分の出生を振り返るとこうなる。

「私の揺りかごをくるんでいたのがイギリス国旗であったことは確かだが、それはどうでもいいことだ。オレゴン条約（一八四六年カナダと合州国の国境確定）の結果、私はアメリカ合州国の市民になった。しかし母系をたどると、コム・コムリー王直系の合法的継承権者である」。これは、「年々増加してゆく幾百万のわが国民の自由な発展のために、神によって与えられたこの大陸にわれわれが拡大するという明白な運命（manifest destiny）の偉大さ」（J・L・オサリヴァン一八四五年）が臆面もなく語られ、西漸するフロンティアが大陸西岸に到達し、インディアン蔑視がますます激しくなる雰囲気のなかで、混血児ラナルドが敢えて選んだ立場（それが王直系の血統を領有権主張に用いようとする父の政略に沿ったものだとしても）を鮮明に示している。しかし彼は終生キリスト教文化に親しみ、インディアン文化にはむしろ嫌悪感を持ち続けた。自己形成時の教育的刷り込みを除去することは、そう簡単にはできないからだ。白人とインディアンのどちらにも帰属し得ないアイデンティティ・クライシスに悩まされたラナルドは、海を漂流するロビンソンとなる前に、アイデンティティを求めてさまようロビンソンとなるほかなかった。そのことを吐露した文章がある。

「私にとって世間は荒野だった。狭義の普通の意味での我が家《ホーム》というものが私にはなかった。私の父は、私にとっては一切を分断する、あの恐るべきロッキー山脈の彼方の別世界に住む住民にほかならなかった。しかも父は、その別世界の果てから果てまで、アラスカでもラブラドルでも、あるいはシベリア野外作業地のどこにでも、いつ派遣されるかもしれない職務についていた。私の心の眼から見ると、私の揺れ動く海のような世界のなかに、憩うべき場所がまだ一つも見当らなかった。さまよい飛ぶこの探求の旅路に、翼を休めるべきオリーブの一枝もまだ見当らなかった」。

これはラナルドが、西へと追いやられつつあったインディアンの領域から離されて、白人の領域となった東方へ向かい、ロッキー山脈の東に位置するレッド・リバーの学校を出て、エリー湖北岸の白人住民都市セント・トーマスで、父の毛皮商仲間で銀行家E・アーマティンガーの家に下宿し、二年年季の銀行員見習い研修を受けていた時期の回想である。それはラナルドが、貨幣という摩訶不思議な「汚いもの」を扱う仕事に嫌気がさし、自分の「赤銅色」の肌に対する白人の差別を感じ、やがて出奔する直前の時期にあたっていた。文中には、ロッキー山脈の西、さらに太平洋への眼差しが漂う。ここには、そこで活躍する父への畏怖、母方の沿岸インディアン血統への反発まじりの同一化の志向が絡み合っている。ラナルドは、実際の海の漂流者となる前に、心中の「揺れ動く海」の漂流者だったのだ。これに続く文章もラナルドの心の分裂を表している。

「いわゆる文明生活のための訓練を受けたにもかかわらず、また心地よく愛情に満ちたもてなしのあらゆる魅力にもかかわらず、——家庭のような楽しさはあったけれども、やはりそれは我が家ではなかった。……私はいつも、私の血のなかに、自由な放浪を求める野性的な血筋をあらがいがたく感じていた。それは第一に、スコットランドのグレンコウの高地人たる父から、第二に、おそらくそれ以上に（無意識的にではあったが）太平洋と太平洋岸地方の国境なき王国のインディアンの母から、受け継いだ血筋であった」。この根源的二重性は彼の生涯に付きまとい、彼の放浪癖を加速する。

ともあろうに白人権力の中枢をなすイギリス軍の将校任命辞令を買ってくれという無展望な願いを当然ながら父に拒絶されたラナルドは、父からの離反と船出というお決まりのロビンソン的人生行路を辿る。彼を導いたのは、「古めかしい東洋のユートピア、昔のアラビアの（ヤクザン）物語に出てくる伝説のワク・ワク（男は自然発生し、女は樹に実る、という島）、現存の人類中もっとも古い民族、はるかな豊饒の海によって岸辺を洗われ養われる東方の島国帝国、驚異にみちた大洋のなかの驚異」としての日本だった。「この神秘を自分で解いてみよう」とする若者の冒険心と、日本に到達すれば得られるかもしれない幸福への願望が、糸の切れた凧のように行方不明になりかねない出奔後のラナルドの放浪に一つの確かな方向を与えたのである。ラナルドの脳裏には、キリスト教文明が中世以来ため込んできた幻想のアジア像が詰まっていた。マルコ・ポーロ、オドリコ、ジョン・マンデヴィルらの旅行記に表わされたアジア像である。ラナルドは日本人について、「彼らは、メソポタミアにある人類の伝説上の発生地（エデン）から、四方に散ったわが人類の移動の先陣をうけたまわって、記録に残されていない放浪の旅をつづけ、その足跡も皆目分からないが、とにかく現在の場所に到着してから、ずっとここに、つまり要害の地である世界の果ての難攻不落の要塞にとどまっている」と述べている。どうやら日本人とは「イスラエルの失われた十支族（アブラハムの孫ヤコブの十二人の息子ルベン、シメオン、レヴィ、ユダ、イッサカル、セブルン、ダン、ナフタリ、ガド、アシュル、ヨセフ、ベンヤミンを祖先とする諸部族のうち、南ユダ王国をつくったユダとベンヤミン以外の十支族。彼らは北イスラエル王国をつくり、アッシリアに征服され離散した）」の一つであり、彼方の怪物ゴグ・マゴグを閉じ込める「アレクサンドロスの門」の番人と思っていたようだ（のちに「（先あるいは前あるいは超）アリアン系アジア人」という奇怪な日本人論にまで極まる）。ラナルドの日本渡航の目的には、この僻地の異教の民にカトリックとは異なるキリスト教を伝えることも含まれていた。

しかしもう一つ決定的な動機があった。ラナルドがフォート・バンクーバー（現在ポートランド）で少年時代をすごしていた一八三四年、第一章で述べた「宝順丸」がカルフォルニア半島北部のフラッタリイ岬に漂着したのである。漂民救出を手配した英ハドソン湾会社交易所長ジョン・マクラフリンはラナルドの父の仲間だった。『日本回想記』によれば、〝オレゴンの父〟と称された豪気なマクラフリンは、個人負担《ポケットマネー》で漂民をロンドン行きの船に乗せた。この話はブリティッシュ・コロンビア、オレゴン地方で知れ渡っており、当然ラナルドも自分と同じ黒い髪、黒い眼、褐色の肌の漂民に強い関心を抱いたはずである。E・E・ダイは、ラナルドが病院に収容された漂民を、マクラフリンの命令で看護したことにして小説化したほどである。

さて自伝によればラナルドの日本渡航の目的は、オレゴンで身近に伝聞したこの日本漂民の故国を訪ね、こうした漂民が帰国できるように「日本の門戸を開く」こと、そのために、日本人が「自らを閉じ込めてしまった外部の事柄について、彼らの教師となること」だった。これは外交政治家や日本伝道を試みたキリスト者たちに通じる動機である。しかし、ラナルドの日本渡航の動機はより深い次元（いわば古層）から湧き起こったようだ。音吉ら三人が北米大陸に漂着したという事実そのものが、ラナルドに、太古以来無数のモンゴロイドが黒潮に乗ってやってきたに違いない、という自らのルーツ探索の願望を抱かせたからである。

これは百年後に確認されることになる知見である。四万年前アフリカからアジアへ入った現生人類《ホモ・サピエンス》は、少数民族が今なおその生活様式を続けているバイカル湖北方で狩猟生活を始めた。寒気に適応して瞼に脂肪が付き鼻が低くなった。こうして形成された古モンゴロイドの一部がアメリカ大陸へ移動する。最も古い集団が、氷河期に陸橋化したベーリング海峡を越え、アラスカとカナダを覆っていた厚い氷河床の間に開かれた無氷回廊を通って、中央平原地帯へ入り込んだ。間氷期になって太平洋岸の氷河が溶け、深い入江をもつ海産物豊かなフィヨルド地帯が形成され、北西海岸インディアン諸族が入江伝いにカヌーで移動してきた。ラナルド母方のチヌーク族は、長カヌーを乗り回し、鯨すら捕った沿岸部族である。彼らの遠い祖先もカヌーで、アジアから、黒潮に乗ってアリューシャン、アラスカ、北米西岸へと渡ったのだ。これとは別に東南アジアから、ポリネシア、南米にカヌー渡航したモンゴロイドの動きもあった。ヘイエルダールのコンチキ号はその帰路を確認した。縄文人もこうした動きを示していたのではなかろうか。

ラナルド・マクドナルドは、このモンゴロイド同胞意識と漂流魂をもって、その原点を失って鎖国する日本へ、その原点を身をもって教えるべく、確信犯的な漂流密入国を果たす。じっさいラナルドは北海道漂着後、アイヌと北米西岸インディアンの共通性を指摘し、松前で自分が日本人と間違われたことを嬉しそうに語り、そののち回送された長崎で、たっぷり日本語を聞いて、「言葉の多くは——たぶん私の母方の祖先を通して——私にはなじみ深いものに響いた」と確証する。それは黒潮によってロビンソンする者たちの同胞意識の確証でもあった。

ラナルドがハワイにやってくるまでの足跡はよく分からない。ミシシッピ川で船員をしていたことは『日本回想記』にある。訳者富田虎男によれば、出奔後、自暴自棄の状態で、海賊まがいの商船や、奴隷貿易取締船に発見されそうになると黒人奴隷を海に突き落とすような悪辣な奴隷密輸船に乗っていたらしい。荒れた心の漂流である。と同時に、白人の植民地支配の残虐さを認識し、そこからの脱出の願いをあらためて痛感したに違いない。ともあれ彼は一八四五年十二月ニューヨーク・ロングアイランドのサグ・ハーバーから捕鯨船プリマス号に乗り、二年後ハワイから、インディアンの鯨捕りタシュティーゴよろしく、しかしながら銛一本ではなく日本人教育のためかなりの書籍類を携えて、同じプリマス号に乗り込むのである。ホノルルは日本近海を漁場とする捕鯨船の基地となっていた。『白鯨』（一八五一年）のなかでメルヴィルは予告した。「もしあの二重にボルトを締めて鎖国している日本が外国に門戸を開くことがあるとすれば、その功績を担うのは捕鯨船のほかにはない。捕鯨船は今日かの国の扉口に近付いている（If that double-bolted land, Japan, is ever to become hospitable, it is the whale-ship alone to whom the credit will be due ; for already she is on the threshold)」（24章）。じっさい一八四〇年代には数百隻の捕鯨船が北太平洋で鯨を追っていた。ペリーは一八五三年、捕鯨船の薪水基地の開設を求めて来航するだろう。

ラナルドが乗り込んだプリマス号は、一八四七年十一月ハワイを出て南西へ向かった。ラナルドは、日本での体験を綴る前に、マリアナ群島での不思議なエピソードを語る。薪と水を求めてグレガン島に上陸すると、浜辺に「ロビンソン・クルーソーの（見た）ような（謎の）人間の足跡」があった。やがて「木から木へひらりひらりと身をかくす裸の男」が現われ、後をつけると小集落へ出た。彼は「リヴァプール・ジャック」を名乗った。フィージーあたりで食人説話を撒き散らしていた南洋放浪者《ビーチコウマー》カニバル・ジャックを想起させる名前である。彼は北に住む「スパイダー・ジャック」と争いを繰り返し、難民となったキングスミル諸島の原住民を支配していた。一七八九年バウンティ号反乱残党がタヒチ原住民を拉致して逃げ込んだピトケアン島で起こったことが、ここでも繰り返された。ココナツから蒸留酒を造ったことが興奮を高め、殺人を惹起したのである。「平和が宣言され、両方の当事者が所有していた唯一の武器を破壊するショーを行なったが、酒宴の次の行事に入ると、またぞろ武器が出てくるありさま」だった。二人は、南米革命時に逃亡した有産者の財宝探しにもトチ狂っていた。この二人の法螺吹きジャックの話は、バウンティ号反乱残党の末路や、メルヴィルの『タイピー』『オムー』に描かれた捕鯨船からの脱走者、さらには『宝島』における強奪隠蔽した宝をめぐる元海賊たちの争いを想起させると同時に、荒れた心の漂流を続けたならばラナルド自身がそうなったかもしれないビーチコウマー（原意は「浜辺を梳《くしけず》る者」）の姿を示していたのである。

一八四八年六月二十日プリマス号は、すでに鯨油を満載して間宮海峡《タタール》にいた。日本への漂航を乗船時の契約としていたラナルドは、船長用ボート、四分儀、三十六日分の食料を六百ドルで買い、給与の残りは船長に委託して、そのボート「ヤング・プリマス」号で母船を離れ、当時「蝦夷」と呼ばれていた北海道（ちなみに明治二年「北海道」命名は松浦武四郎による）へ向かった。漂流を装えば入国できる見通しであった。エドワーズ船長は、乗組員の誰からも愛されたこの好青年の危険な企てを止めさせようとしたが、決心の固いことを知り、ラナルドをボートの所有者と明記した降船証明書を書き与えた。母船を離れてからしばらく、「はかり知れない運命の大洋に浮ぶ島のように、あてどなく漂うカモメのように、気ままで自由に、大洋のうねる胸の上でくつろぎながら」漂う。彼の心の漂流がようやく海の漂流とシンクロした幸せな時間である。もっともこの漂流は、上陸しても母船が見えると追い返されるので、かなり沖合いで母船から離れたためだった。この配慮はデーマン牧師を介して万次郎に継承されるだろう（第四章）。

ラナルドは六月二十八日から翌日にかけて焼尻島に上陸する。無人島と思い込んだこの島で彼は、「私は測量した土地すべての支配者だ」という『ロビンソン・クルーソー』の一節（あるいはこの小説にもとづくW・クーパーの詩句）を思い出し、二日間にわたって「ロビンソン・クルーソーのような生活を送った」と回想している。同時期の松浦武四郎の『再航蝦夷日誌』によれば、焼尻島には二つの番屋が置かれ、春から夏にかけて和人がアイヌを使役する漁が行なわれていたから、じっさいは無人島ではない。しかし彼の記憶の中で、そこは無人島でなければならなかった。ラナルドの記述は、先のマリアナ諸島のエピソードと併せて、『ロビンソン・クルーソー』が、たんなる愛読書にとどまらず、彼の体験をまとめる型そのものを提供したことを示している。それはちょうど同じころハドソン湾会社前哨地での毛皮集め体験を『ロビンソン・クルーソー』に倣って冒険小説『ハドソン湾』（一八四八年）『毛皮集めの若者たち』（一八五六年）にまとめたスコットランド人作家R・M・バランタイン

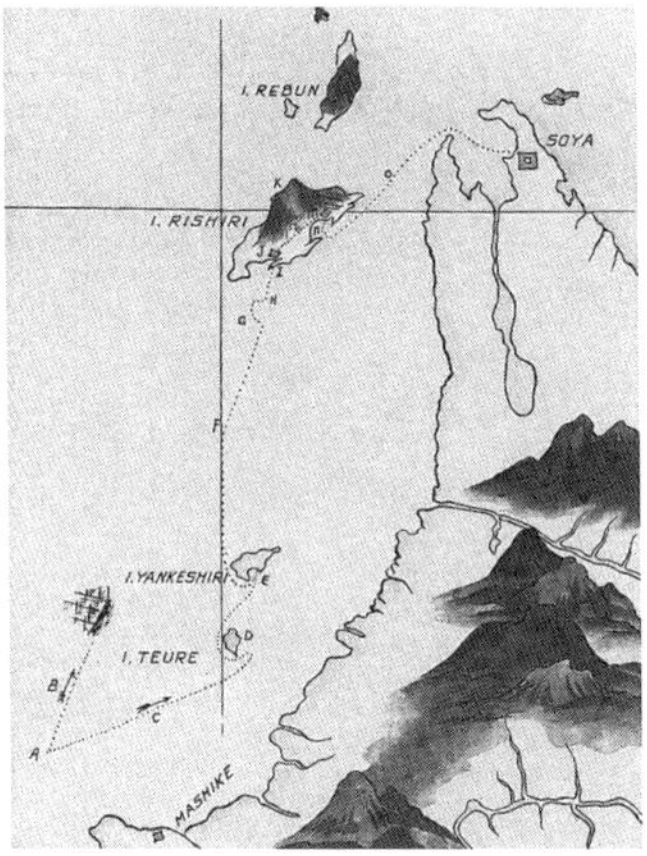

ラナルドの焼尻島上陸ルート（『ラナルド・マクドナルドの生涯』より）

（1825-94）、そして第七、八章で触れる新島襄、小谷部全一郎にも言えることである。

焼尻島を出たラナルドは、予定通りボートを転覆させて元に戻し、難破を装って利尻島へ近付いた。そして野塚《のつか》アイヌの舟が近付くのを見て、自分のボートの栓を抜いて浸水させ、収容を待った。「あの偽装した侍の格好で屋久島に上陸した男（一七〇九年新井白石が尋問したイタリアの修道士シドッチ）以来の大胆不敵な試み」であると彼は自画自賛する。日本へクルーソー（=クロス・十字架）したイタリア修道士シドッチのように月代《さかやき》は剃っていなかったが、シドッチ同様、無謀にも聖書を携えての上陸である。偽装転覆のさいにオールと舵が流され、これらが捕鯨船「ウンカス」号に回収されて、ラナルド遭難死亡の証拠品とみなされた。ホノルルで出発を見送ったのみならず漂流偽装を共謀（ひょっとすると主謀）したと思われる「海員友の会」のデーマン牧師は、一八四八年「フレンド」紙十二月号で、「メイフラワー号をプリマスの岸に導いた神の見えざる手がヤング・プリマス号とその冒険的な指揮官を無事に導きますように。日本の海における冒険者ラナルド・マクドナルドの大胆果敢にして危険な試みが成功することを熱望しない者はいない（O that the same unseen hand which conducted the "May Flower" to the Rock of Plymouth, might now conduct the "Young Plymouth" and preserve the life of her adventurous commander. Who does not fervantly hope that a successful issue may crown the bold, daring, and hazardous enterprise of Ranald McDonald, an adventurer in the Japan Sea)」と称えた。

かくしてラナルドは目的通り鎖国日本への上陸を果たし、野塚のアイヌ集落に収容された。松前藩の役人が現れ、調書を取った。「始末相尋候所言葉不通ニ付、手真似を以相尋候得共、異国人も同様手真似ニて相答候事故《ことゆえ》、聢《しか》と難二相分一候得共、沖合ニて元船ニ別れ端船江壱人乗、漂居候内風波強く相成、端船両度水船ニ相成、其節所持之磁石海失様子ニて何れを当テと申事なく漂ひ罷在候内、高山（利尻山、千七百二十一メートル）見受候間漕寄致二上陸一候様ニ相聞候付、乗参候端船損しも無レ之候間、帰帆可レ致旨手真似ニて相諭候所、右小船ニては大洋帰帆成兼、当惑之義ニ相見候付、差留置候旨手真似ニて相諭候所、黙頭候ニ付、ソウヤ勤番所江引取」、とある。役人は、ボートは損壊していないので、母船に帰るように手真似で示したが、ラナルドは、ボートで大洋は渡れぬと必死で手真似して、保護を求めたことが分かる。彼は宗谷、松前、長崎と回送されることになった。監禁状態であったが、僅かの機会に鋭い観察をしている。

インディアンの血を引く彼が最初に出会ったのが、日本でインディアン同様に支配されたアイヌであったことは印象的である。アイヌは「腕をつき出し、掌をこすり、腰をかがめ、長いあごひげをなでさすり、その顔つきや態度によって示されたと同じ礼儀正しい挨拶を、しぼり出すような声で述べた」。偏見のない素直な観察である。しかしラナルドは、アイヌではなく和人へ自己投影することを欲した。アイヌは「人柄も服装も粗野で野蛮に見えた。清潔で洗練された教養のある日本人と比べると、この点まったく逆である」と述べている。アイヌの「野蛮」が（商人による略奪的な場所請負を認め運上金を徴収するという）松前藩の苛酷な支配によってもたらされたことは理解できなかったのだ。本泊《もとどまり》の運上屋でも、アルコールによる北米インディアン支配と同じ実態を観察しながら、次のように言う。「アイヌはきわめて酒好きである。雇主は、酒の代金が賃金を上回らないかぎり、ためらうことなく酒を彼らに提供する」。白人のインディアン支配に憤りながらインディアンに自己同化できなかったラナルドは、イングランドのアイルランド支配に憤りながらイングランド文壇で活躍したジョナサン・スウィフト、彼が描いた人獣ヤフーそっくりでありながら支配者たる理性馬フウイヌムに自己移入しようとするガリバーに似ている。またラナルドのアイヌ理解は、第二章で紹介した初太郎が、「アッパチ」族について、「此種の人物は歯細小に足変異にして、腓腸《こむら》（ふくらはぎ）なく、跟《きびす》後へ脹出たり」と奇妙な聞書きを残し、アメリカ固有の人種であることは認識していても、日本人と同じモンゴロイドであることには気付かず、さらに彼らの卑しい状態が白人の植民地化の産物であることなど理解すべくもなく、むしろ内なる先入見として潜む『和漢三才図会』か何かで見た怪物表象を投影しているのと同構造である。

ラナルドは、自らの特殊（アーリア的?）モンゴロイド性格の良き発露を和人に見出そうとするあまり、アイヌの「身体つき」が「ブリティッシュ・コロンビアの海岸モンゴロイド」とそっくりであることを認識しながら、傲然たる「精神的な独立」をもたないアイヌを、「濃いあごひげを生やし、櫛を入れていない長髪をたらし、顔を洗っていないタタール人」が樺太経由でやってきて太平洋を渡りえず蝦夷辺りに蟠踞せるもの、と突き放して把握する。これは、幕末の日本人の多くが白人に自己移入せんとするあまり、アジア人蔑視の態度を取る、たとえば福沢諭吉「脱亜論」の「我れは心に於て亜細亜東方の悪友を謝絶するものなり」という脱亜入欧的視線とまったく同構造である。この眼差しは、フランツ・ファノンを苛んだ「黒い皮膚、白い仮面」ほどではないにしても、西欧的文明開化の仮面とそれに抗う日本的実態の分裂を抱え込むことになる。それを克服するためには、アジア人としての自己同一性、とりわけ太平洋を囲んだモンゴロイドとしての自己意識をもつ必要がある。ラナルド、そして今日の日本人に欠けているもの、それは、中国人、タタール人、アイヌ、日本人、インディアンを包括するモンゴロイド概念である。

中沢新一の一連の書物に啓発されて思ったことだが、ラナルドがもしアイヌの「熊送り《イオマンテ》」の儀式を見ていたら、北米沿岸インディアンの儀礼との通底性に驚いただろう。人間が熊を殺す瞬間に、熊は毛皮の外套を脱いで純粋な霊に戻って行く。その霊の帰還を表現する儀礼は、古モンゴロイドのシャーマニズムの原型を示し、北米沿岸インディアンの蕩尽儀礼「ポトラッチ」(チヌーク語!!)や通過儀礼「ハマツァ」に通じ、歴史的変動を惹起する富を蓄積せず、国家を形成せず、人間を含んだ自然のバランスを保つ文化の在りようを示唆するという。ラナルド・マクドナルドを〝英学の祖〟と祭り上げるよりむしろモンゴロイド学の潜在的可能性を直感した先達として読み直すべきなのかもしれない。

利尻島の野塚で監禁されたラナルドは、本泊から宗谷を経て松前に送られ、北前船「天神丸」で長崎へ回送された。北海道に留まることは許されなかったが、日本からの即刻退去は免れたのである。虐待問題で反乱を起こし離船した捕鯨船ラゴダ号の水夫十五人も、松前付近で保護され長崎に回送されていた。保護のあいだに二回にわたって逃出し、捕らえられて牢に入れられた三人は、拘束状態のまま移送され、長崎でも再に二回逃走・捕獲され、残りの船員にも監視が強化されるという有り様だったが、米国で噂された「体罰」などはなかったとラナルドは言う。

長崎奉行所では踏絵が待っていた。ラナルドは、「プロテスタントであるので、ためらいなく踏んだ」。長崎奉行井戸対馬守が入ってきたときは、平伏せず睨めつけた。「肝っ玉が太い奴」と放置した奉行にラナルドは「友情」すら感じた。キリスト教について尋問が始まる。「天にいます神」についての信条を問われた彼が「処女メアリーから生れた神の唯一の息子ジーザス・クライストの御名において」と答えたとき、通訳にあたった森山栄之助は機転を利かせて発言を止めさせ、固有名詞を省き適当に誤魔化して翻訳し、事無きを得た。捕鯨船からの離船の理由を問われたとき、「好奇心と冒険心」と答えると危険なので、「船長ともめごとがあった」ことにした。このとき奉行は偵察・測量行動がなかったことを確認したかったようである。

ラナルドは松森神社参道脇の大悲庵に設けられた四畳の揚り屋（座敷牢）に監禁された。そののち格子越しに三カ月間ネイティブ・スピーカーとして通詞たちに英語教授したことはよく知られている。堕落したキリスト教よりキリスト教的であると感じた日本社会に改めてキリスト教を説く必要は感じなかった。それよりむしろ格子の外に控える十四人の生徒の発音を直し、日本語で意味や構文を説明するという授業を毎日続けたのである。ラナルドへの信頼度は増し、没収された聖書や英語書籍を返してもらえるほどの信頼度だった。教育の情熱さえあれば、狭い格子牢が牢屋のままでありながら学校に変貌することを、我々は第六章でも学ぶだろう。

当時の日本の英学はどのような状態であったのか。ウィリアム・アダムズ（三浦按針）が一六二〇年に平戸で没し、一六二三年に英国商館がオランダの圧迫（アンボン事件）によりし閉鎖されたのち、英語圏の人間はいなかった。長崎のオランダ商館にも英書はほとんど入らない。蘭語も、杉田玄白『蘭学事始』によれば、「西洋の事に付ては……惣て厳敷《きびしく》御制禁仰出されし事故、渡海御免の阿蘭陀にても、其通用の横ゆきの文字、読ミ書きの事は御禁止なるにより、通詞の輩もたゞかたかなかきの書留等までにて、口づから記憶して通弁の御用も工弁せし……常人の漫りに横文字取扱ふ事は遠慮せし事なり」という状況だった。英語どころではない。世界情勢の変化は認識されなかった。たとえば、ナポレオン戦争時オランダがフランスに占領されて本国が消失したこと、そのフランスを凌駕して大英帝国が海上覇権を握っていたことを、オランダ商館は幕府に提出した「風説書」の中でも伏せていた。この無理解状態が変わるのは、一八〇八年英船フェートン号が武力で強引に入港してオランダ商館員を拉致し、長崎奉行松平図書頭が引責自殺するという事件が起こってからである。

英語を解したオランダ商館長次席ヤン・コック・ブロムホフの指導のもと、通詞たちの総力をあげて日本初の英語学習書『諳厄利亜《アングリア》興学小筌』（一八一一年）と英和辞典『諳厄利亜語林大成』（一八一四年）が編纂された（清国での表記「諳厄利亜」は「イギリス」を指す。まだ和製漢訳語「英吉利」はない）。後者は『ハルマ和解』（一七九六年）に倣ったもので、収録語数は約六千語。かつての国立大学受験単語数レベルである。それは新聞雑誌を読み解く水準なのだ。ただし語釈、特に発音には問題があった。例えば「bachelor　ベツチエロル　冠者、未レ有レ妻者之称」「bible　ビブル　法教書」「church　チユルツ　梵宇又社」「grammer　ゲレンムル　学語書」「learned man　レールネツトメン　儒者」といった調子である。これでは文書の解読はできても会話はできない。この状況の長崎に回送されたマクドナルドは、ウィリアム・アダムス以来二百年ぶりに生きた英語の発音を伝えたのである。

生徒の一人、Morreama Einaskaと覚え書きに記された森山栄之助は、のちにペリーとの交渉に当たった通詞たちのなかで、英語の発音が通じた唯一の人間だった。「人を射るような黒い眼」は「魂のなかまで探り出し、あらゆる感情の動きを読み取るように思われた」とラナルドは賛嘆する。のちにペリーは、頑迷な幕府の方針を筋立てて説明してくる森山の「狡猾さ」に苛立ったほどである。町人出身の森山は、たえず林大学頭ら上司の傍らに平伏し、「膝と手の平を床についたまま」膝すり足で移動して文書を運ばねばならなかったが、プチャーチン、ハリス、オールコックらとの交渉においても開国に向けて重要な媒介役を果した。

森山栄之助（『オイレンブルグ日本遠征記』より）

マクドナルドは一八四九年五月、ラゴダ号の十三人とともに、遭難者の救出のために長崎へ派遣されたグリン大佐率いるアメリカ軍艦プレブル号に収容され、香港へ去ってゆく。マクドナルドはそこで下船し、喜望峰回りで北米に帰る前にオーストラリアで金鉱を掘った。「冒険のための冒険を試みる放浪者」を自認するだけのことはある。同じ頃、音吉はイギリス軍船マリーナ号で日本近海測量に同行した。のちに音吉は、マレー系インド人の妻の故郷シンガポールに隠棲していた一八六二年三月、遣欧使節団の森山と出会っている。マクドナルドの日本渡航の動機の一つとなった北米への漂流者が、二十八年の時を経て太平洋の遥か対岸でマクドナルドの愛弟子に会ったことは興味深い。森山は一八五五年洋学所（翌年蕃書調所）御用に任ぜられ森山多吉郎と改名し、福沢諭吉の英語教授の願いに答えられないほど多忙を極め、開国後の外交交渉（というよりは上役官僚との意見調整）に疲れ果て、一八七二年に亡くなった。

マクドナルドの後半生は人種差別の壁に遮られてあまり華やかではなかった。晩年はフォート・コルヴィルの山小屋に籠もった。それだけに、「日本最初の英語教師」として活躍した記憶は、より輝きを増して幾度も彼の心中に甦ったに違いない。自伝の冒頭部にそのことを吐露した印象的な表現がある。「若いころの出来事や場面が、私の心の眼に、めぐりくる朝のように実に鮮明にくっきりと浮び上がってくる。あたかも私の生涯のこの歴史的な一ページに、永遠に日が射し込んでくるかのようだ」。真に幸福な思い出はこのように語られる。あるいは思い出はこのように語られることによって幸福の輝きを放つのだ。この回想記をまとめた一年後の一八九四年八月五日、ラナルド・マクドナルドは姪の腕のなかで「Sionara, my dear, Sionara」と呟いて死んだ。

開国後の日本人が北米大陸を「ロビンソンの島」と見立て密航を試みることは後述するが、それとは逆方向の日本を「ロビンソンの島」に見立てた密航がまず行なわれたのである。それは、漂流者は救助されなければならぬというルールに基づく一種のゲームとして敢行された確信犯的なもので、次章の万次郎以下に大きな影響を与える。ただし、マクドナルドの試みは、北米西岸への日本人漂着という事実、さらにそれに遥かに先立って、モンゴロイドが黒潮によってロビンソンしたという事実によって惹起された。現実のロビンソン的体験と虚構のロビンソン物語が日米双方からの密航の動機となりエネルギー源となったことは、ロビンソン物語の原基的意味を考える上で興味深い。「永住丸」漂民、マクドナルドの試みは、太平洋を挟んで往来するほかない日米関係《すれちがい》の始まりだった。今後の展望はこの初期の関係史《すれちがい》が含み込んでいた可能性の幅の中を動くであろう。

第四章　万次郎異聞――不可避的漂流者から意図的漂流者へ

ここではラナルド・マクドナルド同様、ボートで漂着するという形で日本に密入国した万次郎（一八二七―九八）に触れたい。十一年間にわたって米国と七つの海を遍歴して帰国した果敢な漂流者であるが、よく知られた万次郎の史料を改めて読む必要を感じた理由は、貧しい漁夫の子が幕府直参の御家人にまで出世したという単純な立身譚、米国水夫に抜きん出て日本人の優秀さを証明したかの如き偉人伝は論外として、これらとは別種の奇妙な万次郎の理想化、子孫を巻き込んだ日米交流のための万次郎像の道具化が気になったからである。たしかに万次郎はホイットフィールド船長（1805–86）の訓導を受けてすくすくと成長したが、「日本」という看板を背負って捕鯨者や「四九年族《フォーティーナイナーズ》」になったのではない。ホイットフィールド船長も「米国」を背負って万次郎に接したとは思われない。そこには海に生きる人間としての出会いがあっただけではないか。

第一次世界大戦終結直前の石井菊次郎駐米大使のフェアヘブン演説と日本刀贈呈式に始まり、日本の国際連盟脱退直後の、万次郎らを救出した捕鯨船ジョン・ハウランド号の共同所有者ウォレン・デラノの孫フランクリン・デラノ・ルーズベルト大統領から中浜家への手紙、井伏鱒二の

『ジョン万次郎漂流記』を英訳して日米関係改善に利用しようとした広田弘毅外相（193）、戦争回避のためにホイットフィールド船長の曾孫でルーズベルト大統領の従弟ウィラード・デラノ・ホイットフィールドを仕立てた米特使とグルー駐日大使を迎えての帝国ホテル最大規模の晩餐会（中浜311）、戦後の対米従属を「更によく米国を理解する必要」（248）によって糊塗する吉田茂のE・V・ウォリナー著書への序文、日米経済摩擦が高まった一九八七年、当時皇太子だった平成天皇夫妻がライシャワー元大使も住むフェアヘブンを訪問……と媚態外交による万次郎像の美化＝道具化が続いてきた。最近では、小沢一郎が一九九一年に「ジョン万次郎の会」の会長に就任、ジョン・ハウランド号の「航海日誌」を入手（3）、「ジョン万次郎ホイットフィールド記念国際草の根交流センター」を組織して行動している。

一世紀にわたるこの〝日米友好物語〟は、それなりに分析すべき対象であるが、ここでは敢えてこの文脈《コンテキスト》に抗って、万次郎を太平洋という現場へ差し戻し、漂流と遍歴のテキストを読む、唯それだけの作業をやってみたい。幸い、彼を知るための史料は、「漂客談奇」「漂巽紀略」「漂洋瑣談」「難船人帰朝記事」等、小学館『中浜万次郎集成』一冊に収まっている。以下その増補改訂版（二〇〇一年）から引用し頁数のみ洋数字で示す。それ以外の文献からの引用には著者名を付す。

万次郎は土佐中ノ浜の貧しい漁師の家に生まれた。知恵遅れの兄と姉妹三人をもつ次男坊である。少年時代、寺子屋に行くこともできず、幼児を背負い手伝い仕事をしていた。九歳の時、父悦助が没し、「炊《かしき》」として船に乗った。「幼より海上を家となし、齢《よわい》十四の時には船中「魚ハヅシ」役となり、既に成人の中に算へられた」（123）。そのときの名は「万次郎」である。「満次郎」「まん次郎」「まんじろー」だったかもしれないが、漢字の読み書きが出来ない本人にとっては同じことである。むしろ音の響きから、万次郎＝卍郎＝happy guyを連想したかもしれない。他の廻船乗りと違って万次郎が文字も読めない漁夫であったことは、その口誦力ゆえの適応力・変様力を理解する上で記憶しておくべきである。

「万次郎」は、のちに捕鯨船に救出されて英語を習得し、「ジョン・マン John Mung」と呼ばれた。「ジョン・マン」は、『白鯨』に描かれたアメ公並みのバイタリティとハードボイルドな生き様を体得して七つの海を乗り回し、カリフォルニアの金山で二挺拳銃を懐に金を掘り、ハワイに戻って漂流仲間とともに米貨物船に乗り込み、ボート「冒険者《アドベンチュラー》」号で沖縄に漂着するだろう。帰国後はたちどころに侍言葉を習得し、幕府直参に登用され、「中浜萬次郎」を名乗る。

「万次郎」「John Mung」「中浜萬次郎」——この三つの名前は、ツァラトゥストラが説いた「三つの変様」（精神が駱駝に、駱駝が獅子に、獅子が子供に）のような、人生における飛躍・変様を象徴している。一八六〇年咸臨丸で訪米したとき「John Mungero」とサインし、のちに井伏鱒二が「ジョン万次郎」という呼称を広めたが、この三つの名前の間に存する落差を無視した名は、その落差を越えるすさまじい変容の過程を省いてしまう。同時代人の例で言えば、「安藤広重」という呼び名が、「定火消《じょうひけし》同心」の息子「安藤徳太郎」の苦悩と画家「歌川広重」への脱皮の過程を省いてしまうように。

のちに東京人として縮んでしまう「中浜萬次郎」をさらに加工して妙な〝国際人〟に仕立て上げるよりむしろ、まずは起点にして基盤である「万次郎」を、土佐の人間として理解する必要がある。

「万次郎」は〝土佐ッぽ〟だった。根にある頑固さから〝いごっそう〟と呼んでもよい。土佐は太平洋の荒波がそのまま押し寄せてくる風土である。鯨も回遊してくる。かつて「遠流《おんる》」の地であった土佐はまったく本土や都の方を向いていない。薩摩にも〝日本とは別の国〟といった風土性格があるが、錦江湾を半ば閉ざす桜島の暴発に象徴されるように、薩摩魂には行方不明のエネルギーを秘めて閉息する傾向がある。また紀州南部も（新宮などはまったく）太平洋を向いているが、御三家であったことが災いして、紀州人にはお上志向がある。御前崎・石廊《いろう》崎に挟まれた駿河湾は足摺岬・室戸岬を張った土佐湾に似ているが、静岡はむしろ名古屋と東京の張力の函数で動いてきた。これらに対して土佐は完全に太平洋を向いている。

桂浜に寄せては返す太平洋の荒波の運動とエネルギーを抜きに坂本龍馬は理解できない。とすれば、さらに高知から遠く離れ足摺岬の西に位置する中ノ浜（現在土佐清水市）という場所を抜きには「万次郎」を理解できないだろう。これは室戸岬に近い奈半利《なはり》から山奥に入った北川郷に生まれ育った中岡慎太郎、また、四国の屋根をなす天狗高原南方、あの「土佐源氏」（宮本常一）の檮原《ゆすはら》に近い芳生野《よしうの》から天狗のように出てきた吉村寅太郎にも言えることだ。都の反対を向くと同時に藩府からも離れるという二重の遠心力を秘めているのだ。万次郎の場合（少なくとも彼が釣って食った魚については）、高岡郡西部の山間を蛇行し足摺岬の東の海に滔々と流れ出る四万十川の養分も無視できない。土地柄ゆえに万次郎はそもそもの初めから、とりとめない「鯨のような（very like a whale）」（HamletⅢ・2・382）大まかな無頼漢、無宿者になりかねない性格だった。晩年万次郎が家人の嫌悪や役人からの横槍を無視して玄関先の乞食に米や金を恵んだのは（中浜292）、御家人や開成所教授になったのと同じように、自分は「運命」次第では乞食になったかもしれないという気持ちがあったからだ。我々は、偶然性を生きた万次郎の凄味と毒気を抜いて狭く小さく理解してはならない。少なくとも優等生イメージはそぐわない。若くして船頭となり、素早く帰還した永住丸の善助とはまったく異なった来歴とキャラクターをもつのだ。

　幼年期の万次郎は結構な悪ガキだったようだ。「万次郎事、生質活溌ニシテ騒シク、親々ノ手ニモ合ヒガタク、不レ得レ止事、十五歳ノ時中ノ浜〈浦〉ヨリ宇佐浦へ奉公ニ遣シ置申候」とある(333)。中ノ浜から百四十キロメートル離れた高知近隣の宇佐に出る前に、まず万次郎は、父の死後、一家を支える稼ぎ手として中ノ浜の老《としより》役方に「奴」という奉公人稼業に出された。小石を混ぜて米を搗《つ》くという工夫＝悪戯がバレて、中ノ浜から大浜へ逃げた。「神社で寝ていたところを親戚の者が見つけ、母親に知らせた。折よく、大浜で荷揚げをしていた宇佐の漁船がいた」。しっかり者の母親「志を」は、「漁師になりたい」という万次郎の意思を確認した上で、船頭に頼んで宇佐に運んでもらった(中浜6)。このとき母から渡された綿入り刺し子の防寒晴着「どんざ」を、万次郎はのちに半年サバイバルした鳥島からも運び出し、日本船の前に姿を現すときに纏《まと》い(142、603)、最後まで持ち帰った。長崎調書の「此度持戻候品々」筆頭に記された「木綿袷《あわせ》半てん」(403)がそれである。

　宇佐浦まで来たものの「空腹のあまり浜で倒れていた」万次郎を、五右衛門が助け、筆之丞の家に引き取られた(宮永14)。そこで漁労手伝いをしていたが、奇しくもメルヴィルが捕鯨船に乗ってフェアヘブンからアクシュネット河を下り海へ出たのと同じ一八四一年の一月五日、徳右衛門所持・船頭筆之丞の漁船に乗る。長さ「四間一尺」（七・六メートル）の鰹舟である。三十メートルを越える廻船とは比べ物にならないほど小さい。積荷は漁具の他に僅か「米二斗五舛薪水」のみ。漁獲の積込みを期待して、殆んど空荷なのだ。この点も廻船と全く異なる。乗組は、筆之丞三十八歳、その弟二人、「縄揚」の重助二十五歳　と「櫓押前」の五右衛門十六歳、「櫓押」の寅右衛門二十六歳、「魚ハヅシ」万次郎十四歳の五名（572）。こうした情報はもっぱら、早崎益寿が松井左徑の原稿を基に、宇佐浦吏某の「一帙」と河田小龍《しょうりょう》「漂巽《そん》紀略」を照合して成った格調高き「漂洋瑣談」に拠る。万次郎が小龍の留守中に「漂巽紀略」を借り出し絶交になったという因縁の写本である（宇高125-6）。総じてこの船の記録は、当時の漁法や漁夫の様子が分かって貴重である。

漁舟は宇佐浦を発し、与津沖や佐賀浦沖で六桶の「はへ縄」を下ろし「鱸《すずき》」を狙ったが獲物なし。延《はえ》縄とは、釣糸を付けた幹縄を繰り出す漁法である。海中の暗礁溝の魚を狙ったが、「弱年ノ者乗混リテ艪手揃ハザレバ、山合」できなかった。「山合」とは、土佐の海で「東西北ト三方ノ山々ノ嶺ヲ船ノ頭尾ニ照シ合セテ、其場所ヲ量リ漁事ヲナス」（573）こと。当りのポイントを外して洋中仮泊する事二晩に及んだ。三日目に足摺岬沖に回ると、入れ食いで「小鯛、鯖、参《さ》より」が掛かった。「魚数多ク食ヒツキ手間ドリ候内ニ、風イヨ〳〵強クナリ、三桶ノ縄取ルコトナリガタク、不レ得レ止事絲ヲ切リ捨」（334）てた。釣果に眼を奪われているうちに、冬のシベリア高気圧から吹き出す大寒波、「大西風《あなせ》」に遭遇したのである。「西方ニ赤雲立テ忽チ乾（北西）風烈シク吹起」る（573）。漁舟はひとたまりもない。「この時に当り、主櫓《おもろ》の角（船底に嵌め込まれた穴あき木材）を押し逸《はず》し、在合せの斧を以て船張（船の外板間に張った角材）を彫り、身縄（帆を上下するための麻縄）をこれに括《くくら》むとするうち、又櫓の腕半より折れ、客櫓ハ海へ流れ失せ、今ハ如何ともすること能わず」（475）。帆と二挺櫓で操る漁舟が、主櫓を折られ、予備櫓まで失ってしまったのである。船頭は奮闘し、「檣《ほばしら》ヲ立テ、帆ヲ少バカリ開キ、地方《ぢかた》ニ向ハントスルニ、乾ノ風ハゲシク蕩揺シテイカニモ自由ナラザレバ、波ヲ眞艫《まとも》ニ受ケ、コレニ任セントスルニ檣保チガタケレバ、漸二本ノ檣ヲ船ノ両腋ニ括リ付、帆ヲ引乍ラ桁ヲ衝建《つきたて》角帆トシ、室戸崎ノ方ヘト走ラスルニ、夜ニ入リテ風愈《いよいよ》暴烈、春寒膚《はだえ》ヲ通シ寒気ニ堪ヘズ。殊ニ空腹ニ至リ身體ナヘ凍《こごえ》テ働キ得ズ」。我々はのちの万次郎の活躍に眼を奪われがちであるが、九死に一生を得たこの漂流における船頭筆之丞の奮闘を忘れてはならない。彼は「サシヅシテ粥ヲ焚カセ、皆々是ヲ食テ漸《ようよう》人心持付」せ、「独リ宵ヨリ柁《かじ》ヲ取リテ放サ」ず、徹夜で船を保った（573-4）。

この海域で沖へ流された船は、「黒瀬川」と呼ばれた黒潮に嵌まる。「其流ニ入ル時ハ、速ニ出ルコト能ワズ」、「西洋航海客ノ如キモコレヲ恐」れた「広二十丁バカリノ急潮」である（574-5）。万次郎らの漁舟は、「鯨魚ノ来ルヲ遠視スル者アレバ、若シ助命舩ノ来ル事モヤアラント」望みを託したが、「室戸崎モ過、紀伊ノ山ヲ霏《ちら》ト見」たものの、やがてこの年に発生していた黒潮偏流によって大きく向きを変えて東南へ流され、あてども知れぬ太平洋のど真ん中へと漂って行った。小舟ゆえ薪水はすぐに尽きた。「折節雨霙《みぞれ》ヲ含テ降来リ、衣モ氷ル斗《ばかり》ナレバ、篷《とま》ヲ葺、船板ノ割《われ》ヲ折焚テ粥ヲ炊キ、魚ニ併セテ是ヲ食シ、霙ヲ受テ咽ヲ潤スニ、恰モ甘露ノ如シ」（574）。凍えるほど寒かった。それにも増して渇きが辛かったのだ。

飲水なしで漂流すること一週間、筆之丞はアホウドリの群れを見て、「鳥海上ニ浮ブヲ見レバ、近辺ニカナラズ島アルベシ」（335）と判断し、「舟ヲ寄」せた。やがて「小島ト覚ヱテ幽カニ鳥ノ子ノ如ク見ユルモノアリ。此頃ニ至リテハ用意ノ飯米モ尽、釣タル魚モ残ナク喰尽テ、一滴ノ水サヱナク、苦艱ニ堪カネ、幾度カ海ニ没《いら》ント思ヘドモ、責《せめ》テハ今一度快ク水ヲ呑テ死ント、彼島影ヲ見ルヨリ皆々気ヲ取直シ……屖《エナガ》ヲ以淦《あか》ヲカヱ出」し、「敗櫓《やぶれ》ヲ結縛《くゝり》」（575）、嶋を回ったが、嶮阻な岩礁に囲まれ、碇を下せる所なし。止むを得ず磯より二丁余りを距てた沖に「もやい」して夜を明した。

　翌朝「嶋へ上り水を尋んと云に、大成鱶《ふか》夥敷《おびただしく》居るを見て、みな〳〵恐れ」た（633）。とても泳いでは上陸できない。漁民たちは「暫時にアカバ数尾を釣り」、久しぶりに空腹を満たしたが、碇を「引揚ル力」がなかったので（575）、筆之丞は「纜《ともづな》を切放ち、船を磯につか〔衝〕し上げ」ることを試みる（476）。しかし「舩底岩礁ノ上ニカヽリテ動カズ。再ビ打カクル浪ニ港板《ミヨシ》ヲ岩間ニ衝《つき》込ミ、舩ヲ反覆《ウチカヘシ》タレバ、此時五右衛門、寅右衛門、万次郎ハ海中ニ馯《はね》落サレテ漸々岩上ニ泅《およ》ギ着タリ。伝蔵（＝筆之丞、ハワイで改名）、重助ハ桅ヲ持テハナサヾリケレバ、舩ヲ引被《かつ》ギテ岩間ノ海中ニ落入タリ。二人ハ船ノ下ニ在リテ、一方ニハ釣針数多《あまた》サガリ、舩ハ浪ニユラル、毎ニ頭尾《あとさき》岩ニ衝《つき》アタリテ泅出《およぎ》ルコト能ワズ」。最後まで舵を握り船を島を囲む岩礁に乗せた筆之丞が、「辛フジテ島ニ泅《およ》ギ着キ岩根ニ掻上リ顧ミレバ、船ハ破壊《やぶれ》テ形モナク成」っていた（576）。重助は、転覆の際に足を骨折し、「痛苦に堪がたく目も眩《くらむ》」（476）をこらえて上陸したが、このあと難儀することになる。「五右衛門一番ニ磯江飛揚り、覚へず磯草をつかみ、たべ」た（427）。晩年七十一歳の万次郎に取材した戸川残花によれば、「かゝるをりにも捷《すば》しこく汀《みぎわ》に早く泳ぎつき上らんと爲すをり、海藻の手に触れしにぞ矢庭に採つて食ひし」は万次郎、となっている（125）。

さて一同水を求むるに、島の「東北ハ巌壁削ルカ如クニシテ」立入れなかったが、「東南ニ乍《すなわ》チ一ツノ岩窟ヲ見附タリ。口ハ腰ヲ傴《かが》メテ這入斗《ばかり》ナレドモ、奥ハ高サ九尺経《わた》リ三間四方モアリテ、疊十五、六枚ヲ敷ベキ程ナレバ、船板ノ割レテ磯寄シタル物ナンド拾集テ是ニ坐ヲ構ヘ、仮ノ住居トス。春寒甚シケレバ、一同衣ヲ脱、衾《しとね》トシ、肌ヲ合セテアタ、マレリ」（576-7）。一月十四日のことである。

彼らが漂着した島は、「周廻《めぐり》一里余あり、巌石より成り海中に突如と聳えし孤嶋」（125）であっ

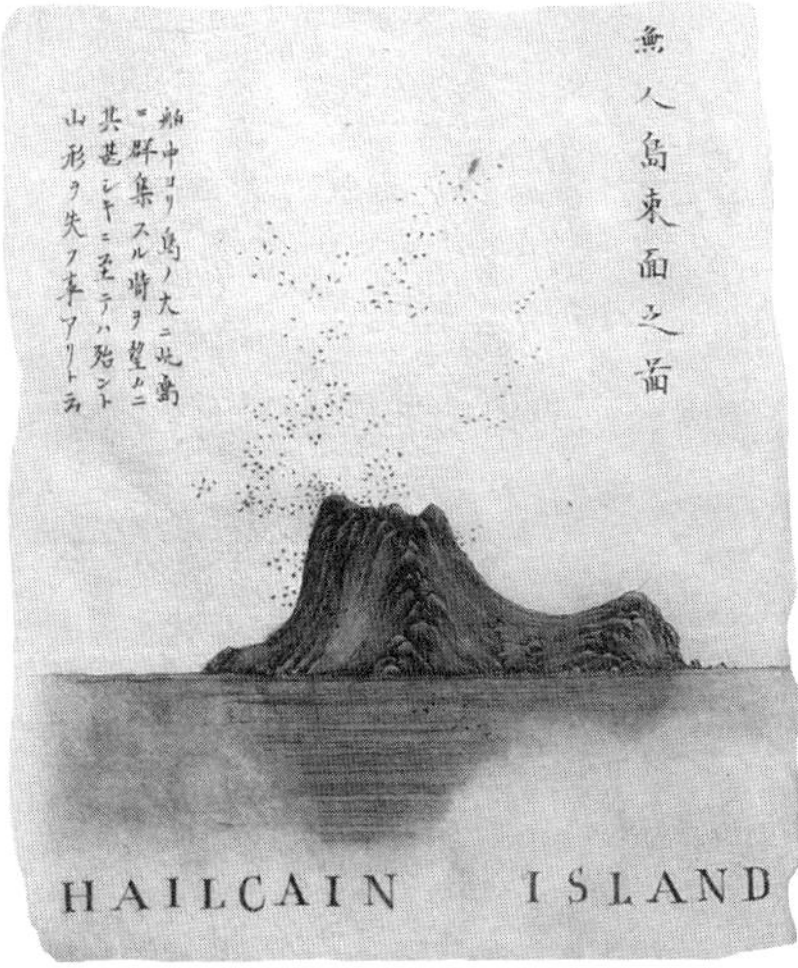

鳥島挿絵。万事アバウトな万次郎の下絵（上）と河田小龍による成図（「Drifting Toward the Southeast」より）

た。公式名称「八丈島鳥島」。江戸時代の遭難者が生きて漂着することが可能な、あるいは生き延びて帰郷することが可能な最果てに位置しており、享保期の新居船漂民や天明期の長平のように、世界でも稀な長期サバイバルの舞台となった所である。ここに、小舟で、しかも全員生きて辿り着いたのだ。偉業である。

鳥島は間歇的に噴火を繰り返す火山島で、「島ヲ見巡ルニ大木ハナク、茱萸《ぐみ》、萱、荊棘《いばら》ノミ生」(576)える不毛の地であった。「餓《うえ》を助くるものやあらんと攝《と》りしかば、虎杖《いたどり》の新萌食ふに堪ゆべきあれども、都《すべ》て壁嵓《へきがん》上にありて、固よりこれを採べきの許《はかりごと》を得ず」(477)。食えるものはアホウドリしか見当たらない。幸い「信天翁《アホウドリ》雛ヲ育ツル時節ニテ、其数幾千羽ト云コトヲ知ラズ」(576)、群れていた。この羽根を伸ばすと三メートルを超える鳥は、ひとたび飛び立てば、その強靭な骨格によってグライダーのごとき滑空力を発揮するが、助走しないと飛び立てないので、簡単に撲殺することができた。ただ漂民らは上陸の際に道具類をすべて失ったため、火を起こすことが出来なかった。そこで、「曲釣ノ尖《さき》ヲ以テ皮ヲ剝、石ヲ以テ肉ヲ舂《つき》クダキ、日ノ照ス所ノ嵓《がん》上ニ置、乾シテ分チ食」し(577)、これを「石焼」と呼んだ(477)。火を持たなかった長平も常用した天日乾肉《ジャーキー》である。また「トウクロウトイフ鳥ノ子ヲ育ツルニ、鰯ヲクワヘ来ルヲ追落シ、魚肉ヲ食スル事ヲ得タ」(336)。鯨肉を得たこともあった。アホウドリが「(油だけ取って鯨肉を食わない欧米)鯨舟の捨し物」(688)を雛に運んできたのである(Cf.『白鯨』65章)。

三月ごろから子を孵《かえ》したアホウドリが飛び立ち始めた。九千キロメートルを移動する偉大な渡り鳥なのだ。「一日筆之丞ハ万次郎を携、水を掬《すく》い、并せて食物をも探拾《ひろわ》んと、道なき険岩を躋《よじ》登り、其絶頂に登り至れば、邈《ばく》々たる広原あり。即見るに、石を築くこと圓長にして二、三尺なる処あり。又旧井ありて底にハ濁水些小を溜。傍に古墳と覚ゆる者二箇を見付たり。因ておもふやうハ、昔漂民の家居するありて、爰《ここ》にて死たるを埋たるなるべしと。吾身の上を思ひやり、佛号〔南無阿弥陀仏〕一遍を唱、覚へず袂を潤しつゝ、又険阻を亘り穴居に帰り、此事を語りければ、皆々吾輩も他日餓死に至れば、後の話に伝へ、其如く袂を潤す人もあらんやと、又の涙に沈みける」(477-8)

居ること四カ月。鳥島サバイバルの最大の辛苦は飲水の不足である。「雨水のなき時は岩間の滴瀝《したたり》を纔《わずか》に掬ひて渇を医やせたり。されどこの岩間の滴《したたり》は頼みとならぬものなれば、伝藏〔＝筆之丞〕は規則を立て、蠣殻をもて盃となし、信天翁一羽を食せし後に水一盃を与ふる事となし、隠れてのむものは許さずと、嚴しき法は設けたれど、規則を立てし三斗の雨水もたゞちに尽き、雨は三ケ月間一滴も降らず、岩間の滴瀝も乾《か》れたれば、湿りし石を舐め、時としては便水を手に受けて渇を止めしこともありしが、飲食十分ならざれば便水さへも少くなれり」(126)。辛さのあまり「身をなげ死んと存候時も御座候へ共、又思かへし、生る丈ハいくべしとて日を送」った(428)。

あわや圧死という「大地震」もあった。「窟ノ中鳴動シテ砂石落カヽリ、逃《にげ》出ントスルニ窟ノ口ニ崩レ掛ル石又夥シケレバ、皆抱合テ恐怖シケリ。カクテ震イ止、夜明テ見レバ窟ノ口ニ、巨大石墜塞《おちふさが》リテ、其危キコトイハン方ナシ」(579-80)。鳥島の火山活動は、一七一九年から一七三九年までサバイバルした新居漂民の頃、「山の頂きは、平生燃へ候と相見へ、煙りなど立」っていたが、一七八四年に漂着した長平のサバイバルの頃には沈静化しており、火を得ることができなかった。そのあと再び活性化したのであろう。一九〇二(明治三五)年には大爆発を起こし、拓殖民一二五名が全員死亡する厄災が起こっている。
「四月末ニハトウクロウトイフ鳥モ親子トモニ飛ハシリ、一羽モヲラズ、魚モクヒツクシ、貝ヲ掘リテ食シ、或ハ磯ニヨスル草ハナドヲ給ベ候テ、漸々露命ヲツナギ申候」(336)。渇水に苦しむのみならず、食料のアホウドリもいなくなったのである。「孰《いづ》レモ自然痩セ衰ヘ脊ノ骨モ算ヘラル、程」(579)になった。その頃、骨折した重助は洞穴内に寝たきりとなり、筆之丞も衰弱して重助の看護をなすのみ。残る三人が海草・雑草を採取していた。幸いにも、その頃、米捕鯨船ジョン・ハウランド号が現れたのである。

　五右衛門が「残更より目醒て、再眠にも就き難きより、曙天に起出、渺々たる海面を望」んで、帆影を認めた(478)。それより「面々声を揚ゲ、破損の船屑に……衣類をくゝり付、差招き」(428)、「皆一同に其船寄り来る様にと神佛に祈り願」ったが、船は「山の崎《はな》へ隠れて見へずなり、皆々力を落し、最早此島にて死る也と打歎く。万次郎より五右衛門に相談して、右の船若哉《もしや》南西の方へ着んも知れざれバ見に行かんといへバ、五右衛門うけがわず。万次郎一人見に行、十丁計り山を廻れバ、白帆二ツ見へ近づく體なれバ、大に悦び立帰り、一同へ告置て直《すぐ》に行く。五右衛門、寅右衛門跡より追かけ来、右艀二艘いそ近く来れ共、荒磯にて着場なく見合せゐる體の所、三人の人影を見受候哉、船を漕廻す様子なり。此時万次郎襦袢を脱ぎ船を招く。舟よりも笠にて招く。此辺惣《すべ》て海岸荒磯にて、海際迄二十間も高き山嶽なれバ、下るに難儀ニ付、万次郎着ものを尻に敷てスザレ落る」(635)

　SOS信号として「磯ニヨリテ帆桁ヲ柱ニ立テ、衣類ヲク、リツケナドシテ、目印ニ」していたが（336）、これはまったく機能しなかったようだ。漂民らに気付かずに去ったかに見えた船を万次郎は追いかけ、島の裏側で見付けた。ぐずぐずしていたら船は去ってしまったかもしれない。万次郎の決断・行動力を感じさせる場面だ。さらに、「インゲン豆ノヤウナルテンマ舟」（336）が来るのを見た万次郎は、接岸が困難なボートに向って急斜面を〝尻スキー〟の要領で滑り降り、海中に飛び込んだ。「万次郎着物を脱ぎ捨、游ぎ行んとすれバ、右着物を頭に巻て游ぎ来れと云仕形をしけれバ、其通りしておよぎ行く。彼水主《かこ》手を取て引上る時に、水主より本船へ連て行と云手しなをするを、万次郎はなんでも神様が助けに見へたと云事ぞと思ひ、船を伏拝めバ、水主共大に笑ふ」（635-6）

続いて五右衛門・寅右衛門もボートに泳ぎ着いた。「水主より此外にも人なきやと云仕形をすれバ、万次郎より二人陸に居れ共手足不レ叶と手品《てまね》にて答ふれバ、寅右衛門が乗りたる艀《はしけ》にて磯へ着け、岩穴の口へ行。色黒き人と白き人と二人行き、伝蔵（筆之丞）・重助を抱き連来らんとするに、両人大に恐れ逃んとする」（636）。洞穴内の二人は、三人がすでに救出されたことを知らない。そこへ、「漂客談奇」によれば「鍋の尻に目と歯とを付ケ候様の物」（429）、「漂巽紀略」によれば「鼎炭を塗たる如き黒人」（479）がいきなりやって来たのである。「彼人筆之丞を捕へ抱き上んとす。筆之丞肝を潰《つぶ》し逬去《にげさらん》とすれども放さず。一名手技《てまね》にて三名ハ巳ニ吾等乗来る枝船に助け上たりと形話するニ依、重助も与《ともに》レ偕介抱せられ、匍匐《ほふく》磯間に出、枝船より投出す纜に操付、泅《およぎ》至り漸《ようよう》枝船に上得。無レ刻巨舶の方へと漕寄けり」（480）。かくして全員収容された。

鰹舟の漂民は、「鯨船の此所へ寄セ来ルハ、鯨の漁の間ハ鰹類の魚を取」（688）るためと思っていたようだが、ジョン・ハウランド号の「航海日誌」には、「一八五〇年六月二十七日海亀Turtle」目当てにボートを出したところ、「やつれた五人」を発見、とある（819）。「偽海亀《モック・タートル》スープ」でも美味いと『不思議の国のアリス』第十章で謳われた海亀狙いだったのだ。のちに万次郎自身、インド洋で巨大な海亀の「甲羅の上にまたがり」刺し殺すという武勇伝を演じている（141）。

「航海日誌」に「飢えていること以外は全く理解できず」と記された五人に、食事が出された。「炊奴、甘藷の蒸たるものを取出し与たりしに、船頭ハ五名等久しく島中ニ餓居て、急に多食の宜しからざるを計り呉たるや、大にこれを叱り、五名の携さへたるを奪ひとりて豚肉少許《すこし》を授くれ、且菜汁一碗を嘗《なめ》しめ、追々食を与へくれ」た（480）。飢餓者への配慮である。

翌日ドタバタがあった。「船頭万次郎を枝船に乗、島の方へ遣んとすれば、万次郎ハ再たび島に返さるゝかと畏《おそ》恐れ泣叫ければ、船頭衣械類あらば取来れよと手技する故、稍《やや》解悟し頷きつゝ彼洞居に至り、急しも当用の器械を取来れり」（481）。一番元気だった万次郎に五人の所持品を取ってこさせようとしたのだ。このとき母の手縫いのドンザを回収している。

「六千石バカリ」（337）の「生れしより未だ夢にも見しことなき大船」（129）は、「油樽六千、牛豚数疋、雑穀類及び大礮《たいほう》二口、劔銃三十艇」（481）「枝船《てんま》八艘」（582）を載せ、「さながら蜘蛛の緯《いと》を張りしに似た」「縦横に引きわたしたる網絲」をもって「布帆十余」を「三十四人の乗組み」で操る捕鯨船であった（129–30）。蒸気船にとって代わられる直前の時期、大型木造帆船の最後の栄光の時代、戦艦でなくとも、「丈ケ三十間、幅六間、……帆柱三本建」（429）「内外共銅《あかがね》ニテ包ム」582）三百七十七トンの捕鯨船は、「浮き城」（129）と思えるほどの雄姿を示していた。土佐の城下町しか見たことがない漂民たちには、船長室さえも「没駄〔＝仏陀〕の龕《ヅシ》の如き花麗を極めた」ものと見えた（480）。

船は鯨を求めて南下し、「檣《ほばしら》ヲ建タル如き岩」（636）を見る。これは伊豆諸島最南端の「孀婦岩《やもめいわ》」。鯨の漁場《ジャパン・グラウンド》であった。「此日鯨三本捕」（637）とある。漂民たちは組織立った近代捕鯨に驚嘆することになる。「捕鯢ノ術ハ、鯨ノ行ヲ見レバ桅《ほばしら》ノ上ニ上リ、望遠鏡ヲ以是ヲ見定メ下知スル」（582）。帆柱上の見張り台（crow's nest カラスの巣）から「There she blows（そっちにクジラが潮を吹いてるぞ）！」の声が飛ぶ。

「鯨に近くなるや否や八艘の矩艇《キャッチャーボート》はキリ〳〵と下ろされ、船毎に六人の乗り組み飛ぶが如くに走りたり。魚銛《ハープーナー》の役は船頭に突ツ立ち、舵の役は艫《とも》に坐し、櫂の役は二人にて自由に船を操り鯨に近づく。魚銛《もり》は閃めきて、ハツシと鯨の背に立ち、受けたる鯨は跳《おど》り狂ひて波濤《なみ》を揚げ彼方此方へ走りゆく。短艇四艘は疾く漕ぎ戻し、鯨の動静を見すまして亦もや四方よりオツトリ巻き、魚銛は亦もや閃《ひらめ》くなり。数本の魚銛に弱るを見すまし、水夫は身を跳らし海底深く潜りゆき魚腹を穿ちて綱を貫き、本船より轆轤《ろくろ》にかけて引き寄せ、利刀《なぎなた》を以つて皮肉の間を切り放し、皮骨を探りて肉は捨て船中の大釜《トライポット》に入れ油に製するを目的とす。……五人は手練の巧妙に膽《きも》を消し、あきれに〳〵て眺め居たり」（130-1）

なんとも『白鯨』に比肩する名調子ではないか。万次郎文書は、富山長者丸漂民の『時規物語』

『蕃談』と並ぶ洋式捕鯨の観察記録なのだ。船上での作業をより詳しく紹介した写本では、「鯨を取込には、中の檣へ大ひなるせみ（滑車）を仕懸、綱を通して、其端へ鉤の如き物をつけ、鯨の黒皮へ引かけ、舳に轆轤ありて捲上る内に、庖丁にて切剝《きりはぐ》に、一方より船へ取入る也。切方は首より伐《きり》始む。舳の内に鰹を煮る程の大釜三ツ居へ有、其釜にて油を焚く也。粕は釜の下にくべて焚物とす。油は片端樽に詰、船底へ入置也」(637)

ジョン・ハウランド号は、五人を乗せたまま五カ月間で「鯨二十本捕」(637)、太平洋交易と捕鯨により「万国船輻湊《ふくそう》の処」(430)となっていたホノルルに入港した。船長は五人を、アメリカ海外布教会から派遣され一八二八年以来の医療活動によってハワイ王室の要職に任命されていたG・P・ジャド医師のもとに連れて行った。ジャドは二年前富山長者丸の漂民を世話したことがあったが、言葉が通じない。そこでジャドは「手ヲ合セ拝ム国カト手様ニテ問」(584)、「貮朱判と寛永寳銭を出し、此国成るやと云仕形」した(689)。これに頷いて、日本人だと了解された彼らは、カメハメハ三世の娘婿オアフ島知事クケアナオアの役所で登録後、部下のカウカハウ家で客分の待遇を受けることになった。

ここで、これまでの漂流記録には無かったことが起こる。漂民の一人が日本へではなく、逆方向の米国へ向かうのである。しばらくしてカウカハウ家に現れたホイットフィールド船長は漂民たちに、「扨《さて》面々ノ身ノ上カク落ツキニ成タル上ハ、イヅレモ心安ク暮スベシ。其中万次郎一人ハ聊存寄《ぞんじより》アレバ、我ガ本国ヱ伴ヒ度《たく》思ナリ。嘗て麤《そ》相ナル扱等至ス訳ニ非ズ。此者ノ身ノ上気遣ナキヤウイタスベシ」と申し入れた。筆之丞は、帰国した場合の取調べ、あるいは息子の身柄を預かっ

弦書房
出版案内

2025年初夏

『水俣物語』より
写真・小柴一良（第44回土門拳賞受賞）

弦書房

〒810-0041　福岡市中央区大名2-2-43-301
電話　092(726)9885　FAX　092(726)9886
URL　http://genshobo.com/　E-mail　books@genshobo.com

◆表示価格はすべて税別です
◆送料無料（ただし、1000円未満の場合は送料 250円を申し受けます）
◆図書目録請求呈

◆水俣病公式確認69年◆

◆第44回 土門拳賞受賞

水俣物語 MINAMATA STORY 1971～2024

小柴一良　生活者の視点から撮影された写真二五一点が、静かな怒りと鎮魂の思いと共に胸を打つ。　3000円

【新装版】死民と日常 私の水俣病闘争

渡辺京二　著者初の水俣病闘争論集。市民運動とは一線を画した〈闘争〉の本質を語る注目の一冊。　1900円

8のテーマで読む水俣病

高峰武　これから知りたい人のための入門書。学びの手がかりを「8のテーマ」で語り、最新情報も収録した一冊。　2000円

非観光的な場所への旅

満腹の惑星 誰が飯にありつけるのか

木村聡　問題を抱えた、世界各地で生きる人々の御馳走風景を訪ねたフードドキュメンタリー。　2100円

不謹慎な旅 1・2 負の記憶を巡る「ダークツーリズム」

木村聡　哀しみの記憶を宿す、負の遺産をめぐる場所へご案内。40+35の旅のかたちを写真とともにルポ。　各2000円

戦後八〇年

占領と引揚げの肖像 BEPPU 1945-1956

下川正晴　占領軍と引揚げ者でひしめく街、別府がBEPPUであった頃の戦後史。地域戦後史を東アジアの視野から再検証。　2200円

十五年戦争と軍都・佐伯 ある地方都市の軍国化と戦後復興

軸丸浩　満州事変勃発から太平洋戦争終結まで、連合艦隊・海軍航空隊と共存した地方都市＝軍都の戦中戦後。　2000円

戦場の漂流者 千二百分の一の二等兵

語り・半田正夫／文・稲垣尚友　戦場を日常のごとく生き抜いた最下層兵の驚異的漂流記。　1800円

占領下のトカラ 北緯三十度以南で生きる

語り・半田正夫／文・稲垣尚友　米軍の軍政下にあった当時、島民の世話役として生きた帰還兵の真実の声。　1800円

占領下の新聞 別府からみた戦後ニッポン

白土康代　別府で昭和21年3月から24年10月までにGHQの検閲を受け発行された52種類の新聞がプランゲ文庫から甦る。　2100円

日本統治下の朝鮮シネマ群像 《戦争と近代の同時代史》

下川正晴　一九三〇～四〇年代、日本統治下の国策映画と日朝映画人の個人史をもとに、当時の実相に迫る。　2200円

近代化遺産シリーズ

産業遺産巡礼《日本編》

市原猛志　全国津々浦々20年におよぶ調査の中から、選りすぐりの212か所を掲載。写真六〇〇点以上。その遺産はなぜそこにあるのか。

2200円

九州遺産《近現代遺産編101》

砂田光紀　世界遺産「明治日本の産業革命遺産」九州内の主要な遺産群を収録。八幡製鉄所、三池炭鉱、集成館、軍艦島、三菱長崎造船所など101施設を紹介。

【好評12刷】 **2000円**

肥薩線の近代化遺産

熊本産業遺産研究会［編］　全国屈指の鉄道ファン人気の路線。二〇二〇年の水害で流失した「球磨川第一橋梁」など、建造物・構造物の姿を写真と文で記録した貴重な一冊。

2100円

熊本の近代化遺産 上 下

熊本産業遺産研究会・熊本まちなみトラスト　熊本県下の遺産を全2巻で紹介。世界遺産推薦の「三角港」「万田坑」を含む貴重な遺産を収録。

各1900円

北九州の近代化遺産

北九州地域史研究会編　日本の近代化遺産の密集地北九州。産業・軍事・商業・生活遺産など60ヶ所を案内。

2200円

◆各種出版承ります

歴史書、画文集、句歌集、詩集、随筆集など様々な分野の本作りを行っています。ぜひお気軽にご連絡ください。

☎092・726・9885
e-mail books@genshobo.com

比較文化という道

歴史を複眼で見る 2014~2024

平川祐弘　鷗外、漱石、紫式部も、複眼の視角でとらえて語る。ダンテ『神曲』の翻訳者、比較文化関係論の碩学による84の卓見。

2100円

メタファー思考は科学の母

大嶋仁　心の傷は過去の記憶を再生し誰かに伝えることでいやされていく。その文学的思考の大切さを説く。

1900円

生きた言語とは何か 思考停止への警鐘

大嶋仁　なぜ私たちは、実感のない言葉に惑わされるのか。文学・科学の両面から考察。

1900円

比較文学論集 日本・中国・ロシア《金原理先生と清水孝純先生を偲んで》

日本比較文学会九州支部［編］西槇偉［監修］　安部公房、漱石、司馬遷、プルースト等を軸に、最新の比較文学論を展開。

2800円

【新編】荒野に立つ虹

渡辺京二　行きづまった現代文明をどう見極めればよいのか。二つの課題と対峙した思索の書。

2700円

玄洋社とは何者か

浦辺登　テロリスト集団という虚像から自由民権団体という実像へ修正を迫る。近代史の穴を埋める労作！

2000円

た母「志を」への言い訳を考えると困ったに相違ないのだが、「此異国ノ果ニナガサレ別々ニ暮コトイト本意ナキコトナガラ、命ノ親ト云且ツ深切ナル船頭ノ受合ナレバ」と思い、「此上ハ万次郎ノ心次第ナリ」と答えた。万次郎からの意思表示は、すでに捕鯨船上でなされていたのだろう、船長「大ニ悦ビ、則万次郎ヲ将《ひきい》テ本船ヱ誘引」(585)となる。

すべて写本は、船長からの申し出を断ることができなかったという形になっているが、これはお上の眼差しを意識したゆえの記述である。船長は強要していない。どう読んでも、すでに帰国とは逆方向を選び取った万次郎がいる。漁舟の中で万次郎だけが宇佐浦とは異なる余所者だった。四人との別れに未練はなかった。その意味で、「万次郎は……漁師になりたくて宇佐の舟に乗り、母と別れた。今は鯨捕りになりたくて捕鯨船に乗り仲間と別れた。全く同じパターンである」、という曾孫の指摘は的確である(中浜31)。ド貧民の万次郎にとっては、帰国しても「奴」「魚ハヅシ」労働が待っているだけだった。どんな困難に出会い、たとえ「天涯異域の客」(133)となろうとも、失うものは何も無い。すでに苦しい環境を耐え抜いてきた不敵な自信すらもって、米国への漂流を選んだのではないか。

学ぶ万次郎(「満次郎漂流記」より)

明治三十年の戸川残花『中浜万次郎伝』に、「万次郎は五人の中の年少なり、活溌の資性は愛せられたり。試みに文明の教育を授けむと思ひしは布哇《ハワイ》在留の米国人なりき」(132)という記述がある。デーモン牧師を中心として、将来の宣教の手段としての原住民の文明化という思惑があって、これが船長を動かしたようだ。一方で船長としては、たえず水夫を必要としていた。ジョン・ハウランド号は二十八名でニューベッドフォードを出港したが、十二名が脱走あるいは解雇、母港に戻るのは十六名である(宮永74-5)。捕鯨船が万次郎を必要とした。のちの万次郎評であるが、「異国人トチガヒ、一人ノハタラキ拾人前モ働ラキシテ、疲ル事ナシ、カノ国ニテ調法致シケル」(346)とある。

一八四一年末、船は万次郎を乗せてホノルルを出港した。このあと残留組四人の運命は、重助は異郷の土となり、寅右衛門はハワイに永住し、筆之丞改め伝藏と五右衛門は帰国めざして船に乗るという形で、くっきりと三つに分岐するのだが、彼らの成り行きは後で述べよう。

ふたたびジョン・ハウランド号に乗組んだときから万次郎は、John Mung(ジョン・マン)と呼ばれた。船名および洗礼者ヨハネから採られた名である。彼はのちに「中浜万次郎」となってからも、「John Mung」とサインとした。のちに船長から鯨油売却の分配金として「銀七拾五枚」(653)を支給されたことから察するに、ジョン・マンは徐々に船内労働に組み入れられたのだろう。万次郎にとって捕鯨船は「エール大学であり、ハーバード大学」(『白鯨』24章)となった。十数人で一枚帆を操る和船と対照的に、洋式帆船は「蜘蛛の緯《いと》を張」(129)るような操帆作業を行う労働組織を必要とする。加えて捕鯨は、銛打ち、刃差し、鯨油採取の分業組織で行われる。この組織的な労働と規律を万次郎は体で学んだ。そして言語習得法としては理想的なことに、その身体動作に合わせて英語を学んでいった。万次郎の英語は、第二言語ではない。寺子屋に通う余裕がなかった万次郎にとっては、いわば第一言語である。幼い時から、文字が読めない分だけ、聞き取りと発話には積極的だったはずである。この点でも万次郎は他の四人より適応力があった。次章の栄力丸漂民のように、「外国の事を知り外国の語を口にするものは忽ち牢獄に繋がる程の国禁」「外国の語など学ぶべからず」という意識が他の四人には幾分あったかもしれないが、地域的にも身分的にも場末の万次郎には全くなかった。

ジョン・ハウランド号は、ギルバート諸島、ラナルド・マクドナルドも放浪したキングスミル（ギルバート）諸島、グアム（マリアナ諸島）、台湾、「先ニ漂流セシ無人島」（598）あたりを巡洋して鯨を捕った。そこから東へ転じ再度ホノルルに向かったが、強風にあおられ南下してタヒチ西隣のモーレア島に入港した。奇しくもマルケサス諸島のヌクヒヴァで捕鯨船から脱走しモーレア島に渡っていた同時代人メルヴィルは、十日前に別の捕鯨船で出航したばかり（中浜32）。ジョン・ハウランド号はやがて南米南端を回る帰途につく。ホーン岬と南極半島に挟まれた荒海で、かつ南緯六〇度に近い氷海である。「数多《あまた》の氷山巍《ぎ》々として聳立、其最高大なるもの数百丈許を過、勢殆んど傾覆《くつがえら》ん」ばかりであった（500）。「コノ海へ入ルニハ、舟ノ内へ猛キ鋸《ノコギ》リヲ仕込、氷ヲ鋸リ割テ通行」（345-6）した。「海中の鯨は塞気ニ対て鈍くして取安し」（695）とあるので、氷海難航中も鯨を捕っていたことが察せられる。「乍レ去《さりながら》命ガケ」（346）であった。大西洋では「八十ケ年或ハ九十年ニ一度顕ハル、」（599）という「カメッ（Comet）と云へる異星」（彗星）が「一線天半に横はる」を見た（500）。

一八四三年五月、船はマサチューセッツ州ニューベッドフォードへ帰港した。鳥島漂着後五カ月サバイバルした万次郎は、今度はジョン・マンとしてアメリカという巨大な島に漂着したのである。十六歳になっていたが、別様のサバイバルの試練を覚悟したことだろう。ニューベッドフォードは、百七十隻の捕鯨船、四千人の捕鯨関係者を有し、「父親が娘の持参金に鯨を与える」（『白鯨』6章）ほどの捕鯨の町である。アクシュネット河に架かる可動橋《ドローブリッジ》を渡り、船長の故郷フェアヘブンの街へ到着。船長の叔母アメリアが留守宅を管理していた。一段落すると、先妻を病気で亡くしていた船長は、ジョン・マンを元三等航海士エイキン宅へ預け、ニューヨークへ出かけ、婚約中であった後妻を娶り、スコンチカットネックの農場を購入して帰ってきた。万次郎らを救出した航海は、結婚・新築資金を稼ぐためだった。

ホイットフィールド船長は、ジョン・マンを息子として入籍し、船乗りとしての教育を施す方針、「私義ハ學問爲レ致候由、船頭申聞、急に帰国爲レ致候様子も無レ之、學問致候ハヾ弁利も宜可レ有レ之と存、可レ然《しかるべく》頼候趣及二挨拶一候処、直《すぐ》ニ學校江は難レ遣《やりがたく》、下稽古場へ遣候旨」（364）を告げた。しかし専門的「万国地理測量の法」（436）の学校へいきなり入るのは無理だった。「アメリカ文字覚候様船頭申聞候ニ付、折々船中ニて文字ヲ習」（362）っていたが、まったく不十分だったからである。そこでジョン・マンは、エイキン宅、アメリア宅、スコンチカットネック農場、と寄寓先を変えながら、小学生に混じって「下稽古場」で授業を受け、エイキン宅横のジェイン・アレン先生、ホイットフィールド夫妻による補習で「横文字、算術等」（436）を基礎から習得したのち、「人皆博學多才をもつて称」（504）すバートレットの専門学校《アカデミー》へ入学した。

スコンチカットネックの農場は、十四エーカー（五百六十七ヘクタール）の土地に「牛・馬・豚・

雞許多《あまた》を畜ひ、耕夫を傭ひ、黍・麦・豆・芋・萺《だいこん》・蘿《つた》・瓜・蔬《あおもの》等諸物を種《たねまく》」(503) ものだった。ジョン・マンも、学校が休みになると農夫として働いた。「一度は馬ニも乗候而《て》、落馬いたし、腰を痛メ気絶したる事も」(309) あったが、土佐での「奴」労働に較べれば楽なものである。「十月ヨリ四月迄ハ雪深クシテ畊作ナラズ」(600)、勉学に集中した。ホイットフィールド船長は、学問だけではなく捕鯨者としての技能を身につけることをも説いた。素直なジョン・マンは吝嗇《りんしょく》なる桶屋《クーパー》ハッセイに弟子入りし、工場に住み込んで徒弟訓練を受けた。朝昼は「団子汁《ダンプリング》」、夕は「固パン」という食事の粗末さゆえに、栄養失調から何度も病気になりながらも (728)、「桶法」(=樽造りの技法504) を修得した。また「ハヤフベン (フェアヘブン)」に測量の師匠有て、日々弁当持にて習に通」った (653)。このように人生の選択肢を増やしながら積極的に活路を拓いてゆく生き方は、身分・職分が固定した日本では考えられないものだった。

ホイットフィールド船長の薫陶の核心にあるのは、各人がアメリカ精神《マインド》の根幹たる自立自存を確立し、世界市民《コスモポリタン》として他の世界市民《コスモポリタン》に接するという、啓蒙主義の精神である。その訓導のもとにジョン・マンは世界市民《コスモポリタン》として育てられたのであって、意識内主観が意識外の公共事 (res publicum = 政治) を国家に委ねその臣民《サブジェクト》=主体《サブジェクト》となるという、のちのロマン主義が陥った考えをホイットフィールド船長とジョン・マンの関係に持ち込んではならない。メルヴィルが繰り返していることだが、そもそも米国や日本という国民国家の思惑に左右されるような矮小さは鯨捕りとは無縁である。

ホイットフィールド船長の世界市民《コスモポリタン》の考え方は、宗教面でも示された。彼の家族は、一六二〇年フェアヘブン北東の鱈《コッド》岬湾に上陸した清教徒たちの「組合教会派（Congregational）」に属していたのだが、「ジョン・マンは黒人席へ」と言われて、自由土地主義者（Free-Soiler 276）＝奴隷廃止論者の船長は、何と！先祖代々の組合教会派からユニテリアン教会へ改宗するという行動に出た。米国東岸において「組合教会」は体制保守化して「古代カトリック」と変わらぬものになっていた（『白鯨』18章）。ユニテリアンは、三位一体を否定しキリストを神の子と認めない宗派である。聖霊の媒介となる教会・聖職者の比重が軽い分だけ、個人の意志、万人平等・友愛性は強調される。教会の信者代表に捕鯨船主ワーレン・デラノ（フランクリン・デラノ・ルーズベルト大統領の祖父）がいた。ホイットフィールド船長は難解な教義や宗派を超えた（＝どれでもよい）敬虔なキリスト教徒であったが、英国で教育を施した先住民をビーグル号で現地に戻してキリスト教化を図ったフィッツロイ船長のような目論見、万次郎を蛮国へ返して将来アメリカ合州国の国益を考えるようなことは、まったくなかった。ただ断固たる平等論者で、ジョン・マンは立派な捕鯨者になるという捕鯨者としての勘があっただけである。

一八四四年二月、農場の仕事が一段落付くと、ホイットフィールド船長はウィリアム・アンド・エライザ号で日本近海鯨漁場《ジャパン・グラウンド》へ出た。唯一の男手として「留守ノ事一切托」（600）されたジョン・マンは、一時休学を余儀なくされたが、やがて復学し、航海術・測量法を修得して一八四六年春バートレット校を卒業した。ジョン・マンの猛勉強ぶりと優秀な成績が強調されることが多いが、「用使抔《など》して師道へ礼物又ハ書物を求る料物等ハ自己に働き出して、ツイツヘル〔ホイットフィールド〕にハ食物の世話に成迄」（692）だったことこそ注目すべきである。

年　月	事　柄	ジョン・マン	船　長
1841年6月	ジョン・ハウランド号に救出される	14歳	36歳
1843年5月	ジョン・ハウランド号帰港	16歳	38歳
1844年10月	ホイットフィールド船長出港	17歳	39歳
1846年5月	フランクリン号出港	19歳	41歳
1849年9月	フランクリン号帰港	22歳	44歳
1849年10月	ジョン・マン、カリフォルニアへ出港	22歳	44歳
1850年9月	サンフランシスコからハワイへ出港	23歳	45歳
1851年2月	琉球漂着	24歳	46歳

万次郎とホイットフィールド船長との関係

万次郎は、米国東岸に着いた十六歳のときから、再び捕鯨船に乗る十九歳までは苦学生ジョン・マンとして、以下述べるように十九歳からカリフォルニアへ船出する二十二歳までは鯨捕りジョン・マンとして、成長していった。しかしジョン・マンは、やがて万次郎へ、太平洋へと戻る。日本開国のために帰国するという〝偉大な目的〟のためか。しばしばこのように理解されるのだが、それは十年に及ぶ万次郎の心の漂流と計り知れぬ苦悩を見ない無神経にして平板な理解である。人生で最も多感なこの十年間にどのような心の漂流があったのか。老いゆくホイットフィールド船長との関係がどのように変わっていったのか。推察してみよう。

まず当初の米国に留まるという意志は半ばホイットフィールド船長によって作られた意志であることに留意する必要がある。このリンカーン顔の船長を過度に理想化してはならない。船長は、なぜ新婚家庭と農場経営を置いて船出したのか。農夫、番人として頼りになるジョン・マンがいたからである。それゆえ、たとえジョン・マンが日本近海鯨漁場《ジャパン・グラウンド》へ一緒に行きたいと言ったとしても、連れて行かなかったのだ。ホイットフィールド船長は、のちには鯨捕りとしてのジョン・マンの成長を願うのだが、出発時はジョン・マンを米国東岸に止め置くために、日本帰国の危険を強調したに違いない。「異国江渡り住宅仕有レ之日本人来り候ハヾ、死罪可二申付一事」という鎖国条文は残存しており、英米系の船乗りはこれをよく知っていた。万次郎は十四歳のときハワイで「日本人持渡りし太刀」を見て「是を以て首を切よし」(689,cf.337)を聞かされて以来、帰国願望を語るたびに、繰り返し帰国の恐怖を刷り込まれたに違いない。そうでなければ、小学校の学友J・H・ハウランドが「お母さんに会いたくないか」と尋ねてしまったときのジョン・マンの次の反応を理解できないからだ。

「ノーと言ったかと思うと、万次郎の目に涙がどっとあふれた。〝私の国の人は、大変悪い人たちだ。私が帰れば殺されるだけだ〟と泣き声で語った。私はこんな質問をしたことを悔やんだ。私にはもちろんわかっていましたが、日本へ帰ることが、ずっと彼の念願だったのです」(成田66)

格式はともかく内容からみて祝賀会における皇太子スピーチよりはるかに重要と思われるこの証言は、頌徳碑的な傾向を持つ『中浜万次郎集成』に収められていない。しかしこれこそ、〝日米友好物語〟とは無縁の、万次郎の引き裂かれた思い、形成されゆく自我が隠し込まねばならなかった精神的傷口を示すものである。それは、「帰りたきこと海山にも譬えられず候えども、帰っては……御難題になる」ことを恐れた寿三郎(第一章)の帰国断念にも通じる痛みと呻きを伴っている。米国残留と勉学努力という形をとった健気なるジョン・マンの自我は、ホイットフィールド船長という自我未形成時代の万次郎を導く超自我の「帰れば殺されるぞ」という声によって、帰国願望を幾度も押さえつけた結果として、初めて現れたものである。

しかし/だから、事後的な結果から見れば、学業の継続が十六歳から十九歳までのジョン・マンの意志だったとも言える。万次郎は、他の江戸時代の漂流者と異なって、漂流前より漂流後の生活

ドンザ（福岡市博物館）

状態の方が明らかに良かったゆえに、言い換えれば、努力しても何も変わらない身分社会と努力が認められる平等社会の決定的落差を身をもって体験したがゆえに、日本へ帰りたくない、と思ったことだろう。米国に帰化してもよいとさえ思ったかもしれない。のちに咸臨丸で帰米するブルック海尉に、バートレット校進学の頃は、「米国に留まって樽商売を学び始めたほうが良いと思った(Manjiro preferred remaining in America and commenced learning the trade of a cooper)」(262)、と語っている。それゆえ、そのままジョセフ彦のように洗礼を受け米市民権を獲得する、あるいは、永住丸漂民のように居続けて永住してしまうという選択肢も十分にありえた。

しかしホイットフィールド船長は自我未形成時代の万次郎を導く超自我であっても、支えではない。万次郎は母「志を」にはめったに会えないし会わないのだが、支えはこの母である。万次郎が、母と同居する期間が短かった母子家庭の子であることをあらためて認識する必要がある。母に会えない分だけ、万次郎は母として感じられる「ドンザ」に執着した。万次郎は、母の手縫いの「ドンザ」を日本の船乗りの証しとして使うために屋根裏に置いていたが、辛いことがあると、屋根裏に上って一人泣きながら、この母の化身というべき襤褸《ドンザ》を抱きしめていた、とJ・H・ハウランドは伝える（成田66、ウォリナー35）。

優等生ジョン・マン像では拭い去られているが、じっさい辛いことだらけだったはずである。十六歳から勉学・技術修得に励んで著しい変容と成長を遂げる過程で、だからこそむしろ、「斯くありても前途の見込なし」(141)と感じたのではないか。「百性たり共學問次第ニて挙《あげ》て用ひらる」(693)としても、ラナルド・マクドナルドがロッキー山脈の東に出たときに痛感したように、米国東岸における人種偏見と差別はなお支配的だったからである(ウォリナー39)。これに対して鯨捕りとしての生き方は希望を与えた。『白鯨』に描かれたように、屈強な人手が必要な捕鯨船に人種差別はない。平等社会である。それゆえに、「熟々《つらつら》思ふに、斯くありても前途の見込なし、恩人の家族さへ我をゆるさば捕鯨船に乗り組んと決心」したのである(141)。培った航海者としての技術を試してみたいとも思っただろう。

ジョン・マンは、バートレット校を卒業すると、時々ニューベッドフォードへ出た。その市民は「航海中の者、帰りつつある者、次の船の準備をしている者」(成田56)という三つのグループから成り、礼拝所の説教壇が縄梯子でしか上れない船首の形をしている(『白鯨』8章)という港町である。捕鯨活動頂点の一八四六年、ニューベッドフォード所属の捕鯨船は二百五十四隻に達していた(米国籍は七百三十六隻、宮永69)。そこでジョン・マンは、かつてジョン・ハウランド号の「羽指(一番銛を投ぐる役)」(141)で「鯨船水主」(653)募集中のアイラ・デイヴィス船長に出会い、「無数の日本の漁船に出会ったこと」を聞く。この情報を得て米国脱出・帰国の意志、母との再会の願いが一挙に湧き上がった。万次郎は、少なくとも「自分もそれらの船に接触できそうだ」(728)という感触をもった。船長夫人の了解を得たジョン・マンは一八四六年五月、「日本に上陸できそうなら下船させてほしい」という条件で、デイヴィス船長のフランクリン号(二百七十三トン)に、利潤配当「百四十分の一」、「船長給仕 Steward」として乗組み、ニューベッドフォードを出発した（宮永95-6）。

最初の寄港地ボストンには「巨大軍艦」が並んでいた。これは、「ニナイッシテイト（United States）」「メキシコ」の間地「テキシトン（Texas）」と云へるあり。両州これを争す。論する事多年なりしが、遂に兵を交へ戦闘已に三年、即今に至。両州更に軍器を増、益《ますます》大に相挑《いどみ》戦へり」という状況だったからである。ちなみにフェアヘブン西方三十キロメートルのニューポート出身のペリーは、この米墨戦争においてメキシコ湾艦隊副長官として武功を示し、日本遠征艦隊を指揮する事になるのだが、米国はかなり警戒して、ボストン湾の入口に、「或四層、或五層、層毎に大炮を列置し恰も城壘の如く厳然たる備を設け」ていた（505）。

フランクリン号は戦場を避けるべく喜望峰廻りで太平洋へ向かった。インド洋上で万次郎は二十歳になった。船はスンダ海峡を抜けてチモールで薪水補給し、「往古《むかし》ハ、失風人の来るを待伐《きり》て、之を啖《くら》ふの悪風」で怖れられたソロモン諸島付近で鯨を追った（506）。

グアム停泊中ジョン・マンは、「ウィリアム・アンド・エライザ号」船上のホイットフィールド船長宛に、夫人から預かった手紙を託すとともに、近況を伝えた。その中に、「安全に上陸できる機会を得たいと思います。一つ港を開いて捕鯨船が薪水補給できるように努力する所存です（I hope get a chance to go ashore safely. I will try to open a port for porpose for the whaler come there to recruit）」（729）という表現がある。琉球に寄ったアブラハム・ハウランド号のハーパー船長が、役人から「二日間のうちに退去しないと喉をかっ切るぞ（one of chief officers says to them in two days if you no sail he cut your float（throatの聞き間違い））」（729）という脅しを受けたことを、ジョン・マンは罵声とともに聞かされたのである。

フランクリン号は小笠原諸島に向かう。一八七六年に、外国人が呼ぶBonin Islesの語源が「無人島」ということで日本帰属となる島だ。ここで、歴史から消えた漂民の話を聞く。「此処にて四年前の事なりし、日本の漂船あり。其船人等悉《ことごと》く死亡し、唯一名余見しを「伊斯把尼亜《イシバニシ》」船に助命られ、終に此に止りしが、其人其駆使せるの苦しさを厭とい、独小舟を盗乗、其終る所を知るものなしと聞けり」（506）。唯一人生き残りスペイン船に救出された漂民が、第二章で述べたようなスペイン人の酷使に耐えかね、小笠原でボートを盗んで逃亡を図り、行方不明になったという。哀しい話だ。

船は「先ニ漂流セシ無人島」（602）付近をかすめ（いかに鳥島付近が鯨漁場であったことか）、琉球に接近した。万次郎はこのあたりで、鳥島漂着時から七年かけて東回りで世界一周した事になる。これは、仙台若宮丸漂民、宝順丸の音吉等に続いて、日本人として三番目の世界周航。すべて意図せずして世界を回ってしまったものである。

このとき万次郎は「マンピゴミレ」というところに「枝船《てんま》を下し、上陸し、牛二疋を買得、携ふる所の綿布二匹を与たへ」た（506）。一見すると異民族間原始交易の様態であるが、「琉球国役人體《てい》の者浜へ莚《むしろ》をもたせ来り、敷て坐し応対すれ共、言語通ぜず」（654-5）という記述もあって、帰国を申告したにもかかわらず、言葉が通ぜず、外国人として応対されたとも解せられる。しかし打ち払われず上陸できたことによって、万次郎は琉球経由での帰国に展望を持ったに違いない。のちに摩文仁《まぶに》海岸へ漂着するとき、すでに土地勘のあることが感ぜられるという（中浜54）。

このあとフランクリン号は奥州沖に至り、日本の漁船二十艘を見る。「帰国之念を起し、下り見度旨船頭江申入」れたところ、やや精神に異常をきたしていたデイヴィス船長は、最初「日本江去る事は不㆓相成㆒」と、「万次郎が書籍類其外諸道具を取揚」、「打殺」かねない様子だったが、突然「見度《たく》バ見て来れ」と五人乗りボートを出してくれた（312）。「此時万次郎和製ノドンザヲ着シ手巾ヲ以頭縛《はちまき》シ、声ヲ揚テ彼ノ船ヲ呼ビ、何地ノ者ナルヤト聞バ仙台（「センデへ」437）々ト答ヘケル時ニ艀《はしけ》ヲ下シ、ブレッシト〔bread〕小桶二ッ持行贈リヌ。此時コノ処ヨリ土佐へ返ラル、哉ト問フニ、分ラズ〱ト答テ其他ノ言語一ツモ通ゼズ」（603）。土佐弁と東北弁ゆえに通じなかった可能性もあるが、すでに「日本言葉全忘居候付、一切言語不㆑通」（312）だったのである。「夫より本船へ戻り、日本へ帰しくれぬかと相談すれ共、船頭聞入れず。其時奥州船ニて二十艘程も寄集りて衆評する様子」（655-6）。このとき和船に引き取られる可能性もあったようだ。

こうした試みで帰還後の不安が増したかもしれないが、帰国の予行演習ではあった。「鯨船ニ乗リテ、世界ヲ廻ルコト度々ナリ。日本ノ沖へモ四度マワ」ったのだから（345）。のちにホノルルからの手紙の中で、「何度も帰国の機会があったが、航海器具を使える者が必要だったので（being wanted at the Nautical Instrument）船長は私を手放そうとしなかった」（734）と回想している。また寄港地のどこかでジョン・マンは、一八四五年米捕鯨船マンハッタン号が、救出した阿波幸宝丸・銚子浦仙寿丸の漂民二二名を浦賀に届け、薪水食糧の供与を受けたことを聞いたはずである。これは一八四二年無二念打払令停止後、幕府が長崎以外の場所で直接交渉に応じた最初の出来事で、ようやく漂民帰国の展望を拓くものだった。

このあと船はデイヴィス船長の発狂という事態を迎える。「折節船頭「テベシ」宿乱発起シ狂気ト成リ、船中ノ銕炮ヲ持チ刀ヲ佩《おび》、或ハ狩場戦場ノ有様ヲナシ、或ハ豕《ぶた》ヲ打殺シ、或ハ船乗ヲトラヘ女ヲ淫スル如キノ體《てい》甚シカリケレバ、詮方ナク鐵條《くさり》ヲモテ縛リ置キ、「呂宋《ルソン》」ノ地ハ米利幹ノ官所アレバ、是ニ渡リ船頭ヲ托《たの》み置いた（603-4）。指揮権交代を説得しようとしても、反乱罪＝絞首刑で脅したであろうから、大変な事態である。デイヴィスは『白鯨』でいえばスターバックに相当する「羽指」であったが、ピップのように発狂したのは、「日本が鎖国しているため」慰めを得らなかったからか（1085）、はたまた、「梅毒が脳まで来た」のか（宮永125）。

ともあれデイヴィスを拘禁してマニラの米領事館に委託し、船員達の新船長投票となった。ジョン・マンはエイキンとともに同点（中浜55）、あるいは第二位（ウォリナー64）。年上の「おやぢ役」エイキンが「船頭」に、ジョン・マンは「鯨突」に選ばれた（655）。捕鯨船の人員配置によれば、「銛打ち頭」＝第一ボート長＝第一航海士（『白鯨』33章）、要するに副船長である。すでに「船長給仕」を脱して捕鯨ボートを指揮していたのだろう。いかに水夫層の信用が厚かったかが分かる。配当も百四十分の一から二十七分の一に昇給した（中浜55、ただしこの選出については写本・記録の裏付なし）。

一八四八年十月フランクリン号はホノルルに入港した。ラナルド・マクドナルドを焼尻島に送ったプリマス号も一週間前に入港していた。すでに二十歳の万次郎にとっては七年ぶりのハワイである。意外なことに、四人いるはずの仲間は寅右衛門だけになっていた。重助は病死し、筆之丞・五右衛門は日本へ帰ったという。何が起ったのか。時を七年前に戻し略述する。

　四人はカウカハウ家の客分として暮らした。そのうち筆之丞は伝蔵と改名した。フデノジョウーフデンジョウーデンゾウと音韻変化したのであろう。一八四二年五月、日本漂民が二人訪ねて来た。

「其子細と問ふに、此船十三人乗りは江戸へ廻る内難風に逢ひて漂流となりしに、折節フランス（スペインと混同）国の船に助けられ彼国へ行、再び支那国へ渡る船にのりて不レ計《はからずも》此港に来《きた》ると云。船頭の名は善助。外ニ炊《かしき》壱人を連れ、余は船に在と云。伝蔵等是を聞て、幸の便なれバ何卒《なにとぞ》此船に便を乞帰国せばやと思ひ、斯と役人江願けれバ程よく聞届け、夫より書面を以てフランス船へ掛合くれけるに、船中支《さわ》りありて許容《ゆるし》なり難く、此善助は国元役人の頼なれバ無二余儀一受合たれ共、それさへ右十三人皆々を乗せず、漸《ようよう》五人のみなりとて承引。まず善助も気のどくがれども是非なき事也。其残り八人いまだフランス（メキシコと混同）に在り、もし此地に来る事もあれバ宜《よろしく》頼《たのむ》と云て久敷咄別れぬ」（640）

　第二章で紹介した永住丸の善助が、アビゲイル・サラ号でマカオへの途上でホノルルに現れたのである。「漂巽紀略」によれば、「炊奴一名」を引き連れていたという（486）。これは初太郎以外にありえない。かつて脱出の機敏さを競った善助と初太郎が主奴に分化して見えたのは、善助が纏ったコマンダンテ譲りの礼服と肩飾り《エポレット》（第二章参照）のなせるわざである。このようにコマンダンテが「尊服ヲ着セ、此度送リ帰スニモ先一番ニ之ヲ厚ク頼入」れたのだが（586）、メキシコを出航すると話が違った。「一人まへ銀銭《ハスダラ》〔half dollar〕百枚の運費を定め、艄頭より賓客の礼を以つてせんと堅約なりしが、此頃に至、大ニ前諾に背むき、却て不敬ニして、殆んど打擲して駆使《つか》わるゝに及」んだ。そこで善助は伝蔵らに、日本人の数を増やして待遇改善を図ろうとして、「子等若《もし》帰朝なさんと思《お》もひたまへば、供ニ附船なし呉よ」と頼んだ（487）。これ幸いと、伝蔵は役所を通じて船長に申し入れたが、拒否された。善助はメキシコに残る八人がホノルルに現われたら宜しく頼むと言い置いてマカオへ去った。しかし後続の弥市はアメリカからマカオへ直行、太吉・亥之助・儀三郎はマニラ経由、残り七名はアメリカに留まったので、永住丸漂民が現れることは無かった。

　最初四人は、右も左も分からぬ土地で、言葉は「アロハ」しか分からず、知事の部下カウカハウの全面的援助に頼るほかなかったが、やがて官費でぶらぶら暮すのを心苦しく思い、働くことを申し出たところ、「吏長より長く舎藏《しまい》置けとの令ニより煩ふ事故、必ず心慮を労せずして、此儘送光なるべし」という回答である。そこで吏長（＝知事）に直接願い出て、「伝蔵は……塾師たる人の家に仕《つ》かへ、重助、五右衛門ハ「オアニカウカ（ジャド医師のハワイ名）」ニ仕かへ、五右衛門ハいまだ年少ニして用に任すること能はざれバ、其児を保擁するを命ぜられ、寅右衛門ハ匠家（大工）ニ傭はれ、遂に其技を學」んだ（488）。また彼らは漁師として、水牛角の擬似針《ルアー》を使った漁法や、破れた網の手早い修繕法を披露し、重宝がられた。

　ハワイは太平洋交通・漂流の交叉点となっていた。或る時、漂民藤兵衛、安太郎を乗せた船が入港する。この時も四人は便乗して帰国できないか画策する。しかし「何とぞ一所に渡海致し度《たし》と談合すれ共、運賃先渡しせずしてハ乗せくれず。両人も気のどくがりて、彼の餓死したる六人の（「京縞にて製したる」490）衣類を売代となし、運賃を拵へくれんと云へども、此地の風に違ふ着類なれバ買者もなく、色々船頭へ侘言せしかども無二余儀一相談調はずして、間もなく其船出帆す」

(642)。藤兵衛らの優しさが偲ばれる場面だが、この漂民たちの遭難の悲惨さも目に引く。この二人は、「塩を積、江戸へ廻」る「阿州（阿波）の船」の者で、「六人餓死し纔に二人生残」ったのだ。「トカク死スル命ナレバ一同鬮《くじ》ヲ取リ、其レニ当リタル者ヲ打殺シ喰フベシト約シ、サレバトテ其期ニ至リ殺スニ忍ビズシテ、六人迄餓死」(590)。一日遅れていたらこの二人も餓死したかもしれなかったという。太平洋を漂流した和船の運命を象徴する挿話である。

一八四六年に六年間患っていた重助が「痢病ノ如キ疾」を発して死んだ。ホノルルから離れたオアフ北東岸のカネオで宣教師ベンジャミン・B・パーカーの世話になっていた。兄弟の伝蔵・五右衛門は遺体を「竹輿《こし》」で運び教会墓地に埋葬した(591)。この頃には二人は寅右衛門とは疎遠になっていたようだ。カネオの地が気に入ったのか、二人はジャド医師の世話を離れ、「墓所より二丁計隔だゝりたる海辺の方へ小屋掛の住居を構へ、其ほとりの畑地を少々貰ひ、又ハ自身開発などして、大芋・唐芋・黍類を植付」けた。「惣じて此島は田野ともにいまだ十分に開けされバ、一人にても人の増事を願ふ事にて、何れにても開きたる地は我物になりて、勿論工〔＝供〕物運上など云事な」く、自活は容易だった(644)。

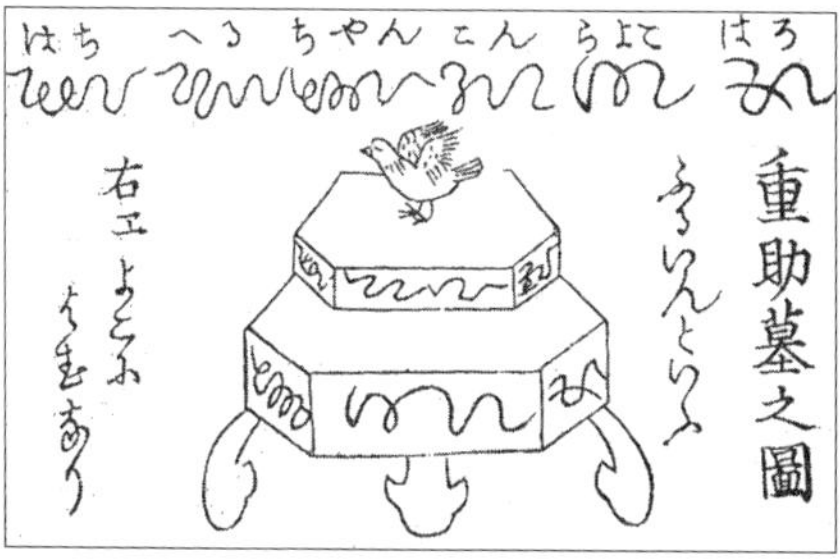

聖霊の鳩による「ふくいん」が描かれた不思議な重助の墓（「満次郎漂流記」より）

或る日、パーカー牧師の教会にホイットフィールド船長が現れた。「折フシ此日シヨンレイ祭ノ日（Sunday）ナリケレバ、人群集スル中ニ、彼《か》ノ船頭五右衛門ノ顔ヲツク〴〵ト見ル故、五右衛門モ此船頭ヲ見テ、互ニ打寄リ居ケルガ、頓テ此祭リ果テ後、船頭云、我ヲ見知レルヤト、五右衛門此時彼《かの》人ナルコトヲ思ヒ出シ、素ヨリ不レ忘ト答テ、久振ニ対面。先ツ先年ノ高恩ヲ謝シ、互ノ無事ヲ歓ビ、次ニ重助病死ノ次第ヲ語リ、共ニ涙ヲ随《なが》シ、其墓ヘモ参呉《まいりくれ》ケリ。扨伝藏ハ何処ニ在ヤト尋ラレ、海辺ノ方ニ住テシカ〴〵ノ由答ケレバ呼ニ遣ハシ、万次郎ノ無事ナルコトドモ語リ合ヒ、海辺ノ新宅ハ定テ立派ニシテ佳観、嘸《さぞ》カシ我等モ立寄悦ヲ述ントテ、住持ヲ伴ヒ寺ヲ立出シカバ、伝藏ハ一足先ヘ馳返リ膝ヲ容ル、計ノ小屋ヲソコラ取片付ケ、漬物水桶ノ類ヲ竝ベ榻《とう》（腰掛）トスレバ、船頭、住持是ニ腰打カケ、イカニモ羨シキ住居ナリ、竝大抵ノ物好ニハ非ズト戯レ笑ヒ、良々《やや》有テ暇ヲ告帰ル。其翌日、船頭ヨリ両人ヘ遣ハス品アリ、取ニ来ベシトノ使ナレバ、五右衛門彼船ニ行ニ、夥シキ衣類ヲ出シ是ヲ持行ベシト云」（592-3）

　ホイットフィールド船長が、僻地の茅屋を訪れてくれたのだ。俄仕立ての桶の椅子に腰懸け、「扨《さて》も風流なるわびずまひ哉と打笑」ったという（433）。荒くれ水夫を使いこなした人柄が偲ばれるエピソードである。彼は、「伝藏、五右衛門等を日本に帰らしめんと尽力」（139）し、かつてジョン・ハウランド号のコックスが船長となったフロリダ二世号を紹介した。一八四六年十月、二人は、カネオの農地を処分し、船に乗り込んだ。このとき二人は寅右衛門の同乗も頼んだ。なぜか船長は「彼ハ我ヲ親マザレバ我モ亦世話致スベキ心ナシ」と言う。善助よりも責任感が強かった伝藏は頼み込む。「彼レヲ残シ国ニ帰リテハ申訳立ズト、膝ヲ抱キヒタスラニ頼ケレバ、余義ナク承引ノ躰ナレドモ、始ヨリ二人ト頼ミタル船ナレバ、今更又一人ヲ増ンコトモ成ガタシ。一度『ハノル、』ニ返事ヲ計リ答フベシトテ、船頭ハ急ギ帰リケルガ、再ビ許諾ノ答アリテ、寅右衛門ハ其片船ニ乗ル約調《ととの》」った。ところが寅右衛門一人が乗り込む船が二人の船より先に出航しようとしたところ、「纜《ともづな》ヲ解ントスル際ニ至リ、片船ヨリ寅右衛門手ヲ挙ゲテ伝藏ヲ招キ、我ハ上陸スルゾト云。伝藏等驚キ馳行テ其子細ヲ問ニ、船主腹悪キ男ナレバ船ニ居ルニ忍ビズト云。因テ様々説《とき》勧ムレドモキカズ。伝藏等察スルニ始ノ難船ニ懲リ海上ヲ恐ル、カ、又ハ此地ニヨキ由縁ニテモ出来タランカ。兎角スル内ニ船ハ開帆ノ支度ナレバ、是非ナク寅右衛門トハ引分レ船ニ帰リヌ」(593-4)。船長層と波長が合わなかった寅右衛門はおそらく、陽に出る万次郎の性格と対照的に、陰に籠もるヤヤコシイ性格だったのだ。万次郎を「恥ずかしがり(shy)、物静か(quiet)」(トリップ談、永国17)と感じる米人からすれば、多くの日本人は今なお不可解な存在と映るであろう。

かくして、重助を亡くし、寅右衛門を残し、万次郎とは生き別れのまま、二人だけが帰国をめざすことになった。混成の永住丸と異なり、同じ土佐の五人が漂流したのだが、永住丸とよく似た運命の分岐を示したのである。幕末における個人意識の析出はここにも看取されよう。

さて二人の航海記から抜粋する。ニューギニアからオーストラリアに向かう途中、原住民が僅かの椰子葉を腰にまとっただけの「裸島」では、「島人等男女をいわず悉く椰木を鑿《うが》ち、椰子皮を編み結つけたる小船に乗、巨船を目がけ操来り、暫時に近寄、皆相争て跳《おど》り入ければ、舶衆等烟草指頭《すこし》を与へ、彼裸婦を率《ひ》き閨《ねや》に入、中ニも衆中の壮者ハ、他見を管せずして合歓《たわむ》す。裸夫ハ傍に注視して烟草を喫ながら、陰茎突立して亀頭の跳るものあり。舶衆或指して咲《わらう》と雖も、絶へて之を省せず。さて壮者等歓れ終りぬれば、裸婦ハ稍《やや》羞る事を解《わかる》と見へ、脚を合わせ、手を臍下に覆へり。若これを見せよといへば、鳥渡《ちょっと》脚を開らきなどさま〴〵の陋猥の事をなし、烟草及ひ其他食物等乞得を以て此地の俗習となす」(495-6)。かのクック船長も呆れた原始交易かつ平和外交の様態である。

この島で二人は知人(?)と遭遇する。「一日伝藏上陸し、破袍垢身《はほうこしん》にして島俗とは少差異なる人に逢ひ、則ち熟視すれば、「オアホー」ニて面識の人故、奇快をおもひ事の略を尋ぬるに、彼人云へるは、嘗て罪を侵し此島へ放逐せられ来たり」。南洋放浪者《ビーチコウマー》のなれの果てのような男は、原始の密林を開拓し、必死で生きていた。「芋・黍等を種栽し、椰木を鑿ち尿坑を造り、土人の便汁を集め肥沃の計などなしけると、いとも憐れに語りければ、(伝藏らは)其帯る所の衣を脱、彼が爲に与」えて去った(496)。

万次郎も含めて漂民たちは、中国船による乍浦から長崎への漂民送還ルートを知らなかったようだ。フロリダ二世号が日本近海鯨漁場《ジャパン・グラウンド》を巡洋するとき、直接日本上陸を試みる。かなり危険な試みである。まず八丈島に接近した。「伝藏、五右衛門これに上陸すべしと大に勇み、船頭も珍ら敷《しき》日本の人物、家屋を見得べしとて、伝藏、五右衛門を護送し来るの状を齎《もたらし》、枝船《てんま》を解き、人戸及ひ牛馬を引き耕作する體の見ゆるまで近けども、風動波立、船を艤《もや》る処なく、晨《あした》より夜に至るまで島を周匝《しゅうそう》すれども志を果す事を得ず。終に八丈島を離れ、鍼《はり》を子丑(北北東)の位に取」(497)った。

北海道では上陸を果たした。「蝦夷松前ノ地ニ近付、山端《はな》ヲ廻リ北ニ向ヒ近寄ル処、諸処ニテ篝《かがり》(おそらく狼煙)ヲ焚コト夥シ。舩衆是ヲ怪シミケルニ、伝藏ハ兼テ異国船ノ来ラバ防禦ノ備アルコト合点ナレバ、定メテ是ガ爲ノモノナルベシト思ヘド、サラヌ體ニテ艀《はしけ》ヲ卸シ、宿老ト供ニ上陸シ、烟《けむり》ノ起ル処人ヤ在ント尋行ニ、皆々遁去テ一人モ不二出会一。声ヲ揚テ、吾ハ日本人ナルゾト呼叫ベドモ、卒《にわか》ニ応ル者ナシ。人家ヲ尋ルニ唯山已家（山小屋）ノ如キ皆空屋ニシテ、和製ノ釜竈諸器等捨置ケリ。伝藏宿老（コックス船長）ニ向ヒ、最早日本ノ属国ニ来リシコトナレバ、此儘残シ置ケレヨ、本船サヘ此処ヲ去レバ土人モ出来ルベシト云バ、宿老、フイツセール（ホイットフィールド）ヨリ請合タル送人ナレバ、慥《たしか》ナル此地ノ受取書ヲ得スバ彼人ニ言ヒワケ立難シトテ、許サゞレバ、是非ナク復《また》本船ニ上」るほかなかった（596-7）。成り行き任せでなんとかなるという日本人と文書確認を取る米国人の違いがくっきり示された瞬間であるが、ホイットフィールド船長がコックスが船長に言い含めたと思われる、異国から不用意に帰還した者は処刑される懸念はそれなりのリアリティをもっていた。

　船はカムチャッカ東岸クリュチェフスカヤあたりの大火山の連なりを望みつつ、「霧立ち覆ひ日光さへも朦朧」たる「夜国」の寒海をさらに北上して鯨を追い（「松前も寒しと云ひしが、アリユーシアンの寒気に比較べては寒いと云ふ名は与へ難し。乗り組みは皆な毛布を以て身躰を包み眼ばかり出して働くなり」138）、凍え震えた上に、「三晝（昼）夜食を炊く事」（498）もできない嵐に遭った。

　かくて二人は、「帰国せんとて八丈まで行きて上られず、松前へ来れば人にあはず、氷海へ来て地獄の苦しみに会ひ」（139）、大風に吹かれて、洋中十二カ月ののちハワイへ、つまりは意図せざる漂流者の振り出しに戻った。ジャド医師に「マタ〳〵世話ニ相ナリ、面白カラヌ月日ヲオク」るほかなかった（342）。

フロリダ二世号がホノルル寄港したとき、ちょうどフランクリン号がホノルル停泊中だった。万次郎が寅右衛門と再会するところまで話を戻すと……「着帆ノ否ヤ上陸シテ尋ルニ、日本人唯一人居ケルト聞キ対面スレバ即寅右衛門ナリ。一別以来ノ無事ヲ賀シ、伝蔵等ヲ尋ルニ、重助ハ病死シ、伝藏、五右衛門ハ去年便船ヲ得テ日本へ渡海セシナド、対談数刻ニ及ビ、別レテ本船ニ帰リ廿日許滞留ノ中《うち》、漁船一艘入津セリ。此船ニ日本人二人在リト聞キ急ギ艀《はしけ》ニ乗リ尋ヌレバ、即伝藏、五右衛門ナリ。且怪ミ且驚キ取アヘズ其故ヲ問ニ、吾等二度《ふたた》ビ日本ノ地ニ至レドモシカ〳〵ノ事ニテ帰リヘズト云フ。此談未ダ畢《おわら》ザルニ万次郎ガ本船纜ヲ解ヨシ告来レバ、是非ナク再会ヲ約シテ別」(603)れた。

互いに、それぞれ二回ずつの帰国の試みが同様に失敗した不思議な一致について語り合ったことだろう。しかし、食糧・薪水補給が終われば、すぐに別れねばならなかった。フロリダ二世号は伝蔵・五右衛門を下ろしホーン岬へ、フランクリン号は万次郎を乗せグアム・インド洋へ向かう。戸川残花は、「入る船と出る船、西と東に別れたり」と語る(142)。この一八四八年十月ホノルルにおけるすれ違い、出会いと別れの重ね合わせは劇的である。とはいえ、ここでも確認しよう。すべて偶然事は偶然には起らない。やがて日本開国をもたらす太平洋交通の増大ゆえに必然的に起るのである。

出航間際、万次郎は一生世話になる「海員友の会」のデーマン牧師と出合い、海員礼拝所でホイットフィールド船長に宛て手紙を書いた。その中で、「コックス船長は二人のために(日本への)船を斡旋しようとしており、私も彼らと一緒に行って、日本語を学びたいのですが、(エイキン)船長が私を手離してくれません」と述べている（734）。またデーマン牧師から、米捕鯨船ローレンス号・ラゴダ号の水夫たちが日本で虐待を受けているという噂や、一週間前に入港したプリマス号からラナルド・マクドナルドという鯨捕りがたった一人で日本侵入を企てたというホット・ニュース（A Sailor's Attempt to penetrate Japan　1125）を聞いた。万次郎は、自分たちの失敗と新情報に学び、帰国の戦術を練り上げて、太平洋へ再来するであろう。

さてフランクリン号は喜望峰を回り、一八四九年十月、三年四カ月ぶりにニューベッドフォード港へ戻った。ジョン・マンは配当により三百五十ドルを得たが、これは三年四カ月の激務、副船長にしては少なすぎる。乗船契約時の「船長給仕」扱いで支払われたのではなかろうか（永国103）。一年前に帰国していたホイットフィールド船長は、五年ぶりに再会したジョン・マンの鯨捕りとしての成長と活躍には眼を瞠ったことだろう。「漁事ノ次第ヲ語リケレバ、主モ其勉強ヲ聞テ共ニ歓ケル」（605）とある。船長も万次郎がすでに自分の行き先を決める一人前の船乗りであると認識せざるを得なかった。すでにジョン・マン二十二歳。船長四十四歳。留守中に一人息子ウイリアム・ヘンリーを亡くしていた船長はこの時期、ジョン・マンに「姪」との婚約を勧めたと思われる。「姪」と結婚させ、跡継ぎの予備にしようとしたのだ。子孫たちによる万次郎伝は、自己の由来を揺るがすゆえか、まともに論じていないが、聞書きには、「万次郎アメリカニアリシ時、ツイツル〔ホイットフィールド〕へ殊之外寵愛セラレ、学問等能ク出来候ニ付、往々家相続ノ心得ニテ、ヲノレガ姪ヲ縁組イタサセ居ルヨシ」という記述が散見される（348,cf.697）。ひょっとすると善助・初太郎に似た婚約に近い状態になっていたとも考えられるのだ。

この頃、米墨戦争（一八四六―八年）は意外なものをもたらしていた。「北アメリカとメキシコと界論有レ之、遂に合戦に及び候。其節水車を仕懸ケるとて川岸を掘り候時、沙金を夥しく見出し候ニ付、事平ぎ候而《て》後諸国江触書を出シ、勝手ニ金銀を掘り取るべき段申渡、是より唯今の金山に相成り、西洋、東洋爰に往来不レ仕国は無二御坐一候」（439）。黄金狂時代の到来である。捕鯨基地であったニューベッドフォードの雰囲気は一変していた。店先に金鉱石が飾られ、「試掘の用具一式」の広告が溢れた（ウォリナー69）。東岸の水夫たちもドッとカリフォルニアへ押し寄せ、これが捕鯨衰退の一因となる。

　万次郎も黄金熱に取り憑かれた。伝蔵らとの「帰国ノ約」を果たすための資金稼ぎという目的もあったが、元来の冒険魂が三年四カ月の捕鯨生活で鍛えられ、「工夫シテ南アメリカ国ノ金山へユキ、金ヲ掘」ること、挑戦それ自体に惹かれたとみてよい（347）。この点も帰国前にオーストラリアで金を掘ったマクドナルドと似ている。

　これまで万次郎からジョン・マンへの成長は、東へ東へというベクトルで動いてきたが、このときから西へと向きを替える。そして万次郎はジョン・マンから外れることで、更に飛躍することになる。時代は白人西漸のピーク。「明白な運命《マニフェスト・デスティニー》」の掛け声のもと、西へ西へ太平洋へ向う時代、その彼方の日本と中国が米国の視野に入る時代であった。これに加えてのゴールド・ラッシュ。その勢いに乗って万次郎は金山へ、そして勢いあまって日本へ向うのである。

　かくして「行て掘夫たらん時ハ、必ず度外の財を得、以後身體自在たるべしと、フィツピール〔ホイットフィールド〕に此事を語り拝辞を乞」うたところ（509）、意外や、船長は承認した。むしろ「好機を逃さないように」奨励したという説もある（ウォリナー69）。船長も、フロンティアの彼方へ出かけることで初めてアメリカ人となるというアメリカ魂の持ち主だったのだ。修羅場の経験もある船長は、かつて農場の留守護衛に銃を与えたはずで、このときも銃を渡したかもしれない。ただし、米国西岸まで行くことは承認したとしても、日本への帰国には反対した。船長は捕鯨船マンハッタン号による漂民返還が受容されて以来の情勢の変化を知っていたが、日本帰国の危険を強調した。しかし「自分の運命は自分で切り開くことができる」（ウォリナー73）というアメリカ魂は、逆説的なことに、アメリカから去ることをも導出するのだ。

　このとき万次郎の意志は必ずしも帰国ではない。「金銀」（731）を残し置いた事実から察するに、帰ってくるという約束のもとに出発するのだ。「当地の女ども、日本へ帰れバ御作法を以て刀を以て首を喉から後へ切りもがるゝをそろしき国へ帰るべからず抔《など》申候。なに此国ニ日本の作法知りたる人が有ものか抔と答申候」（438）。この「女ども」の中に婚約者がいたかもしれない。惹かれる＝引かれる気持ちと、一度帰国して母に無事に成長した姿を見せたいという気持ちが拮抗していたのではなかろうか。

　見届けねばならないのは、このとき万次郎は、ホイットフィールド船長その他水夫たちから繰り返し聞かされた帰国者処刑の恐怖、死の不安をすでに乗り越えているということだ。バートレット校同級生ヤコブ・トリップの回想によれば、「或る日、彼は日本に帰ると宣言した。ホイットフィールド船長は留まることを勧めたが、彼は主張を貫いた（One day he announced that he was going back to Japan. Captain Whitfield advised him to remain, but he persisted)」（950）。トリップが、「立派な教育を受けたので、ここできっと仕事が見つかるよ」と言うと、ジョン・マンは「ここは私の国ではない（this is not my country）」と答えた。「帰ると危険だろう。疑いの目で見られ、そのような扱いを受けるかもしれない」と言うと、ジョン・マンは「そうなるとしても、自分の国で死ぬ（I die in my own country）」と答えた（中浜48）。

感動的な話だが、誤解せぬように。ここに賭けられたのは、抽象的な「日本」のために死ぬことではない。土佐中ノ浜で、母と再会して死ぬのであれば構わないということだ。万次郎は、のちのホイットフィールド船長への手紙の中で次のように語る。「私が生れた国にどうやって到着したかをお話しします。金鉱へ行ったことはご存知でしょう。そこにいたのは四か月。経費を引いて一日平均八ドル稼ぎました。ここから帰って懐かしい母に会おうと決心したのです（Now I will let you know how am I arrived to my Native Country. You know that I have been to the Gold Mine; here stayed 4 months, avarage eight Dolls per day, beside expenses, from here I made my mind to get back and to see Dear Mother）」

「私が生れた国（my Native Country）」（732）とはどこか。またどの範囲か。少なくとも「アメリカ合州国」ではない。万次郎は、洗礼を受け市民権を獲得した〝割切り少年〟ジョセフ彦とは違う。だからといって、今日あたかも自明であるかのように「ニッポン！　ニッポン！」と唱えられる「日本」は未だ存在しない。では、土佐、中ノ浜か。しかり／いな。万次郎は、蝦夷と沖縄を境界領域とし薩摩も津軽も「日本国」であることを地理の授業で習い、地図でその範囲を確認し、JapanあるいはJapaneseと幾度も呼びかけられたことで、自分が（「土佐人」というよりむしろ）「日本人」であることを意識した最初の「日本人」の一人だった。

国民国家としての「日本」は、イメージとして心に描かれた想像の共同体である（B・アンダーソン）。そのような想像性を孕んで浮遊する「日本」を、万次郎は、九九％英語に浸って暮らす生活の中で、文字通り母が喋っていた母語（mother language）をわずかに呟くことで母の幻影イメージと内的対話を続けながら夢想するほかなかった。だから万次郎を突き動かしているのは、単純な帰郷心ではない。そこには、ジョン・マンから万次郎へ戻ること、あるいは戻り損ねて国籍不明の放浪者となること、そして死ぬことすら賭けられているのだ。こうして万次郎は漂流魂にみちたロビンソン的原点に立つ。やがて不可避的漂流者から意図的漂流者となる姿を我々はしっかり見届けねばならない。

「ゴールド・ラッシュ熱はすさまじかったから、労働者は主人のもとを離れ、牧童は牛を捨て、商人は店をたたみ、だれもが家財を売り払って旅費をこしらえ、採掘用の道具を求めた」（ウォリナー69）。当然、砂金採取の道具類は高騰する。「幸ひヌベットホヲル（ニューベッドフォード）江掘道具商ひ見世有レ之、此所ニて買取候得ば代銀下直《したね》ニ有レ之」、一〇ドルで調達できた（368）。日本まで持ち帰る「懐中鐵炮二挺」もここで仕入れたと思われる。かくして万次郎は、「四九年族《フォーティーナイナーズ》」、その唯一の日本人となる。「おおスザンナ、泣くを止めよ、洗面器を持って、旅立ちぬ」、と金山に向かうのである。

メキシコ湾・パナマ地峡横断・太平洋岸北上ルートは運賃が高騰していた。そこで、友人テリーとサンフランシスコ行き乗り捨て材木船に転用された捕鯨船スティグリッツ号に乗り出発。遥か南米ホーン岬を回り、一八五〇年五月下旬にサンフランシスコ着。蒸汽船に乗り換え河を遡行し、のちにカリフォルニア州都となったサクラメントに出た。「シチンボール〔スチームボート〕ハ……唯中央に巨大の湯鼎《ゆかま》を設、船の内外に附る所の鐵車、其沸盪の気を得て転輸し、疾走の甚しき事、猶譬ふるに物」なかった(510)。万次郎はけっこう新らし物好きである。サクラメントから金の出るシエラネバダ山麓へは汽車に乗って行く。「レイロー〔railroad〕ハ三間四面の鐵函に炭火を罩《こ》め、其烈気を蒸し、函内に盈満《えいまん》ならしめ、之を僅の鐵箇《パイプ》に漏し」て疾走し、「此より外頭を望み見れば、諸物皆横斜にして久《ひさしく》視ること能わず……亦是天下の一奇物」であった(510)。万次郎は、蒸気機関が呻りを挙げて西欧社会の相貌を劇変させつつある時に立ち会っているのだ。山麓からは、「馬を雇ひ、荷物を車に積てひかせ」(657)、「勝手ニ付野宿いたし、……食物之儀は麦の粉製し候ブレイ〔bread〕、菜は豕《ぶた》之塩肉を煮、凡五日程分持越候を給、所持之鐵瓶を以て湯をわかし相用」いながら山を登り(370)、エエンナ金山に着いた。カリフォルニアでは高値でしか買えない道具類をニューベッドフォードから運び、五日分の食糧を持参している点は、情報収集と的確な判断を感じさせる。小麦粉でチャパティの如きパンを焼き、ヤカンで炊事するのも、要を得ている。
「黄金ヲ産スルコト殊ニ饒多《あまた》ナレバ諸国ヨリ来レル。年ニ盛ニ月ニ昌ニシテ、近世多ク青樓娼家ヲ設ケ、山海ノ美味ヲ極メ、市肆《みせや》頗ル繁榮。世偶侠客アリ、党ヲ結ビ、人ノ財ヲ奪ヒ、人ヲ殺シ、暴悪ヲナスコト制スベカラザル者多シ。故ニ各懐炮《ピストル》ヲ携フト云」(606)。万次郎も「盗賊防レ之」のため持参した「懐中鐵炮二挺」を身に帯びた(302-3)。

金採掘には三つの選択肢があった。「自分勝手ニ掘候ものも有レ之、又ハ一場所持切之ものも有レ之、日々被レ雇賃取ニて掘候ものも有レ之」。万次郎は、最初は様子見のため「金山之内一場所持切ニて預り候者ニ被二雇入一、掘子に」なり、日当六ドルを得た。自分のものにはならない「極大ノ方目方八ポント拾二ヲンス（四・二キログラム）」の金塊を掘り出したこともあった（370）。まさに一攫千金。世界中から人が集まるのも当然だ。ところが「数日被レ雇候処、雇主博奕いたし負候由。私被レ雇日数四十日程ニも相成候得共、賃銀不二相渡一、手強催促および候而《て》は如何様之手込ニ逢可レ中も難レ計、人気不レ宜ニ付、被雇先《やとわれさき》立出、夫より知人と両人もやひ〔催合〕ニて山中を掘、日々掘取候分、北川宿屋ニ持出、砂金買取候もの江売拂。右砂金は鍬之様成道具を以掘取申候。追々山中江立入掘方いたし、十里程登り掘候儀も有レ之。右様之節は外掘人同様山中ニ止宿、同所ニ商ひ小家有レ之候ニ付罷越。食事致候ものも有レ之候得共、私共知人両人は、麦之粉を買取、餅ニ拵、牛肉又は野菜を自分ニ煮焚」した（371）。

最初、飯場に雇われ金塊を掘り出して固定給を得ていたが、主人が博打で負け、四十日分の給与未払い。苛立つヤクザまがいの主人に請求するのも危険だったというのである。「傭夫たること三十日計にして、傭謝銀百八十枚を得」という聞書きもある（511）。たぶん十日分の未払いを諦めたのだろう。自立して十里ほど金の出る川を掘り登り、自分の金坑を掘り始めた。「硫黄性の山」（439）で、「時方に盛夏の候、坑中の炎気堪へ難く」（511）、「病疾ヲ得テ死スル者少カラズ」（606）。薩摩の聞書きのみ、「コノ地温泉アリテ、身ハ自然ト温泉ユヘアタルモノナシ」とする（347）。

万次郎は三カ月で六百ドル貯めた。フランクリン号の三年四カ月の激務で三百五十ドルに比してボロ稼ぎ、二十三歳にして相当の額である。さて、ここからが賢いのだ。万次郎は、もっと稼げるという抽象的可能性を捨て、これで四人分の帰還の費用になるという現実性に賭ける。真の勝負師は手持ちの札で先手勝負するものだ。「万次郎以為《おもう》やうハ、金を得ること、此の如く莫大なること再三す可からず。此を以早くオアホーに行附、船を得て帰朝せんこと、かたき〔難〕に非ずと、独語《ひとりごち》つ、径《みち》を前路に取」(511)、「一夜の泊り賃銀は日本壱両に相成」(439)ような物価高騰の中、飲む・打つ・買うが全面展開している悪所をくぐり抜け、サンフランシスコから二十五ドル払って五百三十トンの大船エリザ・ウォーイック号の船客となり、一八五〇年九月九日カリフォルニアが合州国三十一番目の州になる頃、ハワイへ向うのである。

　前述のように万次郎は、ホイットフィールド船長の「姪」との婚約は定かでないとしても、東へ帰るつもりでフェアヘブンに「金銀」を残し置いていた(731)。にもかかわらず西へ旅立つ背景として、ゴールド・ラッシュで激変した米国西岸の雰囲気を想像する必要がある。もともと西岸は、東岸とはまったく異なり、高温多湿の日本の気候に近い。そこへ何万というアジア人が渡来し、米食文化が入り込んでいた。万次郎は、懐かしさを感じたはずである。すでに西へのベクトルを自らの内に紡ぎ出していた万次郎は、さらに西への引力に触れた。ここから東岸(＝婚約者＝ホイットフィールド家)に帰るのは、そのあまりの遠さをさておいても、あまりに逆方向なのだ。それゆえ「万次郎、フイツヘル方をのがれ、ハツ国〔オアフ〕江渡」るのである(696)。次の表現も、東岸＝ホイットフィールドへのベクトルの放棄を示して印象的だ。「家人抔《など》へコ、ロノ内ニ暇乞《いとまごい》シテ、再ビ金山へ行クト号シテ、ハフ国へノガレキタリ」(347)

　万次郎はハワイに着くと、金を見せ、「帰国ノ約」の実行を提案した。「上陸シテ後……四人集会シテ帰朝ノ志ヲ演《のべ》ケレバ、伝藏、五右衛門ハ喜ビテ是ニ同ジケルニ、寅右衛門独リ渡海ノコトヲ疑惑シテ聞入ズ」(607)。寅右衛門は、かつての伝藏、五右衛門の帰国失敗と苦難を口実に、「辛苦センヨリハ何レノ地ニテモ止リテ露命ヲ繋ベシ」(607-8)と言うので、三人だけで帰国の方法をアレコレ考えた。

一八五〇年十月、「紀伊国日高の蜜柑船天寿丸」の五人がホノルルに現れた。江戸からの帰途、伊豆の沖合から北東へ吹き流された漂民たちは、千島列島沖で米ヘンリへー・ニーランド号に救出され、カムチャッカ半島南部のペトロパブロフスク港で六人は露船に引き渡され、残り七人が米捕鯨船三隻に収容されてホノルルに入港し、五人が米コピア号で中国へ向うことになったのである。露船は、露アメリカ会社の基地があったアラスカのシトカまで戻った後、下田に現れ漂民受取を迫ったが、伊豆代官江川太郎左衛門は、長崎へ回れと、受取を拒否。漂民らは乗り捨て用丸木舟で強引に上陸を果たした。諸国船往来状況での幕末漂流を象徴する事例だった。

「紀州船米国漂流記」によれば五人は「この島は如何成る処ぞ」と尋ね、「土佐人」は、「この処は随分宜しき地なり、年中じゅばん一枚あれば、外に衣服はいらず、食物も我国と格別劣りたる事なし」と答えた。(紀伊の)寅吉は「この僻島の貧地、我が日本にさして変りなしとは、如何成る事に候哉」と呆れ、「其許等《そこもとら》、故郷にてもかくの如く芋ばかり食ふていたる哉、誠に悲しき人々なり、今日我人の見る処、我が日本とこのワフウ〔オアフ〕と、日を同して語るべき国にあらず、我が神国の威名、強盛成る事、世界第一にして、五穀豊饒、武備武芸の精錬、諸製作の良好、中々諸外国の及ぶべき所にあらず……」と、徳川御三家御用廻船乗りの鼻息の荒さで説教を垂れた。これに対して、江戸も大阪も知らぬ「土佐人」は、「我等片田舎に生れて外を知らず、我が里に在りて都有る事を知らず、明け暮れ海中に有りて釣船業として、朝夕他を見る暇なく、幼少よりいろはの仮名手本一つ習わず、一字不レ知の明盲《めく》らにて、我等国豊饒なる事を分暁せず、今まで帰朝の道有る事も暁《さと》らず、うかりとして徒《いたずら》に暮せし事は遺恨なり」と殊勝に答えたことになっているが、万次郎は糞食らえと思ったことだろう。

尊大なる「神国」漂民の眼に、ハワイは「五十年以前までは、人通はざる僻遠の幽島にて、尊卑の隔てなく、温熱無冬の地なれば、島人一同赤裸にて、禽獣にひとしき故、人死すれば男女これを喰ひ、親子の分ち無き戎国」、万次郎は「異国船の加比丹はなはだこれを愛し、自身の子になすべき積りにて、アメリカ本邦え連行、五六年の間学文させしに……心底の宜しからざる者なりとて加比丹に見捨てられ、再びこのワフウへ帰り、桶職を習ひて、当時この孤島にて桶屋を業として居る」者、と映っていた。「神国」漂民たちは、この「心底の宜しからざる」「桶屋」の斡旋により、「異国人に身を売りて渡世の足し」としていたハワイ原住民の女を紹介される。「漂人等、この島に滞留中、万次郎等に誘引《いざ》なはれ、折々通ひし由。島女、きぬぐ〜の睦言に、深切らしき事を語り明かしけれども、元より言語不通なれば、褒るのか、けなすのか一向に分らず」。なんと、ハワイ原住民と暮していた万次郎らに誘われ、通っていたというのだ。「清教徒風のこわばった像しか残していない従来の中浜万次郎伝」の「書きかえを迫る」事実であろう（山下恒夫『江戸漂流記総集』第五巻解題）。

さて万次郎は紀州漂民を中国へ移送する船への便乗を画策する。「アメリカの鯨船（コピア号）油を積来り、右油を同国の商船に積移し、直に本唐へ渡ると云を聞、右船入用の桶を万次郎拵る筈に受合、一日に賃銀三枚づゝの定《きま》りを二枚にして遣ハすにより、紀州の五人と土州の四人、都合九人を唐までのせくれ候様約束し、仕事済み用意の食物に調へうけ支度する内、船頭より万次郎へ仕事を爲レ致候時、三日働き船頭へ賃の催促すれバ得不レ遣と云、互に争論に及び、万次郎は立腹して陸へ卸《おり》る。其後道にて船頭より何をして仕事せぬぞと云により、無賃にては得せぬと答ふ。さスれバ便船を遣す事ならぬと云へバ、然バのせて貰ふに及バず、乍レ去《さりながら》紀州の五人ハ乗せくれ度《たし》と慥《たしか》に頼み、土州の者共ハ止めて残り居る」(659)。

乗船どころか、喧嘩別れしたという。桶作りを修得した万次郎が、「舶衆の爲に桶の破損を修補せしが、其謝銀の多寡より事起り、終に舶衆と争論」になったのだ。万次郎は、カリフォルニア金山で喧嘩早くなっていたのだろうか。そうではあるまい。亥之助同様、漂民が受けるべき待遇について世界市民《コスモポリタン》的見地を保持し、水夫としての乗船契約外の桶作りという仕事に関して正当な支払いを要求したのだろう。

土佐漁民は、天寿丸漂民が去る前に、紀州情報として善助が「八十石」の士分に取り立てられたことを聞いた。八年前も便乗し損ねたことをさぞ悔しく思い返し、それでも、帰国後の漂民が処罰どころか取り立てられるということに、希望をもったに違いない。デーマン牧師も万次郎を介してこの漂民処遇の変化を聞き質した(1089)。情勢の変化を勘案して、万次郎らは、中国船による乍浦から長崎への漂民送還ルートではなく、直接琉球上陸(「帰朝の便地之に如《し》く事なし」513)を狙う戦術を練った。先発の紀州の五人が、音吉らの努力で、マカオ、上海等を経て、乍浦から長崎へ辿り着いたのは、後発の万次郎らが琉球から薩摩を経て長崎へ廻送された三カ月後であったから、優れた戦術といえよう。

時あたかも「メキシコ国マザトランより支那へ航海する米国船サラーボイド号」(145)が入港した。万次郎は「船子ヲ傭ヒ加ヘントスルコト」を聞き、「日本近海迄傭ヒ呉ザルヤ」と頼む。「支那ヨリ帰帆ノ節ハ船子傭安シ、日本ヨリ支那迄ノ間傭夫スクナケレバ猶路次ノ様子ヲ調ヘントテ別レ明日ノ答ヲ待ニ、其翌(日)許諾ノ答アリ」(609)。琉球で三人を下ろした場合、その後中国までの水夫不足をどうするかという問題はのちに再燃するが、ホイットモア船長はとにかく琉球まで乗せることに同意した。交渉内容を詳しく見ると、「我等は船甲の働方如何様の事もいたせ共、賃銀貰ふに不レ及。二人は船中の事不得手なれバ、我等無賃のかわりに何とぞ三人を琉球国までのせ下さるべし」と申し入れ、「本唐渡海の道筋にて随分着《つけ》らるれども、若《もし》日和悪敷時は着る事ならず」という懸念に対しては、「然バ伝間を調へ申ニ付、積込み呉て琉球を下手へ見る処迄のせ行、其処より伝間《てんま》を卸しくれられバ、三人乗組んて漕付ん」と語り(660)、その冒険精神に感じ入った船長は了解した。一八四八年のマクドナルドに続く日本列島弧への意図的な漂着の試みの再現である。万次郎は、百二十五ドルでボートと航行機器を購入し、「冒険者《アドベンチュラー》」号と命名した。デーマン牧師が付けたこの船名は、前章で触れたように、デーマン牧師がマクドナルドを「冒険者」(1127)と称えたことに由来する。購入ボートによる偽装漂流、入国後の日本人教化のための英語書籍の準備など、マクドナルドと万次郎の試みには共通点が多い。背後にデーマン牧師がいたからである。

デーマン牧師は万次郎の試みを「日本遠征(The Expedition to Japan)」(879)と表現した。ペリーの公式な「日本遠征」に二年半先だつ私的な「日本遠征」というわけだ。米領事E・H・アレンが万次郎に交付した身分証明書（＝合州国政府発行パスポート日本人適用第一号）にも、「万次郎は日本の同胞に、アメリカ人がどれほど日本人と親交を結びたがっているか、船で日本を訪れ金銀をもって日本の産物を買いたがっているかを語るであろう」（824）とある。あたかも日米外交を開く目的で帰国を試みるかのようだ。しかし果たしてこのときの万次郎に、のちに島津斉彬に語ったような「カノ国ハ寛仁ノミナラズ、ヨクヒラケ申候国ガラニテ、他国ヲ伺ヒトル工《たくら》ミナドハ、決シテ無レ之」（339）ことを幕府に「直訴」しようという意図などあったのだろうか。ここは万次郎の記述を正確に読まねばならない。

　万次郎は、ハワイに来たことも知らせていなかったホイットフィールド船長へ手紙を送る。「子供の時分から大人になるまで育てていただいたご親切（「積年撫育ノ恩」610）を決して忘れるものではありません。今日に至るまで、ご親切に対して何ら報いることができませんでした。……この変化しつつある世界から善き意志が立ち現れ、再びお会いできることを信じております（I never forget your benevolence to bring me up from a small boy to manhood. I have done nothing for your kindness till now...I believe good will come out of this changing world, and that we will meet again）」（731）。帰国を再三詫びる表現は、帰国がホイットフィールド船長の意思に反することを示している。だから、「是迄貯置タル所ノ金銭、衣類等ハ責テノ報恩ニ遺《のこす》」と付言するのだ（610）。この手紙から判断する限り、米国派遣的な「日本遠征」の性格は、デーマン牧師、米領事館サイドのもので、ホイットフィールド船長は関与してない。万次郎にとっても、「この変化しつつある世界から善き意志が立ち現れ」

ることを信じ、死を決して母に会いに行くだけである。大げさな「日本遠征」とは関係ない。出発の時が迫る。伝藏、五右衛門は、「先年モ帰国ヲ思ヒ立帰リ得ザルコトナレバ、此度ハ土人へハカクト語ラズ、唯支那へ渡ル船ノ船子ニ傭ハレ行ナリト偽」った（609）。特に欺く必要があったのは、ハワイ原住民の少女と「基督教の式に従がひ神前に誓約して結婚の式を調へた」五右衛門である。「斯く樂しき家をなしたる五右衛門なれば、住みたき心は十分の五、去りたき心も十分の五、故郷と妻との権衡は男の心を苦しめしが、終に帰国と心を決」する。「されど妻に帰国と知られては女心の一ト筋に如何なる事を爲さんも計り難しと、終に帰国の事を語ら」なかった（145）。それどころか五右衛門は、死去した重助、留まる寅右衛門とともにハワイに帰化していた（宮永8）。五右衛門は、ハワイを密出国し、日本へ密入国するハワイ人だったのである。

万次郎にとっても、東に引き戻す最後の強い引力を感じながらの西行きだった。先に引用した箇所を全文示す。「万次郎アメリカニアリシ時、ツイツル（ホイットフィールド）へ殊之外寵愛セラレ、学問等能ク出来候ニ付、往々家相続ノ心得ニテ、ヲノレガ姪ヲ縁組イタサセ居ルヨシ。万次郎モツイツルへノ義理、マタ妻トスベキ女、甚不便（不憫）ニゾンジケレドモ、不レ得レ止事、帰国ノ心組ナシ、シカレバハフ国ヲ出帆ノセツ、細々ト文シタヽメ置キ、恋シノ情ヲ尽シヌル體ナリ（島津登（琉球在番奉行）親話ニ、万次郎此女ノコトヲ云ヘバ、声ヲアゲテ鳴キタリト）」（348）。この生々しい記述は、実際に結婚していた五右衛門と混同したものとされるが、原文を読む限り、万次郎についてである。津本陽が小説化したような、結婚相手が事故死した悲哀感から日本へ帰ったという筋書きは荒唐無稽にしても、幾重もの哀しい断念の波の上で、万次郎・五右衛門らの帰国の試みがなされたものであることを感じ取らねばならない。日米外交を開く目的といった抽象的理解は、的外れ、かつ無神経である。

寅右衛門は、「何国にて暮すも同じ事故、此処にて大工して暮す」とハワイに留まった（660）。じつは原住民の女と結婚、帰化していたようだが（宮永8）、永住丸儀三郎のように帰国を恐怖し、動揺と断念を経ての結論だろう。万次郎が樽職・航海術の技芸で自立したように、またメキシコに留まった漂民と同様に、寅右衛門も大工として自立し、帰らないロビンソンの道を選んだのだ。

一八五〇年十二月十七日サラ・ボイド号はホノルルを出帆した。やがて琉球に接近する。このとき万次郎は、フランクリン号、スティグリッツ号、エリザ・ウォーイック号、サラ・ボイド号、冒険者《アドベンチュラー》号と乗り継ぎ、前回とは逆の西回りで二度目の世界周航を達成したことになる。これだけでも偉大な航海者というほかないが、まずは日本上陸を果たさねばならない。

琉球から中国までの水夫不足の問題が再燃する。「船長は船に留まって中国まで乗船することを望んだが、私は断わった。母親に会いたかったからだ」（732）。母との再会が万次郎を導く。船長とのやりとりを再構成すると、万次郎は船長の要請に対し「二人ノ者ヲ揚置、余独《ひとり》行ベシ」と答え、伝蔵らが「若止《もし》ラバ吾等両人モ止ルベシ、何ゾ万次郎一人ヲ止ンヤ」と申し立て、死ぬ気で帰国を試みる三人の結束を見たホイットモア船長が、琉球を目前に三人揃って船を離れることを許したようだ。船長は「地図ヲ出シ琉球ノ方ヲ指点《しめし》クレ」、「此岬ニ向ヒ至ルベシ、若上陸シ得難ケレバ又本船ニ帰ルベシ、暫船ヲ止テ安否ヲ見届べシ」と送り出してくれた。失敗に備えて待機し、上陸成功を見届けて去るというのだ（610–11）。果敢な冒険航海を励ます船員魂の発露は感動的である。

「折節雨風にて海面見得兼、容易地方へ難二寄付一」（309）かったが、陸から船が見えず、それゆえ漂着後に退去を強制されることもなく、結果としては好都合だった。辛うじて望遠鏡で島影を視認できる距離からボートを出したので、陸まで十キロメートルあった。仲間は洋船の操帆もオール漕行もできず、万次郎ひとりオールを漕いだ。「風波奔狂、船ハ之に掀揚すれば」、これも大変な航海である。「伝藏・五右衛門驚顛し、況て五右衛門ハ大に股栗《こりつ》、又是漂流するべきぞや、奈何《いかが》して可ならんやと、頻《しきり》に伝藏を呼泣号《なきわめく》、楫も保ち得ざりしかば、万次郎之を叱り、帆を巻、楫を奪ひ、無二無三に操立」てた（517）。五右衛門が泣くのも無理はない。貯水樽（「水入徳利外黒葛巻」）・缶詰（「錫箱菓子入」327）を積み込んであるが、黒潮に嵌ったら、すべては振り出しに戻る。「兎角する内、瀬潟近く、山影に漕付候得共、海辺には人影も不二相見得一、漸《ようよう》干瀬之合に乗入候へども、夜に入雨も降り、其上草臥《くたぶれ》候付、碇綱石に摺切ハ不レ致哉《いたさぬや》と、乍二草臥一《くたぶれながら》終夜眠りがたく、雨にぬれ夜を明し、誠ニ難儀仕候」（309）。のちにホイットフィールド船長に宛てた手紙によると、「十時間ほど一生懸命漕いだ末、島の風下側に着き、翌朝までそこに投錨」（732）、翌二月三日、摩文仁海岸へ上陸した。沖縄戦の玉砕の場となったところである。伝藏が人家を見つけ、「助呉《たすけくれ》候様申入候得共、容貌異国人躰ニ候故か、彼《かの》人々相驚たる様子にて尻ごみいたし、指を耳ニ当《て》、わからぬ〳〵と」うろたえるばかりだった（310）。万次郎は「爰は丁寧成所と聞及居候間、決而御役人之ある筈」と、番所への連絡を図り、簡単な調べの後、那覇へ送られることになった。

こうして万次郎らは日本上陸に成功した。かつてフランクリン号からボートを出すのが早すぎた経験に学び、本船が見えないところへ漂着という上陸作戦（中浜92）、三年前のラナルド・マクドナルドの遭難を装った利尻島漂着とほぼ同じ作戦の勝利であった。「琉球への土佐人漂着についての幕府への届書」に記されたように、琉球・薩摩の役人たちは、「外国江漂流人義者《は》、是非相断《あいことわる》義ニ候得共、伝間より上陸、本船直様乗通り候ニ付而者《ては》、致方無レ之」（793.cf.148）、既成事実として上陸を認めざるを得なかったのである。万次郎は、上陸を断られたら、「次善の策」として土佐中ノ浜漂着を狙っていた。食糧は十分に持ち、航海器具・地図は揃っていたし、帆走させるための「檣《ほばしら》 壱本、帆桁壱本……帆弐ツ」（405-6）をホノルルから積み込んでいた。それにしても長崎以外での受け入れを閉ざしていた鎖国期に、「自分で買った自分のボートで、自分の好きなところに上陸」してしまうという帰り方をした漂民は万次郎だけである（中浜93-4）。確信犯的な密入国だった。現在でも容疑者扱いされるだろう。

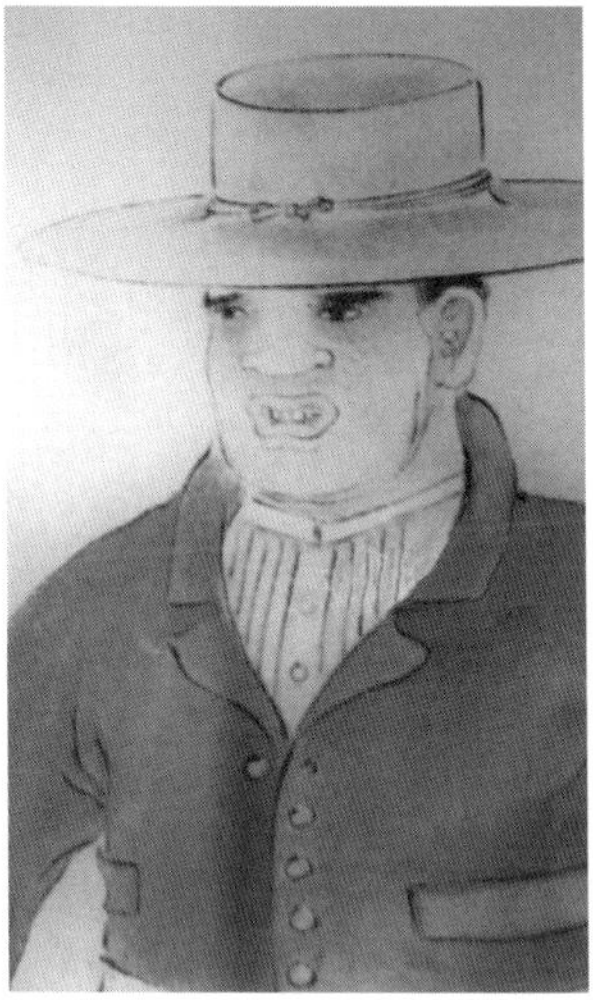
カウボーイハットをかぶり二挺拳銃を懐に帰ってきた万次郎（「漂洋瑣談」より）。死を恐れぬ面魂はタダモノではない

やがて万次郎は活躍の時期を迎えるのだが、二十一カ月間は「二重に閉鎖された国」『白鯨』（24章）における取調べと移送の連続である。ちなみにこの頃『白鯨』出版。万次郎とメルヴィルは完全にシンクロしている。二十一カ月の間に万次郎は、米捕鯨船員が怒っていた鎖国体制の馬鹿馬鹿しさを身をもって体験した。これで開国論をはっきり自覚し、自分は開国のために帰国したと思うようになったのではなかろうか。この自己定位は後になるほど強まったはずであ

る。

まず那覇へ「三里余」歩かされた。「時方ニ雨後路滑ナルニ、伝藏ハ足痛ミ、五右衛門、万次郎モ疲レケルユヘ、歩行難《あるきがた》」きところを歩かされたが、「那覇ヨリ使来リ、尾長村ト云所迄引返スベシ」という。「一足モ歩シ難ク或松際ノ道ニ莚ヲシキ粥ナド喫シ一睡」していると、「竹輿」で村長格の村の親雲上《ペーチン》宅へ運ばれた（612）。親雲上から琉球高官への書状によれば、「今度日本人漂著ニ付而《て》ハ、定式方取扱之先例候得共、右者事長々異国ニ罷在、殊ニ当方英吉利人（ベッテルハイム）逗留中之儀ニて、彼是差支之廉有レ之候ニ付、此節ハ御内用方より致二取扱一候間、左様可レ被二相心得一候」（786）。このあとも万次郎に付きまとうスパイ説の初出である。この過剰な用心の背景として、薩摩は「琉球支配に当たってスパイ組織を使った。そのために、地域社会の全域に、不信感と相互の恐怖感が、浸透してしまった」（ウィリアムズ218）ことが挙げられよう。

琉球在番奉行所で最初の調書を取られ、かなりの量の持参品が問い糺された。さすがに聖書はフェアヘブンに置いてきたが、正気の沙汰かと言いたくなる代物が並ぶ。長崎調書等と照合しながら紹介する。「御処法制禁」（423）筆頭は二挺拳銃。剣付長銃も一挺。「鉛小玉　六拾三」と「硝焇」（410）。銃弾製造用「玉鋳形」（414）。博打用としか思えぬ「異国の簺（賽）」（664）。外国貨幣と砂金塊、かなりの薬品と地図類、英文書籍がある。書籍の大半は航海術に関するもの。観測に習熟した「ヲクタント」などの航海機器も持ち帰った。「袂時計」（323）はクロノメーターとして使っていたと思われる。航海者としての万次郎を象徴する品々である。ちなみに足摺岬の銅像は分度器とコンパスを手に太平洋を眼差している。その他、「胸掛」（324）。万次郎はネクタイを持ち帰った最初の日本人である。

　次に護送された薩摩では、すでに琉球調書があったので、厳しい取り調べはなく、むしろ酒食を提供され、小遣いとして金一両を貰う厚遇であった。溶鉱炉、薩摩切子工場、銀板写真試行など開明進取で知られた島津斉彬（1809-58）は、万次郎一人を呼び、人払いして海外事情を尋ねた。何も悪いことをしていない自分を七カ月も拘束・尋問する日本社会の異常さに呆れていた万次郎は、海外から見た眼で自由に語る。「已前相州浦賀表へ来ル大船（ビドル提督率いるコロンブス号とヴィンセンス号――もちろん軍船）ハ、軍船ニハアラズ、測量ナドスル船ニテ、来ル子細ハ船抔漂流ノセツ、薪水ノ憂ヲスクワンコトヲタノミタク、モシ容易ニ不二相成一トキハ、人質ニテモヲキ可レ申儀申入候含ノ処、日本人殊ノ外騒ギタリトテ、アキレ居申候。一體日本ハ短気ナリトイフテワラヒ申候」（339）。幕府の対応は世界のもの笑いだと、大名の面前で明言したのである。「王ハ国中ノ賢人ヲ撰ビ、四ケ年持ナリ。至テ賢ナル国ナリ。諸国ニ評議ノ上、大徳アレバマタ四ケ年、都合八ケ年政事ヲ持ツト云フ。右王往来スルニ、一僕位ニテ至極輕體ナリ」（343）

　前半は大統領選挙、後半は大名行列の馬鹿馬鹿しさを念頭に語ったものである。また後に語ったことだが、「百性たり共學問次第ニて挙《あげ》て用ひらる」（693）社会においては、日本のような身分制社会のように「官位昇進など申す事は欲不様に御坐候」（448）とも言っている。斉彬は、万次郎の異国情報の重要さを直ちに見抜いた。そして、万次郎の長崎へ廻送を引き延ばし、ちゃっかり洋式スクーナー「越通《おっと》船」雛形を作らせた。

　長崎奉行所でも九カ月に亘って拘束された。揚り屋という上級牢に入れられ、度重なる取調べを受け、苦労して運んで来た品々を没収された。のちに江川太郎左衛門の世話で洋書・測量器械を取り戻すものの、母への土産とした金塊は戻らなかった。牢屋に入れられて不貞腐れていた頃、「往年オアホー〔オアフ〕ニて相識《しり》たりし紀伊の寅吉巳下五人」が、「清国より護送せられ上り屋へ来た」。またしても漂民同士の出会いである。「与《とも》に恙無《つつがな》く帰朝し、又奇遇せしを相驚、相賀し、洋外泊中の憂患を語り」（521）、しばらく話は尽きなかった。この五人の取調べは短く、先に国許へ引き取られた。万次郎は、先に日本上陸を果たしたのに那覇・薩摩・長崎と回され、土佐へなかなか帰れなかった。長崎拘留が九カ月に及んだのは、幕府から釈放の通達が届く以前に、商館長《カピタン》・クルチウスからペリー艦隊発進の「阿蘭陀風説書」が奉行所に提出され、万次郎帰国との関係が怪しまれたからである。しかし、いくら調べても、万次郎に外交的意図はなかった（あるいは隠した?）。

万次郎が通った教会はカトリックとは異なり、聖像や十字架を崇敬する事はなかったので、型どおり踏絵を踏んだ。嘉永五（一八五二）年六月二五日、「彼国ニて切支丹宗門勧ニ逢候儀無レ之、疑敷筋も不二相聞一候ニ付、無レ構国許へ差返候條、御領分之外へ猥に住居為レ致間敷候。尤右之者共致二死失一候ハヾ可二相届一事」（667）という「生国押込め」条件で解放され、十一年十カ月ぶりに故郷の土佐へ帰った。

金属摩滅に加え、教会の思い出が混じりつつ万次郎の記憶の中で不思議に風化した聖母子像。ジョン・マン描く踏絵図である。彼は一体何を踏んだのだろうか

そのときの逸話がすごい。身柄を引き取りに来た土佐藩士十九名と漂民たちは「おお、スザンナ」を合唱しな

がら、門司、下関、三田尻、三津浜、松山、久万、「用居関」（521）を経て帰ったというのである。「道中ニて唱歌を演《うた》ふ。其文和解すれバ、むかふの山坂より恋しと思ふ人がハンリウ（パンクウの誤り）〳〵来る目にハ涙をはきて」。これは「おお、スザンナ」の「The buckwheat cake was in her mouth, The tear was in her eye」に対応する（699頭注）。南国土佐にこだました能天気なまでの明るい歌声は、やがて攘夷の狂気が荒れ狂うことを思えば、奇妙な感動を誘う。

高知城下では海外通の賓客として歓迎された。山内容堂が大目付吉田東洋に編纂を命じ、短い聞書き「漂客談奇」が成ったが、万次郎の「日本語」はほとんど英語化して、細部は分からなかった。そこで、安積艮斎門下で長崎遊学し吉田東洋から画才・学才を認められた河田小龍《しょうりょう》が万次郎を自宅に引き取り、英語・日本語の交換授業しながら、図解を交えて成ったのが、より詳しい「漂巽紀略」である。漂民の記録は死蔵さるべきとされてきたが、これらの開版は黙認となった。

ところで坂本龍馬は、二十二歳のとき小龍宅を訪れ、攘夷の不可と開国通商の必要を教えられた。その開眼が佐久間象山・勝海舟との連携を生み、龍馬をして国家主権の交代を睨んだ薩長連合の立役者たらしめるのである。発端となった龍馬・小龍の会話を「藤蔭略話」から引く。味読されたい。

「嘉永六年（嘉永七年、一八五四）ノ九月十月ノ際、坂本龍馬小龍ガ茅廬《ぼうろ》ヲ訪来リ突然ト云ヘルニハ、時態ノ事ニテ君ノ意見必ズアルベシ、聞タシトアルヨリ、小龍大ニ笑フテ、吾ハ隠人ニシテ書画ヲ嗜ミ風流ヲ以テ世ニ処《わた》ルモノナレバ、世上ノ事ニハ心懸ナシ、何ゾ一説ノアルベキヤト云ヘバ、坂本肯ゼズ。今日ハ隠遁ヲ以テ安居スル時ニアラズ、龍馬ナドハ如此迄世ノ為ニ苦心セリト、遠慮モナク身ノ上ノ事ヲ述、僕个《け》様ニ胸懐ヲ開ヒテ君ニ語ル上ハ、是非ニ君ノ蓄ヘヲ告玉《つげたま》ヘト膝ヲ進メテ問ヘルユヘ、止ム事ヲ得ズ賎説ヲ略述セリ。其説ハ、近来外人来航已来攘夷開港諸説紛然タリ。小龍ハ攘夷ニセヨ開港ニセヨ、其辺ハ説ヲ加ヘズ。然ニ何レニモ一定セザル可ラズ。愚存ハ、攘夷ハトテモ行ハルベカラズ。仮令《たとい》開港トナリテモ攘夷ノ備ナカルベカラズ。此迄我邦ニ用ユル所ノ軍備益ナカルベケレドモ、未ダ新法モ開ザレバ、何ヤ歟《か》ヤ取用ヒザルベカラズ。其中ニ海上ノ一事ニ至テハ、何トモ手ノ出べキ事ナシ。已ニ諸藩ニ用ヒ来リシ勢騎《せき》船ナドハ児童ノ戯ニモ足ラヌモノ也。先其一ヲ云フニハ、弓銃手ヲ乗セ浦戸洋へ乗出セバ、船ハ翻転シ、弓銃手トモ目標定メガタク、其上ニ十ニ七八ハ皆船酔シテ矢玉ヲ試ムマデニ及バズ、タマ〱船ニ堪ユルモノアリトモ、一術ヲ施ニ及バズ。大概沿海諸藩皆此類ナルべシ。箇様ノ事ニテ外国ノ航海ニ熟シタル大艦ヲ迎ヘシトキ、何ヲ以テ鎖国ノ手段ヲナスベキヤ。其危キハ論マデモナキ事也。今後ハ我拝（ママ）ニ敵《あ》タハズトモ外船ハ時ニ来ル事必然也。内ニハ開鎖ノ論定マラズ、外船ハ続々来ルべシ。内外ノ繁忙多端ニテ国ハ次第ニ疲弊シ人心ハ紛乱シ、如何トモ諠方ナク遂ニ外人ノ為呂宋《ルソン》ノ如ク牛皮ニ包マル、事（第二章で紹介した大槻磐渓「呂宋漂流記」の一節）ニモ至ランヤ。此等ノ事藩府ナドへ喋々云立タリドモ聞入ベキ事ニモナク、実ニ危急ノ秋《とき》ナルべシ。何為《いづくん》ゾ黙視シ堪ユベケンヤ。故ニ私ニ一ノ商業ヲ興《おこ》シ、利不利ハ格別、精々金融ヲ自在ナラシメ、如何トモシテ一艘ノ外船ヲ買求メ、同志ノ者ヲ募リ之ニ附乗セシメ、東西往来ノ旅客官私ノ荷物等ヲ運般シ、以テ通便ヲ要スルヲ商用トシテ船中ノ人費ヲ賄ヒ海上ニ練習スレバ、航海ノ一端モ心得べキ小口モ立べキヤ。此等盗ヲ捕《とらえ》縄ヲ造ルノ類ナレドモ今日ヨリ初メザレバ、後《おく》レ後レシテ、前談ヲ助クルノ道モ随テ晩《おく》レトナルべシ。此レノミ吾所念ノ所ナリト語レバ、坂本手ヲ拍シテ喜ベリ。且云ヘルニハ、僕ハ若年ヨリ撃剣ヲ好ミシガ、是モ所謂一人ノ敵ニシテ何ニカ大業ヲナサヾレバ、トテモ志ヲ伸ル事難シトス。今ヤ其時ナリ。君ノ一言善吾意ニ同セリ。君ノ志何ゾ成ラザランヤ。必ズ互ニ尽力スベシトテ、堅ク盟契シテ別レケルガ、ヤガテ又来リ云ヘルニハ、船且器械ハ金策スレバ得ベケレドモ、其用ニ適スベキ同志無ンバ仕方ナシ。吾甚ダ此ニ苦シメリ、何カ工夫ノアルベキヤト云ヘルヨリ、小龍云ヘルニハ、従来俸禄ニ飽タル人ハ志ナシ。下等人民秀才ノ人ニシテ志アレドモ業ニ就ベキ資力ナク、手ヲ拱シ慨歎セル者少カラズ。ソレ等ヲ用ヒナバ多少ノ人員モナキニアラザルベシト云ヘバ、坂本モ承諾シ如何ニモ同意セリ、其人ヲ造ル事ハ君之ヲ任ジ玉ヘ、吾ハ是ヨリ船ヲ得ヲ専ラニシテ傍ラ其人モ同ク謀ルベシ。君ニハ人ヲ得ヲ専任トシテ傍ラ船ヲ得テ謀リ玉ヘ、最早如此約セシ上ハ対面ハ数度ニ及マジ、君ハ内ニ居テ人ヲ造リ僕ハ外ニ在テ船ヲ得ベシトテ相別レヌ」

「撃剣」の人、龍馬が小龍の海軍興隆による救国論に開眼する様が鮮やかである。「盟契」を交わして去ったあと、すぐ戻ってくるところが龍馬らしい。さて、ここには日本最初の商社「亀山社中」、海援隊のアイデアもすでに出ている。じっさい小龍の弟子、近藤長次郎・長岡謙吉が海援隊の幹部となる。万次郎が紹介した米国社会が、変革のモデルとして、小龍を媒介にして龍馬（さらに後藤象二郎）にヒントを与えたことは間違いない。のちに龍馬は変革の骨子を「船中八策」に練り上げ（とりわけ「上・下議政局を設け、議員を置きて万機を参賛せしめ、万機宜しく公議に決すべき事。有材の公卿・諸侯及び天下の人材を顧問に備え、官爵を賜ひ、宜しく従来の有名無實の官を除くべき事。外

河田小龍

国の交際、広く公議を採り、新たに至当の規約を立つべき事」80)、これが土佐藩による大政奉還建白、明治新政府の綱領「五箇条の御誓文」の原点となる。出発点に小龍経由の万次郎インパクトがあったのはたしかだろう。だが、当の万次郎に日本の国政を云々する意図があったとは思われない。「ペルリ提督に対する日本の好遇は中浜其基を開けり」という理解は、多分一九一八年の石井菊次郎駐米大使のフェアヘブン演説が拵えた〝日米友好物語〟なのだ。

それどころではなかった。万次郎にとっては、まず日本社会に適応することが大変だった。「日本語をすっかり忘れてしまっていた」(732)。日本語習得は第二外国語として、「いろは」から始めねばならない。英語を学んでアメリカという島でサバイバルしたように、今度は日本語を学んで日本という島でサバイバルしなければならないのだ。最初は伝蔵が英語で説明し、対応する日本語を覚えた。さらに監禁中に役人たちの言葉遣いを習得した。瑣末拘泥形式主義的身分制社会に適応するためだった。万次郎の適応力はたいしたものである。やがて侍言葉、候文まで読み書きできるようになるのだから。哀しき過剰適応の結果、万次郎は縮んでいくのだが……。

高知城下での聞き取りが終わって、ようやく三人は故郷へ戻された。宇佐の「伝蔵ノ旧宅已ニ朽尽シ跡方モナク」、三人は「叔弟……ノ家ニ寄宿」(614)した。三人の働き手を失って一家離散、家屋は放棄されたのだ。翌日万次郎は、名前を筆之丞に戻した伝蔵、五右衛門と別れ、以後会うことはなかった。万次郎はのちに幕府に取り立てられるが、二人は、「他国往来ハ勿論、海上業被二差留レ之元、居浦へ被二差返一候。然ニ仕馴之生業ニ相放候而者《ては》迷惑顕然之儀ニ付、一生之中、壱人扶持被二成遣レ之、以後神妙ニ罷在候様被二仰付レ之」（668）、五右衛門は一八五九年に、伝蔵は一八六五年に亡くなった。漂民に対する措置が「他国住居相成らざるとの廉《かど》、相除き、構え無き段、申し渡し」と変更されるのは一八六二年（『江戸漂流記総集』第五巻解題）。かつかつ「壱人扶持」の二人が宇佐を出ることはなかった（宮永164）。

海に出ることを禁じられた万次郎は中ノ浜までの百四十キロを歩いた。故郷到着は、琉球漂着の二十一カ月後。最初の船出からは十一年十カ月の時が過ぎていた。「難船人帰朝記事」にある母との対面場面は感動的である。

「母は茫然として万次郎が顔を眺め居けるを、万次郎より只今とぞ帰り来れ、先《まづ》御きげんにて目出度《めでたし》と言へバ、扨は万次郎かと飛かゝり、抱き付て、しばらく涙にむせびけるが、庄屋が前ニ来り、何分万次郎にてハなしと云。庄屋より万次郎に相違なし、久敷不二逢見一ゆへ容貌見忘れたるべし、尤なりと云へバ、納得の體《てい》にて連立帰りしかども、一日二日過るまで何分夢の心もちにてや、信用なき様子なりしが、日を経るに随ひていよ〳〵吾子なりと思ひ、夢の覚たる心知《ここち》にて次第に歓喜涯なくぞなりける」（664-5）

おずおずと庄屋の家に入ってきた母は、変貌した息子に気付かず、息子は覚えたての日本語の挨拶を述べるのに一生懸命であった。母は息子かと抱き付くが、疑問を払拭できず庄屋に聞く。そして現実の日常生活を蔽っている皮膜が破れて、夢が覚めるようでありながら、また別の夢のようなリアルな出会いが現出する様子が描かれている。

しかし、「母の家に滞在したのはわずか三昼夜」(732)。たった三日後には容堂に召出され、藩校「教授館」の「下役」に就くべく、「定小者《じょうこもの》」という足軽より下の最低士分が当がわれた(811)。このとき刀を下賜されたが、万次郎は「平生兇器を佩《お》ぶるが如きは野蛮の風俗なりと思ひ、恩命に接するも、一向悦びたる様子もなく、役所を出づるや否や、刀を手拭にて括り、牛蒡《ごぼう》でもさげるやうに、無雑作に吊して帰」った。「見る者いづれも狂人の振舞なりと語り合ひたりといふ」(長男東一郎による父の伝記461頭注)。これは『福翁自伝』の「刀の長いほど大馬鹿であるから、……馬鹿メートルというのがよかろう」と同見解で、「狂人」と思われようとも合理性を態度で示したものである。ところが日米が連合国であった第一次世界大戦中の一九一八年七月四日、石井菊次郎駐米大使はこの長男から託された日本刀をフェアヘブン市に贈る。本当は物騒な〝日米友好物語〟の一幕である。この「野蛮」の象徴は一九七七年に盗まれて行方不明(米軍遺族のしわざ?)となるが、募金によりキリシタン刀を再贈与(中浜308)。万次郎の神経を逆撫でするものだろう。

さてそのころペリーは、「日本沿岸の米捕鯨船の活動状況についての情報と、日本遠征事業への協力を得るために」J・C・デラノ船長を訪問し、「できるだけ多くの捕鯨船が次の捕鯨シーズンに江戸湾に集まり、薪水補給を要求し、日本との通商を開く機縁をつくれないだろうか(our ships which could make it convening should touch at Jeddo during the next season for supplies, thereby facilitating the opening of commercial relations with the country)」と相談した（ニューベッドフォードの捕鯨新聞「Whaleman's Shipping List And Merchant Transcript」一八五二年五月四日 1129）。ペリーは、日本《ジャパン》・近海鯨漁場《グラウンド》に散開する米捕鯨船を集め、大艦隊に見せかけ、脅すつもりだった。

　やがてペリーはインド洋経由で上海に現れ、サスケハナ号を旗艦とする四隻を率いて北上し、日本へ向った。このとき「モリソン号が受けた不当な処置について改善をはかる」目的と称して、ウィリアムズも動員された。彼にとっては十六年ぶりの「日本遠征」である。艦隊は琉球での強権発動のあと、江戸湾浦賀沖に現れ、開国を迫る大統領親書を手渡して去った。幕末の大激動を惹起する黒船襲来である。

　それまで、ひたすら下手に出て日本貿易の独占を図るオランダ、北方を脅かすロシアしか視野になかった幕府は慌てた。そもそも「米合州国」とは何かもロクに把握していなかった。『環海異聞』をまとめた大槻玄沢の次男磐渓は、林大学頭への献策書（「続献芹微衷」）において、ペリー来航を「本国より態《わざ》々四艘仕立に仕、国書迄持参仕候上は、一通り御諭《さと》し位の事にては中々以帰帆も仕間敷、此方より（返書の）被レ渡振《わたされぶり》に寄、如何様の難題申掛候哉も難レ斗」事と捉え、「近海の一島借用」の件は拒否し「薪水」「石炭」は与えるという原則で交渉に臨み、「彼等渡来の趣意一通り相立候様の御取扱専一にて、戦争の事は第二段の事」とすることを訴え、「土州漂流人万次郎義は頗る天才有レ之者にて、米利幹《メリケン》滞留中、殊の外彼国の者に寵愛被レ致、學校に入、天文測量算術砲術等迄、皆伝相受罷帰候由。誠に米利幹人えは十ケ年も相交候義、定て当節渡来の千余人中に万次郎懇意の者も可レ有レ之。此者義を土州侯に被二仰渡一、急々御召寄に相成、阿蘭陀通詞同様被二仰付一、此度の掛合役等に被二召使一候はゞ、彼国の事情にも通じ居候義、必ず穏便の取扱出来可レ申。縦《たと》ひ此度の間に合不レ申候共、此末米利幹人渡来の節、屹度《きっと》御用に立可レ申」、と結んでいる（109-10）。磐渓門下の江川太郎左衛門から老中阿部正弘へも推輓があった。

　時の幕閣には川路聖謨勘定奉行もいて、開明派が揃っていた。万次郎に、「心配之義には無レ之旨」の但し書を付けて、呼び出しがかかる。土佐藩留守居役を通じて江戸へ「呼寄置」かれ（812）、「御普請役格」に取立てられ、江川太郎左衛門「手附」として活躍の場を与えられるのである（815）。幕府御家人となって「中浜萬次郎」を名乗り、侍名を「信志《のぶゆき》」、オリオン座をイメージして「丸に三ツ星」を家紋とした。

　しかし万次郎帰国とペリー来航の時の合致を疑った水戸の斉昭は、万次郎＝スパイ説を匂わせ、日米交渉の場から外すように強く要請した。江川太郎左衛門への書簡から引く。「本国を慕ひ帰り候程之者故、感心には候得共、元来墨夷にて中万（蔑称！）が幼年を見込、右一人のみ別《わけ》て恩をきせ筆算仕込候処は計策無レ之とも難レ申、中万も一命を被レ救候上、幼年より二十才までの恩有レ之候得ば、墨夷の不為に成候事は決而《て》好み申間敷、依ては仮令疑無レ之と被二見抜一候ども、彼の船え遣候義は勿論、上陸の節も為レ逢候義は必見合《みあわせ》、此方の内評議等は一切為レ知不レ申方可レ然。尤江川の用ひ様にて墨夷の事情よく分り、却而《かえって》彼を防候道具に致し候は江川の腹に可レ有レ之……はなしがひに致置候は不用心に候得共、窮屈に致候ては当人気受を損じ、用に立不レ申候間、御あてがひをば存分に被レ下、扨江川腹心の者え内密被二申付一、はなしがひの中に守護の念を含み、可レ然龍の子を懐《てなずけ》け飼置候もの大嵐の節、風雲に乗じ迯去候昔咄の如く、万一變心、墨夷の船え被二連行一候時は、臍《ほぞ》を噛むも間に合不レ申、呉々も念を入候方可レ然候」(113)。万次郎の起用に反対だが、万次郎を情報を得る「道具」として使うことは「江川の腹」に任せるという、老獪古狸の横槍だった。なお万次郎＝スパイ説は、価値評価は反対となるが、〞日米友好物語〟と内容が同一であることに留意しよう。

七隻を連ねた二度目のペリー来航は前年に増して威圧的だった。随行した通訳ウィリアムズによれば、「大統領親書では、一つ開港地を求めていたのが、今回、ペリーは、五つ要求している。大統領親書は遭難者の保護だけを望んでいたが、提督は条約の締結を要求し、もし拒絶するようであれば、『今回よりも大規模な艦隊を差し向け、もっと厳しい条件と作戦』をとる、とはっきり示唆している(The President's letter asked for one port, now Perry wants five; that desired simply an assurance of good treatment, now the Commodore demands a treaty, and suggests, in no obscure terms, 〝a larger force and more stringent terms and instructions,〟 if they don't comply)」(1130)

大艦隊が一斉射撃を行い、その一隻が江戸湾奥に侵入し上陸作戦に必要な測量を開始するに及んで、幕府は条約締結に応じた。五百人の海兵隊を率いてペリーは神奈川に上陸する。万次郎をめぐる〝日米友好物語〟に貢献したグリフィスの『ペリー提督伝』(一八八七年)によると「万次郎は隣室にあって陰にかくれて通訳した(sat in an adjoining room, unseen but active, as the American interpreter for the Japanese)」ことになっているが(266)、斉昭の「懸念」を了解した老中によって、江川太郎左衛門さえも「日時を偽って伝え」られ、交渉の場から外された(宮永184、ウォリナー155)。条文をめぐる議論はオランダ語で行われ、前章で述べたように森山栄之助が通訳した。万次郎の出番はまったくなかったが、「日米和親条約」は、万次郎の予測どおり、漂民と米船の処遇をめぐる条項が中心となった。その条項を挙げる。――「第三ケ条。合衆国ノ船、日本海浜漂着之時扶助致し、其漂民を下田又ハ箱館ニ護送致し、本国の者受取可レ申、所持の品物も同様ニ可レ致候。尤漂民諸雑費は、両国互ニ同様之事故《ことゆえ》、不レ及レ償候事。第四ケ条。漂着或ハ渡来之人民取扱之儀は、他国同様緩優に有レ之、閉籠め候儀致間敷、乍レ併正直の法度ニ者《は》服従いたし候事。第五ケ条。合衆国の漂流民、其他の者、当分下田箱館逗留中、長崎に於て唐和蘭人同様閉籠め窮屈の取扱無レ之、下田港内の小島周リ凡七里の内ハ勝手ニ徘徊いたし、箱館港之儀ハ追て取極め候事」

さて万次郎帰還と黒船ショックは興味深いドタバタを生んだ。一八五四年三月二十八日（旧暦）、松陰が下田からペリーの黒船へ密航を企て捕らえられ、佐久間象山が連座して逮捕されたのだ。事の発端は、何とか密出国し、万次郎の如く密入国で帰って来るといういわば歴史の裏技の示唆にあった。獄中で書かれた象山書簡から引く。第六章でも参照するので熟読願いたい。

「吉田生と申もの当年廿五歳之少年には候へ共、元来長州藩兵家の子にて漢書をも達者に読下し膽力も有レ之文才も候て、よく難苦に堪え候事は生得の得手にて、海防の事には頗る思をなやまし、萩藩兵制の事にも深く心を入れ、存寄りの次第書立て其筋へ申出候義も度々有レ之。小弟門下にも多く無レ之忠直義烈の士に御座候。然る所一昨年中遊歴之事に由て落度有レ之知行被二召離一候。尤も萩御城下江戸御屋敷出入免許有レ之、十年の家學修行被二申付一候とて、其後もよく宅（象山書院）へ致二出精一候。然るに去夏米利堅之事出来り、本邦開闢以来未曾有之體たらくにて、小弟にも忼慨悲憤に堪えず、差当り敵愾の計策を考へ候に、諸事皆御手後れと相成、如何とも手のつくべき様無レ之乍、去七年の病に三年の丈にて、当今にても辺備之急務は彼をよく知るより先なるはなく、彼を知るの方略は人才を選び、彼の地方に遣し形勢事情をまのあたり探索せしめ、火兵の術、水軍之方、海岸の固め、城塁の制等も書伝ばかりにては何分に埒あき不レ申、往々靴を隔てゝ痒処を掻くの歎を免れず候へば、兎に角此人を遣はされ候の道を開き候より外無レ之と存じ、其策去る要路之御方へも申試み、川路司農御取次を以て福山侯へ奉り候上書にもその義を認め候処、事行はれざる御様子にて残念に存じ候内、土州漂民万次郎預二御召出一御普請役に御取立御座候と承り、中心窃に欣び候ば、是までいづれの国へ漂流候ても、外国へ漂流とだに申候へばそのもの終身禁錮せられ候御法に候所、万次郎義米利堅へ致二漂流一、彼方に於て少しく書物をも読み候の故を以て、御召出しに相成候。然るに万次郎義は偏鄙の地に育ち候猟師の子にて、和漢の文字をも心得ず、殊に幼年にて漂流し候故に、此国普通の言語さへ差支多く候よしに付、御取立に預り候とて大事の御用には立申まじく、さらば、此節學才ある有志の士彼地に漂流し、其形勢事情に心をつけ、勇砲術兵法航海の技を學び、両三年にして帰朝候はゞ公辺の御重寶にいかばかり相成るべく、万一公辺にて御取用無レ之候ども、皇国一統の利益少なかるまじくと存付き、幸に吉田生此節逆境（脱藩ゆえ士籍剥脱）に居り、何がな功を建て帰参の願ひ叶ひ候様望み罷在候事熟知候に付、見込の次第及二物語一候所、当人骨髄に徹し、いかにもと存じ候様子にて、私に事を謀り見度よし申候に付、小弟申候は、兎に角万次郎は此節の手本に付、漂流と申に無レ之候ては公辺の御法改まり候はぬ間は叶ひ申間敷、乍レ然漂流の事は九死一生之至難にて、天と人とに係り候と存候。志あり才ある人に無レ之候ては、たとひ漂流候とても世の益には成り不レ申、人に係り候と申は此故にて候。有志有才の人有レ之候ても、風に放たれ候にあらざれば、此邦の小舟を以て巨海を渡り候事能はず、さて其暴風の必ず起り候はんことあらかじめ難レ定、又其暴風には覆溺の患必ずなしと申すべからず、天に係り候と申は此故にて候。然りと雖も此御時節天此皇国に福し給はゞ、望む所の風も起り無難に漂流も出来可レ申、五島辺にては風の爲に乍浦《さほ》辺の漁人此方へ来り候事も、此方の漁人かしこに至り候事も一年に五、六度は有レ之ことに承候。此節清の天徳（太平天国）の乱も彼此風聞は候へども慥なる事わかりかね候。むかし元の忽必烈《フビライ》志を得候へば、我に弘安の乱有レ之候。唐山の兵乱は我国に甚敷關係も候事に候へば、是又差向き探索申度、唐山地方にだに漂著候へば、彼の地方には米利堅等の船の往来断えず可レ有レ之。左候へば、志し候カリホルニヤ、ワシントン辺に至り候事容易なるべし。但し公辺御法も候へば、いづれにも万次郎に倣《なら》ひ候ことを忘れ候なと申候処、当人いかにも心得候とて、慨然として旅装を整へ少々の路費を無心候につき用達て遣し候」（114-5）

万次郎では役に立たないから松陰を海外へ送り出すと語る象山は、万次郎を単に時局変化の事例としてしか見ていないが、偽装漂流による密出入国が「天と人とに係」る難事であることはよく了解し失敗も想定した上で、「私に事を謀《はか》」るように一本気な松陰を唆したのだ。こうした策をポンポン出すところが象山のすごさかもしれない。だが万次郎に象徴される社会内流動性と地表の交通量の増大がもたらした幕末の激動エネルギーは、象山の想定を超えて、さらに松陰を突き動かすだろう（第六章）。両者の関係は影響ではなく共振である。

このころ万次郎は江川の勧めで剣道師範の娘と結婚した。〝帰り浦島子〟のような浮遊感を現実に着地させ、スパイ疑惑を避ける意味もあったのだろう。万次郎は開成所教授方に命ぜられて英語を授けた。もと幕府天文方に設置されていた蕃書和解御用を独立の機関に発展させる「洋学所」の設置計画(一八五五年)が一八五七年「蕃書調所」として実現し、一八六二年「洋書調所」と名前を変え、さらに翌年「開成所」となった。名称の右往左往が幕府の対外交渉の動揺を示して面白いのだが、転換点となるのは一八五八年の米、英、蘭、露と締結された修好通商条約である。五年後にはそれぞれの言語で通商に当らねばならず、すでに神奈川・長崎・函館・新潟・兵庫の開港、江戸・大坂の開市によって、西洋の文物が一挙に流入した。万次郎の英語教育の出番であった。

さらに万次郎は幕命で軍艦操練所教授となり、『ボーディッチ航海術書』の翻訳「亜美理加合衆国航海学書」を完成させた。太平洋横断の航路計算例も示すと同時に、『日米対話捷径』を執筆し、日米修好通商条約批准のための咸臨丸渡航に備えた。咸臨丸は米国から迎えに来たポーハタン号に随行すべく、万延元年(一八六〇)正月十九日浦賀を出港した。万次郎の乗船については、批准儀礼の際に「意外ノ弊害モ生ズベキ懸念」を云々する輩がいたが、船の運航に不安をもつ木村摂津守が、日本水夫だけで敢行したい勝海舟の反対を押し切ってブルックら米水夫を運航スタッフに加え、海事通訳が必要になったことから、万次郎の同行が決まった。ジョン・M・ブルック海尉は、江戸湾内を測量中にフェニモア・クーパー号が座礁し、咸臨丸で帰国することになったのだ。米領事館員になったジョセフ彦が見送りに来ていた。

四人の使節と八十四人のお供の洋行珍事はさておく。ブルックが記しているように、操帆労働の中枢にいたのは万次郎だった。ブルックは万次郎の通訳能力は疑問視しながらも（I doubt his capacity to interpret very much）、その冒険性格（an adventurous character）と操帆能力、開国に果たした役割（he has had more to do with the opening of Japan than any other man living）を高く評価し、咸臨丸航行中の見聞を次のように記している。

「日本人は皆船酔い」のため「老万次郎はほとんど徹夜だ。彼は昔を思い出し、船の生活を楽しんでいる（Old Manjiro was up nearly all night. He enjoys the life, it reminds him of old times）」

「昨夜万次郎が日本人水夫にマストに登るように強く言ったところ、帆げたに吊るすぞと脅されたという（Manjiro tells me that the Japanese sailors threatened to hang him at the yard arm last night when he insisted upon their going aloft）」

「（勝）艦長はまだ寝床から起き上がらない。（木村）提督も同様。日本士官たちが戸を開けっ放しにしたので、戸はバタつき、使ったコップや皿やヤカンが甲板を転げたり滑ったりで、まったく混乱していた。……万次郎のみが、日本海軍の改革に必要な事柄を知っている（The Capt. is still confined to his bed, the Commo., also. The officers leave the doors open which slam about, leave their cups, dishes & kettles on the deck to roll and slide about so that there is nothing but confusion. There does not appear to be any such thing as order or discipline onboard……Manjiro is the only Japanese onboard who has any idea of what reforms the Japanese Navy requires）」

「万次郎はいたく不貞腐れている。提督への服従を強いられるからだ。しかし見張りにつく必要性を日本士官たちに納得させた。私は、部下を見張りから外し、咸臨丸での仕事を拒否したら、提督はどうするだろうと尋ねた。船を沈没させるでしょうな、と万次郎は答えた（Manjiro is intensely disgusted. He is forced to yield to the Commo. But he has convinced the officers of the propriety of putting them in watches. I asked him what the Commo. would do if I took my men off watch and refused to work the vessel. Let her go to the bottom, he said）」

「万次郎は自由に話すが、同時に不安を見せる。とても危険な立場にあり、もめ事を用心深く避けねばならないのだ（Manjiro talks very freely but at the same time shows a certain uneasiness. He occupies a very dangerous position and has to be very careful to avoid difficulties）」

「万次郎は江戸の米国公使には決して近づかなかった。嫉妬深い日本人によって不利になりかねないことは公表したくないのだ（he has never approached our minister at Yedo. He does not wish anything published which would be turned to his disadvantage by jealous Japanese）」（255-9）

熟練水夫としての万次郎の監視と嫉妬にさらされた孤独な姿をよく伝えている。

傷みが烈しかった咸臨丸は、パナマ地峡経由でワシントンへ向う使節団と別れ、メーア島海軍ドックで修復後、帰路についた。丁髷《ちょんまげ》に刀を差した万次郎はホノルルのデーマン家を訪ね十年ぶりに再会する。サンフランシスコで日本人の監視が厳しく出せなかった恩人ホイットフィールド船長宛ての手紙を託し、デーマン牧師に脇差を贈呈した。これも日本刀にまつわる挿話である。このときは帰国直前でもはや不用。重くて処分したかったのだろう。周囲の目に敢えて逆らう所作である。のちに、この刀の錆を気にした長男東一郎は、刀を「日本へ送り返してもらい」、研磨して、「国際親善の宝刀」の献辞、桑の刀掛とともに再贈呈した（E・V・ウォリナー口絵43）。この息子も分析さるべき対象である。

ついでにもう一つ日本刀の話。万次郎が攘夷浪士に「斬姦」の対象として狙われていたころ、勝海舟が龍馬から世話を頼まれ岡田以蔵に護衛を依頼。万次郎が設計した西洋墓の下見に行った時、四人の暗殺者が万次郎を襲ったが、以蔵は、万次郎にむやみに逃げず、ピストルも撃たず、墓石を背にして動かないように指示し、襲ってきた二人を切り捨てた。結婚後、護衛が義父団野源之進に代わる。刃の動きをそれと気付かず、夜道に季節外れの蛍と思った瞬間、この幕末の剣客が刺客を仕留めていたという（中浜300）。万次郎ぐらい腕力があっても刀は無用なのである。居合いの名人を自称する福沢諭吉も早々刀を売り払った。

ところでサンフランシスコで万次郎が購入したものとして、諭吉と一緒に買ったウェブスターの辞書のみ注目されるが、その他の品々が興味深い。まず「母親の似像を撮るための（for the purpose of taking the likeness of his mother）」銀板写真機《ダゲレオタイプ・アパレイタス》（888）。咸臨丸がドックで修理中に、写真師から撮影法、現像用薬品の調合および使用法を学んで、持ち帰った（宮永219）。デーマン牧師に「母の写真さえ撮ってしまえば、もう用はありません！」と語ったという（888）。また万次郎はミシンを輸入した日本人第一号である。「母が目が悪いので苦労して針仕事をしないですむように」（中浜218）、ホウィーラー・アンド・ウィルソン社製のミシンを持ち帰った。中ノ浜までミシンを運んだ形跡がないそうだが、万次郎の心の中には永遠に「ドンザ」を縫い続ける母が鎮座していたことを物語る買物である。

帰国後、運航能力から見て艦長に任命されてしかるべき万次郎は、なんと軍艦操練所をお払い箱になる。横浜で外人と会話したという理由だった。上司は、対等に英会話する万次郎を使いこなせなかったのみならず、嫉んだ。また万次郎の側に、これを言っちゃおしまい、のような発言も多々あったのだろう。もっとも、時は大老暗殺、その首が行方不明になるという国家主権の崩壊を象徴する事件の直後で、ペリー襲来・開国を万次郎の手引きと考えかねない攘夷派への譲歩として開国派の万次郎が解雇されたという説もある（成田172）。

万次郎は咸臨丸渡航前後に、川路聖謨《としあきら》の支持を得て鯨猟を試みた。再び捕鯨者として活動は本望だった。しかし欧米捕鯨船による乱獲によって、日本近海にもう鯨は殆んどいなかった。それゆえ、のちの日本の捕鯨船は南氷洋へ出て行ったのである。

明治になって、万次郎は開成学校二等教授を務めた。明治三年、普仏戦争視察団に加わり、フェアヘブンのホイットフィールド船長に二十一年ぶりに再会した。貿易の中心の横浜港とゴッチャになった「横浜万次郎王子《プリンス》」（889）来訪という「ニューベッドフォード・イブニング・スタンダード」紙の誤報が、米国における万次郎の過大評価をもたらす。ヨーロッパで脚部潰瘍を患い、単身ロンドンから東回りで帰国。これで三度目の世界周航となる。東—西—東の順だった。息子に東一郎・西次郎と名を付けたのも肯ける。帰国後、軽い脳溢血により障害を抱え余生を送り、一八九八年十一月十二日に亡くなった。

晩年の逸話から。乞食にいつも食事を与えた。食えれば何とかなる。これが人間が生きる原点だ。ところでやや異常なことに万次郎はご飯に砂糖をかけて食っていた。石井研堂『少年読本・中浜万次郎』から引く。「万次郎の砂糖を好める性癖は、恐らくは、之を世界に求むるも、其儔類少からん。即ち、常住坐臥、暇あれば砂糖を口にすること、孩提《がいてい》の児の乳を好むよりも甚しく、三回の飯も亦、必ず砂糖をかけて喫せしこと、死に至るまで異らず」（322頭注）。糖尿病が気になるが、幼くして親元を離れた流浪の人生において、甘い砂糖が何らかの補填の役割を果していたのだろう。本章の要を成した「ドンザ」と並んで、万次郎の過剰適応の裏側に隠し込まれた奇妙な襞を示す話だ。

もう一つ印象的な逸話。「尾崎行雄が新聞記者をしていた頃……品川沖で」一人で釣りをしている人を見た。そのころ一人で舟で釣りをするのは珍しいことであったらしく、近づいて見たら万次郎であった。そこで万次郎に、最近の明治の新政府をどう見るか、と質問した。そうしたら万次郎は一言も言わずに、じっと釣り糸を垂れていた、という（中浜289）。徳川も薩長も、日本もアメリカも関係ない。飄然と元の漁夫に帰っていた。いなむしろ夢想の漁夫の境地に浸っていたというのである。ここに至るまでの遍歴の長さと重さを思えば、万次郎の適応・変様力の真骨頂を示して感動的な光景ではなかろうか。

足摺岬に建つ万次郎像

これに関連して、万次郎の英学読本における耳から聞いたままの英語音表記も、そのつどの意思疎通を必死で図らざるを得なかった漂流者の適応と遍歴を偲ばせる。「水 ワタ」「子 チルレン」「木 ウウリ」「島 アイラン」「女 ウヲメン」「東 イーシツ」「英国 インギラン」……これらは、アクセントの在る音節のみを強く発音すれば通じる、というよりその音節を強く発音しないと通じないという実用性を重視した表記である。たしかにロンドンで道を尋ねるとき、「バッキンガム・パレス」と棒読みしても通じない。「バァキングム・プルス」で通じる。そうした実用性もさることながら、書記言語ではなく音声言語、つまり現場でのみ通用していた漂う音へのこだわりが、そのつどの局面を必死で解読しサバイバルを図った漂流者魂を感じさせるのだ。

こうした言語観から見て一番すごい話は、晩年「英語をほとんど忘れているようでした」というイザベラ・バードの証言である（宮永250、ウォリナー226）。まるで中島敦『名人伝』の弓矢の存在すら忘れた名人のような話だ。ついに英語を学び解いて（unlearn）いたのだ。それは日本社会への哀しき過剰適応の結果だったかもしれないのだが、土佐弁・英語・東京標準語といった各領域言語を脱した沈黙の境地のようにも思える。ついにここに至った万次郎の変様を称えて、次の言葉を贈ろうではないか。日本刀よりはマシだろう。

――「故郷を甘美に思う者は、まだ嘴の黄色い未熟者である。あらゆる場所を故郷と感じうる者は、すでにかなりの力を蓄えたものである。しかし全世界を異郷と思う者こそ完璧な人間である」（サン・ヴィクトールのフーゴー）

最後に鶴見俊輔の言葉を引く。「かの国の軍事力と財力とを背景として、現政府の方針をたくみな英語で外国人に説明するのが国際人と考えられてきた明治・大正・昭和の見方から、はずれたところに万次郎は立っている。それはひとりの日本人として、おそれるところなく外人の間にくらし、要求すべきことははっきりと言う国際人の型である。……万次郎は民際人と呼ぶのがふさわしい。民際人であってはじめて、相手の心にあるものを察することができ、民際人を自己の内にもつ、ひとあじちがう国際人になることができる」(50)。怪しげな「国際人」云々は読み飛ばし、国家の存在や日米関係を前提とした万次郎像の奇妙な美化に対する警告として読むべきだ。もう一つ。

「今日も国家のかげにかくれがちな日本人と対照的に、中浜万次郎は、ひとりで世界をあるける人として私たちの前にある」(6)

よい言葉だ。漂民を読み直す標語となるだろう。

第五章　黒船に漂着してしまった仙太郎——日本最初のバプテスト信者

日本と諸外国との修好通商条約が結ばれた一八五八年、ニューヨーク・ハミルトンの第一バプテスト教会の受洗簿に「サム・シンタロウ」の名前で登録された人物がいる。吉田松陰が命懸けで乗り込もうとしたペリーの黒船にじっさいに乗っていた仙太郎、日本人（?）最初のバプテスト信者（?）である。（?）を付けたのは、受洗時にはアメリカ市民となり、のちに帰国して「日本人」として死んだときはバプテスト信者ではなかったから。そもそもサム・パッチ（Sam Patch）の徒名でペリーの黒船に留まった仙太郎に、自分は「日本人」であるという意識があったのか疑問ではあるが、たとえその意識を持っていたとしても捨てなければならない運命に仙太郎は立ち至った。ところが黒船から故郷に渡してくれと頼んだ手紙では「芸州瀬戸田倉蔵」を名乗っている。生口《いくち》島瀬戸田町の興福寺の過去帳に「熊蔵子倉次郎」とあるが、故郷との接触の形跡はない。まったくチグハグな、来歴も性格も頼りない、万次郎と対照的に没主体的な仙太郎＝サム・パッチの漂流《パッチワーク》人生。これも幕末の一局面かもしれない。それを追ってみたい。

栄力丸の漂流は、一八五三年ペリー来航後の出版許可により、彦蔵の『漂流記』と『ヒコ自伝』、利七の『長瀬村人漂流談』『漂流記談』、『通航一覧続輯《しゅう》百十六』に収められた清太郎聞書きなど様々な記録を残した。十七名の運命が、幕末の激動と共振し、それぞれに数奇を極めた。春名徹のこれまた名著『漂流——ジョセフ・ヒコと仲間たち』、山下恒夫『江戸漂流記総集』第五巻解題に拠り、まずは、太平洋交通増大後の和船漂流の典型例というべき漂流の様子を略述しよう。

〈十七名の運命の分岐〉
ハワイで死亡　船頭万蔵
樺島で死亡　安太郎
長崎で死亡　京助
アメリカに戻る　彦蔵＝ジョセフ・ヒコ、次作、亀蔵
黒船に一人残る　仙太郎＝サム・パッチ
乍浦にて出奔　岩吉＝ダンケッチ（「宝順丸」の岩吉と勘違いしないこと！）
中国船で帰国　九人（利七、清太郎、源次郎、喜代蔵、民蔵、幾松ら）

嘉永三年（一八五〇）十一月、酒で有名な灘大石村の千六百石積み新造樽廻船「栄力丸」は、酒と砂糖を積んで江戸へ下った。仙太郎は炊《かしき》（見習水夫）として乗り込んだ。九鬼港で「船頭表師」の知り合いのお調子者ヒコ（彦蔵）が加わり、仙太郎はヒコの影のような存在となる。乗組みの出身地は播州を中心に伯耆・紀伊・讃岐・伊予・安芸と広がり、第二章の「永住丸」同様、幕末の社

会内流動性を示していた。「栄力丸」は江戸からの帰路、「御前崎から紀伊の大島迄、一気に遠江灘と尾張湾の険を乗り切らうと」して遭難する。彦蔵によれば、「二百艘以上の船が同一航路に在ったが、……一艘も伊勢の港に避難しやうとするものは無」く、「彼等の大多数は、破壊して海底の藻屑と化した」。冬一番の突然の到来だったのだ。栄力丸は、「碇二梭《りょう》を曳かせたるが、其碇沈み兼つつ、船はしる時は片爪《つめ》海面に見る事度々あり」というほどの猛烈な北西風に吹かれ、八丈島沖をかすめて南へ流された。利七が故郷の氏神の夢のお告げにより、寝ていた舳《みよし》の「段尻苫」を離れたとたん、「大浪」によってその部分が「打落」されたこともあった。また清太郎によれば、「暮時東方に小島見へ、夜七時頃燈影見ゆる故、地方近しと大に喜ぶ。三日天明て見れバ、昨夜の燈ハ我等と同く檣を斬たる漂流船也」という、第二章でも述べたような不思議な遭遇もあった。青ヶ島をかすめた時は、老船頭万蔵が新造船に執着し、「上陸か守船か」をめぐる「神鬮《くじ》の衝突」で揉めているうちに、風で吹き流されてしまった。やがて船体がきしみ始め、「麻縄にて船体を横縦十字に纏ひて、万力にて巻〆《しめ》」たが、浸水がひどくなる。漂流五十三日後、飢渇状態のまま南鳥島沖で水没しかけたところ、幸運にも「御城の天守の如き」米オークランド号に救出された。「茶、砂糖、小麦粉」を積んだ広東からサンフランシスコへ向かう商船だった。

「九百石位」のオークランド号は安定性に富むバーク型帆船で、「僅に十一人」（利七によれば「十二人」）で操船していた。親切なことに、そこへ十七人を収容したのである。「船中甚狭く臥処なし。我十七人中十一人ハ小船を二ッ合せ其内に臥す。余六人ハ船の艫に臥す」状態となった。食糧は、いざとなれば積荷の「小麦粉」があったので、心配なかったようだ。毎日「パンを五十枚程」貰い、

「十七人にて分ち食」った。ただし文化衝撃《カルチャー・ショック》は起る。彦蔵は、「油の如きもの――バター――を塗れる菓子様の塊を食はんとすれば、何ともいへぬ臭気に胸悪くなりしかば、人しれず袂《たもと》に投こみ……急ぎ甲板に走り出て人の見ぬ間に袂より彼の胸悪き食物を取り出し、海中へ投棄た」。スープの肉片を「獣肉と知らずして食」べた漂民は、「斯る不浄のものと知らば、口にすまじきものをと悔」んだ。しかし彼らは次回からは、「郷に入ては郷に従へといふことあり。不浄なる四足の肉、我国にて食したらば悪からんなれども、此にては聊《いささかも》搆ふ所なし」、と考えて食うのだ。この適応の早さも、幕末の大阪における食生活の多様さがすでに準備していたものだろう。

太平洋航路に付き物の水問題が起る。「手語にて一日ニ水一抔ツ、くれよと乞」うたが、「夷人も手語にて、くるれバ乗船人悉く渇死する故、くるゝ事ならず」という返事。ここまでは「永住丸」漂民と同様だったが、「仕方にて何日を経ば此船は其定めの地に着するにやと問へば、彼早く之を悟りて、手真似にて指折数へ、四十二回寝《ねむ》りに就かば港に入るべしとの意を示せり」という記述から見て、四十一泊二十八人の給水量がきっちり計算されていた。太平洋交通はすでに定時運航《パンクチュアル》の段階に入っていたのだ。幸い、「廿四五日の内に、雨二度降、雨水漸少飲」んでいるうちに船は、二年前からのゴールド・ラッシュで賑わい、大小の船舶「二千余艘繋ぎて」ある「金山」＝「桑港《サンフランシスコ》」へ着いた。一八五一年二月三日、奇くも万次郎が琉球漂着を果たすのと同じ日付である。

「永住丸」同様、全員無事に新大陸に上陸した漂民たちは、太平洋対岸に強い関心を持ち始めた市民を前に、舞踏会《マクケレード・ボール》（利七曰く「蹴踊」）で「見せ物」「好奇の目的物」にされたこともあるが、おおむね歓待を受けた。「一行の年老株」は、帰国のさいの取調べを念頭に、「外国の事を知り外国の語を口にするものは忽ち牢獄に繋がる程の国禁」「外国の語など学ぶべからず」と警告したが、清太郎は、「煙草一本ツ、くる丶。又酒茶を飲ませ、菓子砂糖水をくれ、金をくれて、博奕を勧む。実に夢中竜宮に至る事かと」舞い上がり、「ハウ、アー、ユー……を、早合点に可愛と聞」くほど能天気な彦蔵は、米紳士に連れ出され、靴を買ってもらう始末である。このとき全員写真撮影され、保守派の利七は、被写体日本人第一号として歴史に残ってしまった。

　サンフランシスコから連絡を受けた東インド艦隊司令長官ジョン・オーリックは、日本へ開国を迫る手段として漂民に注目し、フィルモア大統領に建議した。ラクスマンが神昌丸の大黒屋光太夫らに、レザノフが若宮丸の津太夫らに注目したのと同じである。栄力丸の十七人は、一年ほどサンフランシスコ税関の警固船ポーク号で生活したあと、一八五二年「フヒジー島の土人に対し米人虐殺の談判をなさんとて発したる船」セントメリー号に移され、ハワイを経て香港へ移送され、訪日艦隊の編成を待つことになった。途中ハワイで船頭万蔵が病死したことが、残り十六人の行動を分散させることになる。香港で「世界に三艘と云」う巨艦サスケハナ号に収容されてから、漂民たちへの待遇が悪くなる。苦力《クーリー》の中国人を酷使していた米船員たちによって、扱いがひどくなったのである（「打擲されても銭ほしといふ支那人と交わるより、御身等をも支那人と同種のものと思ひ違へ、斯くは無礼に扱ふならめ」と彦蔵は推測する）。職権をめぐるトラブルでオーリックが失脚して、一八五三年四月後任のペリーが現われるまで、漂民たちはさらに一年待たされた。その間にいろいろなことが起こった。

まず香港の街中を散策中、或る男に「倭語」で「其所《そこ》達は何国の人ぞ」と話し掛けられ、びっくり仰天する。その男は「そふな〳〵魂《たまげ》解る事ハなかばい、我ハ肥前嶋原口の津の力松と申すもの也。おまへ方の事ハ一昨年より噂を聞たれバ、逢ふて色々咄し度《たき》事もあれ共、何さま今日ハ役用にて来り、段々用事もあり、日も既に暮に及びたれバ、明日にても我住家へ尋ね参らるべし。此湊の上の方にて、日本力松といふて尋ね給ハゞ、直様しれ申也」と告げて去った。島原方言丸出しの力松は、第一章の川尻船の一人である。訪ねてゆくと力松は漂民たちに、商船ですら打ち払う日本に軍艦で送還されることの危険を説き、香港に定住することを勧めた。栄力丸の一行は、利七によれば、ややビジネスライクな力松を、「よきにすかして己がものとせん腹なれバ、我々が為めにはあらじ」と信用しなかったが、いつもお参りに行っていた地元の社「チンチンショウシャ」の「神主体《てい》の人」もまた巨大な米軍艦での帰還を危ぶみ、広東、南京をへて乍浦へ自力で辿りつけば、長崎への定期貿易船が出ていると示唆した。もっともこの会話は筆談である。清太郎の理解によれば、「アメリカは、日本へ通商開きに行くと、五年前より、諸国へ沙汰し居れども、今に行かず。イキリスすら、打払らはるゝを恐て、行き得ぬに、アメリカ抔ハ、迚《とて》も行事ハせぬ故、南京へ行て、夫より、日本へ返れ」という示唆だった。

　漂民たちは「日本の神祭日」と欺いて一日だけの上陸許可をもらい、川尻船の庄蔵（ただし彼は「カラツホーナイ」＝カリフォルニアへ出稼中）の家で協議した。十六人の意見は二つに分かれ、七名は帰艦残留したが（気弱な仙太郎は残留組）、「欠落《かけおち》」組九名はそのまま南京へ向かった。しかし広東まで「二十里」、広東から南京までは「七百里余」、しかも時は一八五〇年に勃発した太平天国の乱の最中である。南京への逃亡行は無謀というものだった。「其体《てい》にてハ迚も南京へハ行かれぬゆへ、衣服を改めよ」と示唆され、「皆支那の衣を着し」たものの、九龍を出ると、すぐに盗賊団に身ぐるみ剝がれた。清太郎によれば、「食物につかへ飢る事甚し。茶屋らしき家ハ更になし。百姓家へ入て、銭四百文出して、飯を炊きもらひ食す。其家を出て行く事二丁許、前より六十人余来ル。各砲棒の類を提《さ》げ来り、むやミに我等へ立向ひ、手を執り、腰を握り、所持したる金銭衣服諸物悉く奪取らる。僅に襦袢一枚残るのミにて、辛き命を助り、山を走り登れば、又前より十四五人剣を抜て来ル故、又賊なるべしと思ひ、衣を脱ぎ裸体になりて見せければ、十四五人ハ、無言にて過行たり。山を下りたれバ、道分らず、家四五軒ある処へ行て、賊に逢ひ難義の由を語り、川舟にて、ハンカン〔香港〕江送り呉よと乞へども、許さず。其間に粥を烹てくるゝ。雨降故、門下に一夜宿せん事を乞ふ。許さず。依て止事を得ず、四人ハ本の道へ返る。四人ハ山を西へ指て道なき処を行、麓を繞《めぐ》りて歩む。跣足《すあし》なり。誠に苦む」、という有様だった。利七によれば九人は、「散り〳〵に元来りし道をたどりて香港へ立帰り」、遊廓でボラれたことにしてサスケハナ残留組に衣服を届けてもらい、なんとか帰艦した。

九人は脱走を詰問されると思った。ところが、「舩将が前いかゞあらんとあんじわづらひ帰りけれ共、実にしらざりしにや、態《わざ》としらぬ顔して居たりしにや、何事もいわでやみぬ」。まったく咎め無しということは、彼らがどうでもよい存在であることを露呈した。折ふし帰米する商船があり、水夫トマス・トロイはオーリックの許可を得て、彦蔵、次作、亀蔵を連れ出し、ゴールドラッシュが続く間に一稼ぎと、サンフランシスコへ戻る。トマスが運賃を立て替えることができたのは三人分だった。「己がものとなし」やすき年少者を選んでいったと利七は僻むが、彦蔵に次いで若かった仙太郎は選ばれていない。目立たない男だったのだろう。

　さて残る十三人は、太平天国の騒乱と米戦艦による送還の不安に怯えていた。サスケハナ号は米国の権益保護のため上海に回る。上海には「イキリス商船の番頭の如き」仕事をしていた音吉がいた。彼は乍浦―長崎ルートでの漂民送還に尽力しており、このときは漂民たちを代弁してサスケハナ号のブキャナン艦長との脱艦交渉に当たった。最初は漂民たちが交渉したが埒があかず、頼まれた音吉が英語を駆使して交渉したのである。音吉は、漂民救助という目的を手段にすり替えて漂民たちを苦しめることの非を衝いた。「利七等舩頭に付て暇を願ふに、中々不レ許、とやせん角やと思ひ煩ひけるに、乙吉（＝音吉）側より挨拶して云、足下是等を助けんと思ひて救ひしならば、宜く暇を遣《つかわ》すべし。折角助る共、是を苦しめては、何のせんあらんや。其上是等とても帰国は叶わずと思はゞ、日本海はよく詳知すべければ、いか様の瀬に乗懸させんも斗りがたし、とかく仁慈を以て助られよと、色々説けるにぞ。彼《かの》舩頭も納得して、やうやう暇を遣《つかわ》しける。され共炊千太郎一人暇を出さず。種々嘆き説け共《ども》、不レ許。千太郎が心の内思ひやられて哀れ也」。ブキャナンは世界市民《コスモポリタン》音吉がしたたかに説く論理を認めざるをえなかった。しかしそのうち到着する東インド艦隊提督ペリーの手前、最低一人の人質を船に拘束した。その哀れな一名が仙太郎だったのである。

　到着したペリー提督は、派遣艦隊予定の十二隻が揃わないこと（「たった四はい」！）に苛立っていたのだが、さらに、外交用の持ち札が一枚になってしまったことに激怒した。「舩将（ブキャナン）具《つぶさ》に事の子細を伸べ、暇遣《つかわ》したる段申ければ、総督《かまど》〔Commodore〕大ニ怒り、彼日本人共ハ

ペリー提督（出典：Illustrated London News, May 7,1853）

花盛頓《わーしんてん》より預りしものにて、日本へ参りし節の言種《いいぐさ》とも成べき故、此迄手厚く取計らひ置けるに、汝等の身分として勝手に暇遣たる儀、言語道断也、只今の内其行先へ参り捕へ来るべし。さもなくは罪は汝にありと、居丈高に」ブキャナンを叱責した。音吉の元へも脱艦した漂民たちを返せという使者が来て、「彼等は三年四年大切に養置たるもの共なれば、今迚《とて》も生すも殺すも此方の心次第也。何さまにも当時出し給ふこと能はずんば、我等日本渡海致す迄は貴様へ急度《きっと》預ケ置候間、壱人も取逃す事不㆓相成㆒。万一取逃さる丶儀もあらば、貴様を代りといたし日本へ誘ひ参るべくゆへ、左様心得居らるべき」、と恫喝した。これに対して、既に英国市民としての活動歴を積んでいた音吉は再度したたかな論理で反論する。「此は近頃迷惑なる事を申さる丶もの哉。日本人を預ると申た所が壱人や弐人の事にあらざれば、足手をく丶りて置《おか》る丶ものでもなし、又左様手ひどく致したらば如何成心を生ずるとも計り難ければ、所詮我ら力に叶ひ申さず。且彼等を取逃したらば我を日本へ連行段申され候へども、我は日本へ行《いか》る丶義理に非ず。……英吉利屋敷へ勤め居たれば、何ほど連行たく被㆑思《おもわれ》ども、決して此儀相叶申さず……」。使者は、「唯何さまにも船将の命なれば、急度《きっと》預り置、取逃し不㆑申様被㆑致《いたされ》かし」と言い残して、帰るほかなかった。清太郎によれば、「船中に日本語を少しなすものウリメスと云名（十六年ぶりに日本へ向うS・ウィリアムズ）ある故に、話を致させ度《たき》間、二三人暫時の間つかはし呉よ」という手口の申し入れもあった。音吉が、「是偽て日本人を取返んとする謀《はかりごと》なり」と喝破したという。脱艦した十二人は、「始終事の次第を物蔭より聞居」、不安に怯えていた。音吉は宥める。「さまで案じ給ふに及バず。亜墨利加《アメリカ》日本へ向て出帆致す事中々容易の事にあらず。渡海の上、程よく交易の願ひも叶たらば兎もあれ、若し事成らずして打払にても逢なん時は、随分一戦にも及ぶ覚悟ならば、船をも多く揃へ、人数をもよく撰び、前方より出帆の定日を触出し、万事厳重に取扱ふべし。さすればその触出しを聞き、其期に至りて逃去り、少しの内身を隠し給ハゞ、彼等も限りある門出ゆへ、いかに日本人を索《もと》むるとて、出帆の期を一日とも延引致す事ハよもあらじ」

漂民たちは音吉の作戦に従って、ペリー艦隊出航時には、身を潜めることにした。しかし不安に思った喜代蔵は乍浦めざして一人脱走。清国官憲に太平天国軍のスパイ容疑（「明の廻し人」）で捕まり、上海へ護送。「若し相違も有レ之、紛敷《まぎらわしき》ものならば、早速死刑」という問い合わせに、音吉が「飛が如くに役所へかけ付ケ」身請けした。艦隊出航時には、「漂人共は今朝より所々へ散じ、或は酒楼或は娼家など、奥深き内へひそまり居けれども、酒を呑にも味を弁へず、女郎を買うにも楽しからず」という状態だった。艦隊が出た後も、太平天国軍が南京を占領し北京へ迫る動乱の中、音吉は漂民たちを乍浦へなかなか送り出すことが出来なかった。しばらく待つうちに幾松も出奔。浮き足立った利七、喜代蔵、民蔵の三人が川舟を雇い、幾松を追って乍浦へ。幾松は上海へ戻されていたが、三人は音吉に合わせる顔がないと、乍浦の役所にネジ込み、居座る。やがて残る九人も乍浦へ送られてきた。

こうした出奔ドタバタの根底には、「乙吉の心中斗り難し、矢張我々を程よく諭し、英吉利へ取込むの心あらんか」という疑いがあった。清太郎は、「乙吉甚深切にて、強て留めけれども辞して、チヤツプー江行き、日本へ帰り度と請ふ。依て乙吉将館へ其趣を届く。親方（英デント社あるいは英貿易監督庁）も強て留め、我がイキリス船にて日本へ送り帰すべしと云ひけれども、強て辞す」と語り、漂民たちが英国側の恩情を振り切って乍浦へ向ったことを伝えている。山下恒夫は、「もし、栄力丸漂民の送還が、米国艦隊ではなく、英国の軍艦だった場合、はたして、音吉が同様の行動をとったかは、相当の疑問が残る……むしろ、その時には、音吉は通訳を買って出、英国軍艦への同行すら希望したのではなかろうか」、と言う。漂民たちが、日本開国を狙う英米間のリアルポリティークに翻弄されていたことは確かである。これに対して、音吉もまたリアルポリティークの只中に置かれていたのだが、そのなかにあって個人の善意が発揮できる最大限を示していた、と春名徹は言う。「一個人としてアメリカと闘い、栄力丸の一行を、自分と同じ運命におとしいれないために全力を尽し」た音吉の親切は、「中国在住の日本人のなかでも群を抜いて、きわだってみえる」。歴史に「もしも」は不要だが、音吉の助力がなかったとしよう。さすれば、山下恒夫が仄めかす如く、「栄力丸漂民の生存者全員は、嘉永六年六月のペリーの黒船に同行して帰国。往昔の江戸市民を大いに驚かし、瓦版や錦絵が飛ぶように売れ、開国挿話の一頁をも飾る、歴史上の脚光を浴びる存在」となったであろうか。その可能性は高くないように思われる。ペリーにとって漂民たちは、「日本へ参りし節の言種」「生すも殺すも此方の心次第」の存在なのだ。

ペリー艦隊出航後、音吉は、英国の管轄を離れた漂民たちを乍浦の役所まで送り届け、確実な帰国の手筈を整えてくれた。「乙吉夫婦ハ四五日滞留し、竟《つい》に泣て別」れたと清太郎は言う。その後、

「当年ハ夏船出ぬと云事になり」」、漂民たちは長期間引きとめられた。じりじり待つうちに、今度は岩吉が不安を抱き、「彼国動乱の中なれば、無難に帰国覚束なし。いつそ蛮夷に居《お》らんとの意」を表した書置きを残して、一人「欠落《かけおち》」（失踪）した。残る十一人は、岩吉は「病死せし旨」で口裏を合わせ、ようやく一八五四年七月になって乍浦から長崎へ送還されたが、二人は長崎上陸前後に病死してしまう。九人は厳しい取り調べを受け、年末それぞれの藩に引き取られた。

失踪した岩吉は、放浪の末に香港に戻り、二度目のペリー来航のさいに船員として採用された。ペリー『日本遠征記』末尾に現れる「著しく怜悧であって日本語の片仮字も平仮字も共に読み書きができ、英語を喋り、（不完全ではあったが）書くことを知り、非常に知識欲がさかんで、吾々の習慣や服装上の風習に順ひ、又極めてきちやうめんで清潔で始末もよい」二十二歳位の若者が香港へ戻った岩吉である。ダンスケヴィッチあるいはダン・ケッチ（Dan-Ketch）と呼ばれたという。岩吉はおそらく失踪後、幼名の「伝吉」へと名を変え、これがダン・ケッチと音韻変化したのだ。彼がケッチの語尾は、死刑執行人の代名詞ジョン・ケッチに由来し、徒名として水夫に好まれた。彼が伝吉＝ダンキチとして英大使オールコックの通訳となったことはあとで触れよう。

第一回目の訪日艦隊に一人残された仙太郎に話を戻す。仙太郎は、一八五三年、ペリー艦隊の旗艦にして当時世界最大の蒸気船サスケハナ号に、外交の展開によっては返還されるべき日本人漂民として乗船していた。『日本遠征記』によれば、「他の日本人全部は、もし帰国したら命がなくなりはしないかと恐れて、支邦に留《とど》まる方を選んだ」のに対し、彼は「乗組員の一人として規則正しく船勤めをしてゐた」。「サム・パッチ」と呼ばれていたという。水夫として軽快な働きぶりから、ナイヤガラ滝への飛び込みで当時有名な軽業師サム・パッチ（1807–29）にあやかって付けられた。「仙八」を名乗ったのかもしれない。

　春名徹は、「形の上では彼は栄力丸の乗組員としてはもっとも早く日本に到着したことになる」と、屈折に富んだ表現をしている。仙太郎は、日本に到着したものの、上陸はおろか、ずっとサスケハナ号の甲板に隠れていたからだ。二隻の大型蒸気フリゲート艦と二隻のスループ戦艦を連ねたペリー提督の強気の恫喝外交は、幕府の狼狽もあって、漂民一人の受け渡しのレベルをはるかに超えるものとなった。のちに音吉の回想によれば、「扨《さて》おもひもよらぬ事にて、打払等の気色は一向無レ之、依レ之其虚を付け込ミ、既に浦賀内海迄乗入り、傍若無人の振廻致せしか共、強て拒ミ防んものなく、竟《つい》ニ久里浜にて応接有レ之。……船より一ツの旗（虚報による白旗伝説？）を出し、これを日本へ預ケ置き、願の通《とおり》交易ゆるしあらば、此を返すべし。若し許し無レ之におゐては、返すに不レ及。後日軍船数十艘をさし向、腕検儀にて取返すべしといわぬ計《ばかり》の仕方迄致し、おもふ儘に狼藉を行ひ、又来春早々返翰受取として参るべきよし」という展開となったのである。「かかる軍船にて日本へ送られなば、御打払い有レ之は必定なり」と思い込んでいた音吉や漂民たちにとっては、思いもよらぬ事態の展開であった。「其外魯西亜も長崎へ参り、交易并《ならび》婚姻の儀願ひ出たる処、御拒ミも無レ之、却て莫大の御馳走に預」るありさまである。音吉は、自らが犠牲となった祖国の打払い政策を、対米関係においては「民族的な誇り」として受け止めていた。「いまとなって祖国がアメリカやロシアの要求を受けいれるならば、それは、ほとんど、音吉の全人生を否定するにひとしい行為」だったと、春名徹は音吉の胸中を忖度する。

他方、黒船船中の仙太郎はこのような状況で上陸・帰国したら死刑と思っていた。確かに寛永十二年に発したいわゆる「鎖国令」の条々、「日本人異国ぇ遣し申間敷候、若《もし》忍び候而乗渡る者於有レ之バ其者ハ死罪、其船船主共ニ留置言上可レ仕事」、「異国ぇ渡り住宅仕有レ之日本人来り候ハゞ死罪可二申付一事」は、公式には未だ失効していなかった。唐船、蘭船以外の船によって帰還した者は、「忍び候而乗渡る者」と規定されかねなかった。これに加えて、あまりに居丈高なペリーの砲艦外交に付合された仙太郎は、日本側から見えないところで「シンパイ、シンパイ」と震えていた。まあ人間、万次郎のように勇敢なのもいれば、臆病者もいる。「サム・パッチ」という徒名は「シムパイ」の音韻変化によって付けられたという説もある。初めは無理矢理収容された黒船は、ついに仙太郎のサバイバルの場となっていたのだ。故郷の影が薄い彼にとっては、一八五〇年にオークランド号に収容されてからずっと生活した西洋船が一種の故郷となったのかもしれない。ちなみに生《い》口《くち》島生れの彼は村上水軍の末裔である。

　仙太郎は黒船を必要とし、黒船も仙太郎を必要とした。本書で何度も登場する「ウリメス」＝ウィリアムズは、陸軍大佐の父とペリーの兄が対英戦で同志だった縁でペリー艦隊通訳に動員されたのだが、彼の『ペリー日本遠征随行記』にはサム・パッチの活躍が三箇所記されている。一八五三年七月十五日ペリーがミシシッピ号に移乗して江戸湾の奥へ侵入したとき、同じく移乗したサム・パッチは、品川付近の「風変わりな建造物」は「棒木」と呼ばれ「小島上の一つの木」であることを知らせた。二度目に来航した翌年の二月二十四日、外輪船を見物に日本の小舟が寄ってきた。「二、三の船と交歓していると、御用船が一隻、怒鳴りちらしながらその間に割り込んで来た。すると、彼らは蜘蛛の子を散らすように退いて行ってしまった。しかし、一、二隻が臨検されて、一人の男が見せしめのように笞でしたたかに叩かれていた。提督は、御用船が住民の船を追い払うなら、自分は御用船を追い払うとの指令を士官に持たせ、それをサム・パッチの口から伝達させようとした」。もう一回は帰路の七月一日、ミシシッピ号が奄美大島に近づいたときのことである。「その沿岸近くまで、島の大きさと港の有無とを調査に赴いた。モーリー氏がボートに乗って踏査に向ったが、海岸に近づくと、上陸を阻止しようと武器を構えて近寄ってくる原住民の一隊と遭遇した。その中のある男は火縄銃を持ち、また指揮者とおぼしき男は刀を握りしめ、そのほかの男たちは石や棍棒や槍で武装していた。サム・パッチはすぐさま彼らに誤解であることを悟らせた。そして、

御用船と平伏する舟子たち（ハイネ画『ペリー提督日本遠征記』より）

ボートは平和的な意図をもって訪れたものだと伝えると、男たちの大半は引き揚げて行ったので、ようやく浜辺に上陸することができた」。まさに『ロビンソン・クルーソー』第二部のフライデーの役回りである。フライデーは自分と同種族の原住民に「この人たちはよい人だから、矢を射掛けないように」と声をかけて、同胞によって射殺されたのだった。このようにサム・パッチの姿が散見されるのであるが、結局彼は交渉の場には現れず、交渉対象として言及すらされなかった。ペ

やや歌舞伎がかったフライデーの死の場面（Everyman's Library）

リーは漂民返還を梃子に開国を穏やかに迫るという戦略をすでに放棄していたからである。

一八五四年、仙太郎は月給九ドルを稼ぐ三等水夫としてペリー艦隊のミシシッピ号に乗って再来日する。懐かしさのあまり、仙太郎は艦長のアダムス大佐に故郷への手紙の手渡しを依頼した。艦長は「その善良な性質ゆえに仲間の水夫全員から好感をもたれ、全員がその不幸を哀れんだ」この水夫の依頼に応えて、手紙を浦賀奉行所与力であった香山栄左衛門に手渡した。日本側に驚愕が走り、仙太郎は日本側役人との意図せざる面会の場に引き出されることになった。「約束によって、サム・パッチが連れ出されて、日本役人の面前に出された。彼はこの高官たちを見るか見ないうちに、明らかに全く恐懼して直ちに平伏した。サムは祖国に到着すると生命が危険に曝されるだろうと述べるので、航海中仲間の水夫たちからしばしば笑われ、からかわれていた。そしてこの哀れな奴は、多分最後の時が来たのだと思ったに違いない。アダムス艦長は、極めて憐れ千万な恐怖を抱きつつ四肢を震わせながら跪いている彼サムに、膝を上げるようにと命令した。サムに対し、自分がアメリカの軍艦に居るのであり、乗組員の一人として全く安全であって、恐怖すべきものは何もないことを思い出させたのだったが、祖国の人の面前にいる間は気を取直させることができないと判ったので、間もなく立ち去らせた」

春名徹が指摘するように、ここには一方に、「国家とは生来のものであって選択の余地のあるものではない」「日本人ならば当然、日本の国家に帰属すべき」と考え「ただちに仙太郎の引取り」を試みた「責任感ある良吏」香山の、「いやしくも日本に生まれた庶民が、将軍家の御仁政の恵みをうけないで、夷狄アメリカの保護下にあるなどということはあってはならぬ、という仁政意識に根ざした善意」ならびに「船乗りふぜいが身をかがめるのは当然」という秩序意識があり、もう一方には、「人は自分の意志によって国籍を選びうる」と考える断固たるアメリカ軍人アダムスの、「権力者の前で庶民がとる卑屈な態度」への「嫌悪」、ならびに、「アメリカ軍艦の上、つまりアメリカ主権のおよぶ場所」へ日本的秩序が侵入することを排除しようとする意志があった。二つの社会構造の段差に漂流民の運命が弄ばれた瞬間だったのである。

日米和親条約が締結され、へつらい顔の宴会と、武威を少しは見せるための九十三人の力士による相撲ショーといった茶番ののち、艦隊は日本を去るのだが、その直前にも、同じような面会場面が繰り返された。「提督が出発する二三日前、森山栄之助は他の役人数人を伴ってパウハタン号に来り、すでに述べた日本人サム・パッチの日本に残ることを許され度《た》いと乞うた。提督は彼らに対して、本人が望むならば(日本に)残留することには何ら反対しない旨を告げたが、それはサム自身の自由意志によらねばならないこと、および、(日本人の)委員は同人が日本にいなかった廉《かど》で決して処刑することはないという誓約書を与えねばならないと言聞かせた。それればかりでなく、サムは遭難者であって、神意によってアメリカ人の保護に頼り、また自ら選んで一アメリカ船上の人となったのであるから、アメリカ市民としてのあらゆる保護と保証を受ける資格があった。それゆえに提督は、強制手段に訴えて同人を日本に残留せしめることに承認を与えることができなかったのである。日本の役人たちは、同人を日本に留めて何らかの傷害を加えるのではないかとの考えを一笑に付し、決して同人を苦しめることをせずに、非常に会いたがっている友人たちの所へ直ちに帰ることを許せという御要求に対する保証を委員たちは喜んで与えるだろうと語った。さてサムが呼び出されたけれども、日本人たちのあらゆる弁舌と説得をもってしても、彼を船から去らせることができなかった。事実サムは艦隊の日本滞在の全期間中、自分の位置の独立と安全を充分に諒解した様子が全然なかった。長い間の習慣によって、日本において自分より身分の上の者に戦き屈する卑屈さがひどく身に沁みていて、役人たちとの会見も彼に哀れな恐怖以外の感情を起こさせなかったのは甚だ明かなことであった。サムは祖国の風習通り役人たちの前にひれ伏した。そしてもしベント大尉が、アメリカの艦上、合州国国旗の下では、人間の形を有する如何なるものに対しても、かかる屈従を示すべきではないと決心して、すぐに立ち上がれ、と断乎として彼に命じなかったならば、彼は右の姿のままでいたことだろう」

彼が恐怖しているのは、第一章以来述べてきた鎖国令の死刑条項である。しかしすでに日米和親条約は締結され、それは撤廃されたも同然だった。彼の恐怖はやや季節外れに膨張していた。結局サム・パッチこと仙太郎は黒船に乗ったままアメリカへ帰る。栄力丸の仲間には見捨てられ、日本に対する恐怖感に打ちのめされた彼に、他の選択肢はなかった。東洋伝道を志す海兵隊員ジョナサン・ゴーブル（1827–96）が、哀れなサムを誘って一緒にニューヨークのハミルトンにあるバプテスト系マジソン学校《アカデミー》に入学した（登録名Samuel Sentharo, Sekokf, Japan）。ここでもまた〝日米友好物語〟成立寸前であるが、この二人の関係は、優秀なジョン・マンとホイットフィールド船長、あるいは「可愛い」ジョセフ彦とサンダース税関長の関係とはかなり違っていた。むしろ、英国で教育を施されビーグル号で送り返されるフェゴ島原住民とフィッツロイ船長の関係に近い。若いころ脅迫による強盗未遂で二年間入獄し、そこで神に目覚めたというゴーブルは、おどおどして出来の悪いサムを「ほとんど毎日」「何度も続けて」ぶっ叩き、日本布教めざして情熱的かつ暴力的に激励した。学校カリキュラムは、ラテン語、ギリシア語、地理、歴史、代数……。日本語の読み書きにも覚束なかった炊《かしき》のサムには苛酷であった。

彼は一年で退学を余儀なくされ、滝に飛び込み自殺未遂まで犯す。そのときも「『滝の水が安楽に死ぬには冷たすぎる』と思い、水を出て近くの家で衣服を乾かしてから家に戻った」。このサムが大量の水に浸かるバプテストの洗礼を受け、日本最初のバプテスト信者となったのである。「溺れるのでは」とシンパイしたのではないか（これは余計な心配か）。アメリカ・バプテスト自由伝道教会（ＡＢＦＭ）の機関紙一八五八年三月十六日号によれば、「キリスト教徒になる希望」と、「もし外国の宗教を身につけて帰ったら、自分の命を失うだけでなく友人たちをも危険にさらすことになる」という心の葛藤、それよりむしろ次作・亀蔵が羽振り好く暮らしているカリフォルニアへ行って金儲けしようとする邪念と、救いはキリストにのみあるという信仰が激しく葛藤して、自殺未遂となったらしい（川島第二郎『ジョナサン・ゴーブル研究』）。

一八六〇年仙太郎は、宣教師に任命されたゴーブルに伴われて来日する。そのときも神奈川で心配のあまり三週間船から降りなかった。米国領事ドールが米国旗の下でサム・パッチを保護する旨を幕府役人に了承させるまで待機したのだ。そして終生、外人居留区に住んだ。これは開国後の攘夷の動きが強まった状況にあっては賢明な心配だった。英国公使オールコックの通訳となっていたダン・ケッチ改めダンキチは、洋服にピストル武装して馬を乗り回し、「街頭で出会うといつも侮辱を加える大名たちの横柄な家来どもとよく衝突」していたが、一八六〇年桜田門外の変の二カ月前、外人に媚を売る国賊として「斬姦」された。「彼のような思慮分別がなくて気の短い男は危険だと感じた」オールコックは、「海外に送り出そうと真剣に考え」たが、本人が拒んだという。ダン・ケッチの墓は麻布広尾光林寺にある。近傍に米公使ハリスの用人（あるいは洋娼《ラシャメン》を弄ぶ異人）として暗殺されたヒュースケンの墓もある。

「安息日に働いていた大工の何人かを意識がなくなるほどに打ちのめす」宗教心を発揮したゴーブルは、上流階級への浸透を図った教会主流派と折合わず、入獄中に覚えた靴造りや英語塾で生計を立てながら、「マタイ福音書」のひらがな訳を試みた。第一章のモリソン号でも見られたが、日本人に聖書を届けんとする熱意には驚嘆するほかない。苦心の跡を見よう。イエスの言葉。「それこゝろに　まづしき　ものハ　さいわい　じや　けだし　てんの　ごセいじ　その　ひとの　ものなり　かなしむ　ものハ　さいわい　じや　けだし　その　ひと　なぐさめられよう」(5-3、4)。「われが　セかいに　たいへいを　ふらセに　きた　と　おもう　なかれ　われハ　たいへいを　ふらセに　きたらず　たゞ　やいば　なるぞ」(10-34)。ペテロの否認の場面。「すぐに　とりが　ないた　かつ　ペテロは　とりがなく　まゑに　あなたハ　われを　ミたび　いなむで　あらふ　と　イエスウ　が　いふた　こと　その　ことばを　おぼえた　かつ　そとに　いで、　なげきて

ないた」（26-75）

誤訳も多く、パンが餅に、盃が猪口《ちょく》に、箱船が丸木舟《うつろぶね》に化ける愛嬌もあるが、今日の日本語感覚に近く、結構通じる。「欠けだらけの翻訳の言葉の破片に神の光がぶつかって、なんともいえないヌミナス的な美しい光を放つ」（藤原藤男）という評価も肯ける。しかしこれは、さまざまな地域差や階層差をかかえた口語雑居・文体混交の数十年を経て言文一致の近代日本語が案出される二十年前の、あまりに早すぎる、画期的なまでに無謀な試みだった。漢語に依拠せずギリシャ語から平易な日本語訳を創出しようとしたことは、ロシア語からの二葉亭四迷の試みに先行する。ただゴーブルの中に日本語の文法・統語論・語彙選択基準がなかったため、彼の周囲にいた労働者層の言葉の混交が目立つ結果となり、日本の上流階級が用いる漢文に準拠しようとするスノビズム宣教路線に敗北したのである。この『摩太福音書』は数部が現存するだけだという。その希少書にとどめられた言葉遣いの中に、「ゴーブルに片仮名一つ教えることができなかった」仙太郎の用語が混じっていたかどうかは分からないが、打消「せなんだ」は安芸・東予あたりの響きである。

ゴーブルは器用仕事《ブリコラージュ》の才能があり、聖書販売伝道者《コルポーター》の二輪馬車を考案し、ついには乳母車を改造して人力車を発明するが（ただし石井研堂『明治事物起源』によれば筑前の和泉要助が明治二年に発明し翌年営業許可を取っている）、宣教師職は解雇された。サムはようやくゴーブルから離れ、横浜在留米人が結成したユニオン教会へ移る。バプテスト教会は除籍となった。ゴーブルは、「南方」出身の蕃書調所の「サムライ」に日本語を習ったた。吉田松陰の辞世の歌を教わったという。

その後サムは、改革派宣教師ジェイムス・バラのコックとなり夫妻とともに帰米した。故郷安芸に帰った形跡はない。もはや英語しか喋れなかったのだろう。そもそも仙太郎に帰るべき家はあったのか。一八七一年サムはようやく開化の路線が支配的になり、身の危険がなくなった日本に戻る。グリフィスの学友エドワード・ワレン・クラークが、勝海舟が作った静岡の学校の教授として赴任するとき、召使い兼コックとして雇われたのだった。このコックはライス・ケーキが得意だった。クラークは開成学校へと移る。サム・パッチは一八七四年脚気で死亡。行年四十一。静岡時代に中村正直と知り合った縁で、文京区大塚本伝寺の中村家墓地内に葬られた。メソジスト正直筆による「三八君墓」の碑がある。

サム・パッチの墓

栄力丸の十六名は、開国前後に五月雨のようにパラパラと帰国した。主権・統治機能の半ば崩壊というかたちをとった開国から明治維新に至る日本の歴史に対応するかのような、主権の隙間を通り抜けての帰国の様子は、江戸期の漂流例の中で最も分散的だった。帰国後の身の振り方も様々であるが、活用される者もいた。一八五三年幕府が大船製造禁止（「荷船之外大船停止之御法令」）を解除し、雄藩は洋船建造に着手したからである。播州に帰った清太郎と源次郎は、洋船知識を乞われて姫路藩の「速鳥丸」造船に携わり、士分に取り立てられた。清太郎は、「アメリカのペルリは、全く打払ハる丶覚悟にて、日本へ来りたるよし。癸丑《きちゅう》（一八五三）年の機会、実に惜むべき事なり。もし彼《かの》時打殺せば、万国の情態を知らぬゆへなりとて、其儘に済む事也。既今日に至りてハ、外国の情態詳になりたる事ハ、万国ミな知りたる故、とても打払ふ事ハなる間敷なり。残念なる事也」、と物騒な回顧を残している。

十六名のうち両極を示すのは、西洋紳士ジョセフ彦と、国粋派利七である。彦蔵は、アメリカ市民権を獲得（一八五八年）。ブルック海尉の測量船フェニモア・クーパー号で日本を目指すが、船酔いのためハワイで下船。米商船で香港・上海を経て、神奈川領事館通訳としてハリスと共に赴任。『漂流記』を出版して、蒸気機関車、鉄道橋、米墨戦争、鉄船の破壊力、入札（選挙）大統領制などを紹介した。何度も日米を往復し、ピアース、ブキャナン、リンカーンと、三代のアメリカ大統領に面会し、岸田吟香と協力して横浜で最初の新聞『海外新聞』を発行した。彼は一八五四年カトリックの洗礼を受け、キリシタン禁教後では最初の日本人（洗礼直後に米国市民？）カトリック信者となり、ジョセフ・新島に先立って、ジョセフ・ヒコ（Hicoだと「ハイコ」と発音されるので、Heco）と名乗った。青山外人墓地に「浄世夫彦之墓」がある。

利七は、長崎奉行所での取り調べのさい、アメリカとの接触を隠して、中国に漂着し送還されたとの虚偽の報告が見破られたとき、それが謝礼目当ての「唐人に欺かれ」てのことであると正直に申告して、事がこじれるのを防いだ。機転のきく有能な船乗りであった。「かれこれ物覚へては却て悪しからん」と覚えなかったにしては相当数の英米語の語彙集を残し、ジョセフ・ヒコ同様「ニユーシペツパラ」の重要性を洞察し、太平天国の乱が明清の戦いの相貌をもつことを看取した。しかし伯耆へ帰郷後は、名字帯刀を許され佐伯文太を名乗ったものの、船乗り稼業を禁ぜられた。藩校の小使いになってからは、神国観念と異国蔑視の考えを強めてゆく。

以下は春名徹に拠る。「結局のところ、彼を待ちうけていたのは飼いごろしの生涯である。……明治維新に前後するころ、彼は突然、自分には長瀬一宝大明神がのり移られたと口走るようになった。この神は、故郷長瀬村の鎮守で、栄力丸漂流のとき、文太の夢枕に立った神である。狂った文太は尚徳館の学僕を免ぜられ、村名主に引きとられた。明治二年七月廿六日、屋根普請を手伝う最中に、文太は屋根から墜落して死んだ。四十六歳であった」

開国後

〈意図する漂流者〉

第六章　黒船漂着に失敗したジャパニーズ・ロビンソン、吉田松陰漂流記

これまで、漂流を偽装したマクドナルド、川尻船や永住丸・栄力丸の漂民、そして万次郎に即して、幕末の日本列島をめぐる（動きを封じられた）動きを追ってきた。ここで、開国前後の日本の混乱を体現したかのような激しい身の振り方を示して、精神的な漂流を始めながらも漂流民になり損ねた男、黒船に漂着し損ねた男を考察する。徳富蘇峰いうところの「蹉跌の歴史」「失敗の一代」を生きた「フーテンの寅」ならぬもう一人の寅次郎、「事毎ニ必ズ敗レ、逢フ所必ズ逸ス」吉田松陰である（宇部中・山口高出身山田洋二監督が秘かに仕組んだ「フーテンの寅」＝松陰、すなわち、心の支えとなる妹の桜、松陰の兄の名を取ったタコ社長桂梅太郎、松陰の父の名を取った百合《リリー》、千代、団子巌ならぬ団子屋の跡取り車寅次郎、という配置と、モダニスト喜劇俳優を目指した渥美清＝田所康雄が、ハズれたおかしな男「寅次郎」というキャラクターに引き寄せられてゆく過程については、延広真治「『男はつらいよ』偏痴気論」、小林信彦『おかしな男　渥美清』を見よ）。

吉田松陰は心の中に「止むに止まれぬ」漂流魂を抱え、じっさい激しく国内を漂泊した。処刑時

は二十九歳。短い人生（一八三〇-五九）だったが、幕藩体制下の人間としては異例なほど動き回っている。彼の漂泊は、萩城下を遥かに離れた松本村団子巌に生まれ育ち、七人の子供を抱えた二十六石の下級藩士、父杉百合之助の実家から山鹿流軍学師範の吉田家に養子に出された時点で始まっていた。五歳にならぬうちに吉田家八代目を継ぎ、叔父玉木文之進による「三尺の童子に対するものとは思はれざる」厳しい詰め込み教育によって、彼の自我はいわば外側から強引に形成された。

萩は阿武川河口三角州上に造成された松の街である。指月しづき山を望む

「母の如き側にありて、流石に女心に之を見るに忍びず、早く座を立ち退《の》かばか丶る憂目に逢はざるものを、何故に寅次郎は躊躇するにやと、はがゆく思ひしとか」（妹千代の回顧談）。この藩の軍学師という作られた枠組みからの脱却の試みが彼の漂泊を加速することになる。

長崎遊学のさいは、島原、熊本まで足を伸ばした。舟以外はすべて徒歩。眼、耳、そして脚、つまりは全身を動かしつつ学問した。そのときの『西遊日記』の「序」が、或る意味ですでに彼の生涯を物語っている。つね日頃、ウロチョロ周遊せず書室に端坐して勉学思考せよ、という諫めを受けていたのであろう。その「序」は「学ㇾ道成ㇾ已、古今之跡、天下之事、陋室黄巻固足矣、豈有二他求一哉、顧《おもうに》人病不ㇾ思耳、則周二遊四方一何所ㇾ取焉」という朱子学的命題で始まる。「陋室黄巻」という言葉は二重に印象的である。狭い部屋に籠もり黄ばんだ古書を読めば事は足りる。

十歳で明倫館で軍学を講じた秀才少年はこのように勉学した。そして彼の後半生はこの状態を余儀なくされるだろう。しかし若き吉田大五郎は、これに対して言い放つのだ。「心本活、活者必機、機者従レ触而発、遇レ感而動、発動之機、周遊之益也」。心は機をとらえて発動する活物である、四方を周遊して機をとらえて、何が悪いというわけだ。もっともこの二側面はすでに山鹿素行（一六二二―八五）の中に懐胎していたものである。丸山眞男『日本政治思想史研究』によれば素行の考えは、人心そのものが「火に属し、生々息《やす》むなく、少《しば》らくも住《とどま》らず、流行運動するの謂」であり、「聖学の教は却つて都《すべ》て動く処に就いて人をして工夫を倣はしむ。動静又物なり。何ぞ必ずしも静を主とせん。動には動の工夫あり、静には静の工夫あり、是皆格物なり」、という動的な側面をも強調する格物主義だった。

　さて、こうして出掛けた平戸で寸時教えを受けた老学者がすごかった。『西遊日記』に曰く、「僕嘗て平戸に遊ぶ、その士林を観るに、家毎に必ず一小舸《ふね》を置く。少しく余暇あれば、洋に出でて魚を捕うるを以て楽と為す。僕知る所葉山左内なる者、食禄五百石、藩中老に列す、その齢また已に六十余、官暇あれば出でて大洋に漁す、常に曰く、『海島の士かくの如くならずんば、事に臨んで用を済さず』と。西南諸国、古より最も水戦に長ずと称す。而して今平戸頗る古風を存す、蓋し由りて然るところあるなりと」。葉山左内は『魏志倭人伝』に「好んで魚鰒を捕え、水深浅となく、皆沈没して之を取る」と記された「末盧国」の末裔だったのだ。この実戦的な葉山左内の塾で松陰は海防の実際を学んだ。また、林則徐の友人であった魏源のアヘン戦争の敗戦を自己分析した『聖武記附録』も精読している。平戸には山鹿軍学の祖述師がいたのだが、その戦い方ではどうにもならぬことを長崎での中国船観察によって確認したに違いない。その大船さえもアヘン戦争時、英船にはまったく歯が立たなかったのだ。

参勤交代に随行して江戸遊学に上る。これもすべて徒歩。海原徹『江戸の旅人吉田松陰』によれば、一カ月余りの旅程のうち十九日は八里以上歩いている。佐久間象山の塾に弟子入りしたことが、あとでふれるように尊皇攘夷派のなかでも特異な行動を彼に取らせることになる。江戸でもあちこち動き回っていたが、ふと東北漫遊の旅に出る。いちおう軍学師範だったから、北方海防の実態を実地検分する意図もあった。しかし同行する江幡五郎の亡兄の仇討に感じ入り、山鹿流陣太鼓の赤穂浪士の義挙の日付に合わせて旅立ったため、藩の旅券なしの決行となった。つまりは脱藩。その結果、士籍剝脱、幽閉（松次郎と改名）、そののち藩主の配慮もあり、軍学師範は解任、長州藩独特の「育《はぐくみ》」制度により実父の預かりとなり、十年諸国遊学、体のいい追放処分にあう。そのきっかけとなった旅の様子は蘇峰の筆に任せよう。

「旅行は、実に彼の活ける学問たりき。彼嘉永三年鎮西の山川を跋渉し（長崎遊学）、四年藩主の駕に扈《こ》して江戸に到り、相房形勢の地を按じ、さらに東北に向かって遠征を試みんと欲し、肥後の人宮部鼎《てい》蔵と、十二月十五日赤穂義士復讐の日を期して途に就かんとす。既に藩許を得るも未だ旅券を得ず、彼毫も遅疑せず、曰く、『一諾山よりも重し、俸禄捨つべし、士籍擲《なげう》つべし、国に報ゆるの業、何ぞ必らずしも区々常規の中に齷齪《あくさく》するのみならんや』。ここにおいて『頭を挙げて宇宙を観れば、大道は到る処に随う』の句を高吟し、短褐孤剣、武総の野を経て、水戸に赴き、白川に出で、会津に入り、越後に往き、佐渡に航《ふなたび》し、転じて羽州を貫き、さらに寒沢《さむさわ》（松島湾内の島）に抵《いた》り、遥かに函館海峡を隔てて松前を望み、転じて仙台より米沢に到り、再び会津を踏み、日光を経て江戸に帰れり」。蘇峰は、旅こそ松陰の「活ける学問」だったと喝破する。それは旅がデカルトにとって古い学問体系を振り払い近代的自我の出発点を探る決定的モチーフとなった経緯によく似ている。この旅によって松陰は、藩という枠組みや山鹿軍学から脱却し、水戸学の対外認識と危機感に共振することになる。

ところで国学へ傾斜した者たちはよく動いた。秋田から京都、伊勢まで歩いた平田篤胤。頼山陽の詩吟は旅先で光彩を放った。追われていたというよりそもそも放浪癖の高山彦九郎。三河の菅江真澄や伊勢三雲の松浦武四郎も国学の故郷出身である。正統派日本儒学は、場所の差異、そのつどの情の動きを考慮しない。標語は「存心持敬」、「守静居敬」。これに対し、陽明学、古学、国学系統の学問は、場所の差異、そのつどの情の動きにこそ、本質は宿ることを認識していた。この傾向は、普遍に対して個別を重視した西欧の唯名論と似ている。この類比から考えても、国学は尚古主義かつ唯心論であるというイメージは誤っている。好奇心に満ち、意外と唯物論的なのだ。古い物を好んだが、それは新たな関心からである。新しい物にも好奇心を示した。自宅の二階にさらに私秘的「個室」を拵え可動式の梯子を外してそこに籠もるほどに個我の圏域にこだわった本居宣長は、地理情報、故事来歴、さまざまな言語形態に関心を示し、それらを商人的な実直さで記録している（この側面は、情報を求めて松下村塾生を「飛耳長目」として全国へ派遣した松陰に受け継がれる）。伊勢白子《しろこ》の大黒屋光太夫のロシア見聞についても知っていたに違いない。「神昌丸」の積荷は松坂で宣長の家の筋向かい長谷川家のもの。用心深い宣長は文書を残さなかったが、弟子の服部中庸は聞書き

「一席夜話」を残した。

こうした多方面にわたる国学者の関心は、幕藩体制を脱却し剥出しとなった個我の浮遊を表している。それが、未だ存在せぬ国民国家「日本」との同一化を求めての浮遊となったのだ。松陰の場合、軍学の立場から日本の海防に不安を持っていたのだが、旅の見聞と水戸の尊皇攘夷派との接触を通じて、ロシア南進とアメリカ西進の威圧を全身に受けとめ、居ても立ってもいられない危機意識となって表れた。彼の身体が、会沢正志斎（一七八二―一八六三）が説いた「神州」日本という国体＝身体と共振《シンクロ》してしまったのである。林子平は『海国兵談』で「江戸の日本橋より唐、阿蘭陀まで境なしの水路なり」と危機感を煽ったが、彼はまだ陸の論理、海を恐怖する思考に囚われ、「此に備へずして、長崎にのみ備ふるは何ぞや」という防衛論であった。これに対して松陰の考えはむしろ本多利明に近づいてゆく。本多の『西域物語』は、「カムサスカの土地に本都を遷し（赤道以北五十一度也。エケレスの都ロントンと同じ、故に気候も相等し）、西唐（樺）太島に大城郭を建立し（赤道以北四十六、七度也。フランスの都ハリスと同じ、故に気候も相同じ）、山丹（沿海州）、満州と交易」すべしと説く。「日本の国号をカムサスカの土地に移し、今の日本を古日本と改号し、カムサスカに仮館をすゑ、貴賎の内より大器英才ありて徳と能と兼備の人を撰挙し、郡県に任じ開業に丹精をなさしむるにおいては、年を経て追々繁栄を添え、終に世界第一の大良国となるべき」というのだ。この新日本＝カムサスカ論は、今日読んでも驚くべき展望を示している。本多はアルファベット採用策まで考えていた。松陰はここまで開国派ではなかったとしても、水戸派のような単純な攘夷派ではなく、むしろ開国攘夷派とでもいうべき矛盾を抱えていた。竹島開墾に始まり、朝鮮・満州、さらには清国、ジャカルタ、喜望峰、オーストラリア遠征を夢見る松陰（「戊午幽室文稿」）は、むしろ植民地主義者としてのロビンソンの系譜に連なる。「魯墨講和一定、決然として我より是を破り信を戎狄《じゅうてき》に失ふべからず。但《ただし》章程を厳にし、信義を厚ふし、其間を以て国力を養ひ、取易き朝鮮・満州・支那を切り随へ、交易にて魯国に失ふ所は又土地にて鮮満にて償ふべし」（安政二年四月兄あて書簡）という見解は、征韓論にも通じていく。

江戸遊学時代の松陰は寅次郎の名で洋学者の門を叩いて廻った。海防論者であった宇田川興斎の『乙巳《いっし》漂客記聞』に序文を寄せた安積艮《ごん》斎、越中富山の長者丸の漂流記『蕃談』をまとめた古賀謹一郎を訪ねている。そのころ江戸でロビンソン物語をオランダ語から訳しつつあった黒田麹廬『漂荒紀事』は洋学者仲間で話が伝わっていたから、その噂を聞いたかもしれない。しかし何といっても若き寅次郎に決定的影響を与えたのは、西欧の軍事水準を正確に測定しつつあった佐久間象山だった。折りしもペリーの艦隊は、日本船の二十倍規模の巨艦を連ね、威嚇する大砲の轟音は江戸の町を震え上がらせた。ペリーは、「甚だ吃水の浅い、而して最も口径の大きい大砲をもつ蒸汽艦二三隻を以てすれば、江戸市を破壊することができる」という仮想シナリオを『日本遠征記』で述べている。当時の日本の大砲の射程距離は千七百メートル。艦隊のカノン砲は二千五百メートル。江川太郎左衛門は江戸湾に今も変わらぬ巨大な土木資本をつぎ込んで大砲台場を築きつつあったが、この台場を艦砲で粉砕するか、射程距離外を回り込んで浜御殿付近に接岸すれば、江戸城桜田門は十分射程に入った。林子平が『海国兵談』で説いた「小舟をもって異国の大船をなやますべき術」のような作戦を練ったところで勝負にならないと象山は説いた。攘夷どころではない。如何に植民地にならないように開国するかが課題なのだ。幕末の基本方針はこの象山から勝海舟に受け継がれた線である。佐久間は吉田寅次郎に、圧倒的な力の差があるときの戦法を説いた。曰く、『孫子』の兵法「伐謀」しかない。間諜となって敵地へ入り敵の力をそっくり我が物にするのだ。その力とは軍艦と操船技術にきわまる。国外に出ることは御法度だが、帰還した万次郎が「生国《しょうごく》押し込め」どころか幕府直参に登用されたことは、その海禁がすでに緩んでいることを意味する。外国船は国際法のルールに基づいて遭難者を収容する。万次郎のように漂流を装って外国船に近付けばよい。彼は米国に収容されて航洋法に習熟した。そしてまた万次郎のように漂流を偽装して帰還すれば、「偏鄙の地に育ち候猟師の子にて、和漢の文字をも心得ず、殊に幼年にて漂流し候故に、此国普通の言語さへ差支多く候よしに付、御取立に預り候とて大事の御用には立申まじ」き万次郎よりも御役に立つこと間違いなし（第四章参照）。確信犯的な山師、佐久間象山らしい唆《そそのか》し方である。これが漂流を装って日本入国を果たしたマクドナルドと同じ戦術であることに注目すべきだろう。逆方向だが、ともに国家という枠組みを外れた試みである。この試みは開国前後に様々な形で反復する。横井小楠（一八〇九―六九）は甥二人を密航させた。伊藤利助（博文）・井上聞多（馨）らは一八六三年密出国してイギリス留学へ向かう。新島七五三太も函館港が開いた機をとらえ密航するだろう。

松陰が密航失敗後に記した「幽囚録」に次のような興味深い表現がある。「是れより先き三二五年、合衆（国）の夷人脚船《てんま》に乗りて蝦夷に来り、陸地を徘徊す。松前侯之れを長崎に檻送す」。「三十五年」ではなく「三、五年」と読み、一八五四年から五年前のことだとすれば、まさにラゴダ号の水夫やマクドナルドを指している。彼らの渡来と送還が、祖国が安全に閉ざされていないという危機意識とともに、密出国と密入国の展望を寅次郎に与えたのである。
佐久間象山という傑物に触れておこう。彼は朱子学の伝統から出発しながら、根はロビンソン的な自活自立《セルフ・メイド》の男だった。その半ば逸脱的な自己形成の進め方が、山鹿軍学から逸脱する寅次郎の自己形成を導くのである。中年を過ぎてからオランダ語学習を始め、松代藩に買い上げてもらったショメールの百科全書を辞書と首っ引きで読みこなし、ガラス、葡萄酒、写真機、電池、電信機(一八四九年、本邦初)などを自前で作った。万次郎が帰国してそれらを伝える直前の頃である。佐藤昌介『洋学史の研究』は象山の読解力に疑問を並べているが、実践的どアマチュア根性が偉大なのだ。大砲を自前で造って実射で三回とも破裂し、「大砲を打ちそこなってべそをかき　あとの始末を　なんとしょうざん」と狂歌で嘲笑されたが、よいではないか。彼を導いたのは理の普遍性への確信である。書簡から二箇所引用する。「私の存《ぞんじ》候に、西洋人とても三面六臂《び》もこれ無く、矢張同じ人にて、本邦人なりとて片端《わ》ものにもこれ無く候へば、よくその書を読み考へをつけ候はゞ同じ様に出来候はんと存じ取掛り候所、果して何の苦も候はず出来申候」(藤岡甚右衛門宛て書簡)。「宇宙間に実理は二つなし。この理のある所、天地もこれに異なる能わず。鬼神もこれに異なる能わず。百世の聖人もこれに異なる能わず。近来西洋人の発明する所の許多《あまた》の学術は要するに皆実理にして、まさに以て吾が聖学を資《たす》くるに足る」(贈小林炳文)
このように、聖学=儒学と洋学を貫く格物窮理の普遍性への確信が、彼の多方面の試行錯誤を導いたのだった。彼の標語「東洋道徳、西洋芸術」(『省諐録《せいけん》』)もこの確信から生まれた。能天気親爺は、「君子に五の楽あり」と、「楽しい学問　gaya scienza」観を並べる。もちろん自画自賛でもある。「……西人が理窟を啓きし後に生れて、古の聖賢が未だ嘗て識らざりし所の理を知るは、四の楽なり。東洋の道徳と、西洋の芸術と、精粗遺《のこ》さず、表裏兼ね該《が》ね、因りて民物に沢し、国恩に報ずるは、五の楽なり」。ここに表明されているのは、明治になって現れた曖昧な「和魂洋才」よりむしろ「漢魂洋才」に近い考え方といえる。

幽閉時代に松代藩領内の調査旅行を記した「轁《くつ》野日記」もロビンソンの島の内陸への旅行を想起させる。至る所に有用物を発見して殖産興業を図るのだ。野草を利用した養豚業のため、江戸から子豚を連れ帰る。志賀山中に温泉も見つけた。志賀高原の観光開発はじつに象山に発するのである。こうしてみると象山は、一時代前の奇行遊芸に逸脱せざるをえなかった平賀源内よりはるかに実用器械＝ロビンソンに近い。内陸封鎖体制に対してロビンソン的な「海の論理」に立つ限りにおいて、象山は勝海舟とも深く結びついている。象山は、勝麟太郎の妹順子を嫁に貰い、勝に象山書院の標語でもあった「海舟」の扁額を与えた。「海舟」はロビンソン的な名前である。勝海舟が艦長であった咸臨丸航海の実態は、第四章で触れたように、ジョン・M・ブルック海尉と万次郎が指揮し、勝自身は船酔いで臥せていたのだが、自滅の瀬戸際にあった旗本官僚層を取りまとめ、最小限の犠牲で権力移動を統轄した胆力は、坂本龍馬同様、海をまたぐ視野と展望から発したものだった。

象山に唆されて寅次郎は、密航すべき異国船として、長崎に入港したプチャーチン率いるロシア艦隊に目標を定めた。象山は「吉田義卿を送る」という詩で激励した。萩吉田松陰書墨館の展示を見ると、紙片に走り書きの速筆である。「之子有二霊骨一、久厭二鼈躄《べっぺき》群一、振レ衣万里道、心事未レ語レ人、雖三則未二語レ人一、忖度《そんたく》或有レ因、相送出二郭門一、孤鶴横二秋旻《びん》一、環海何茫々、五洲自為レ隣、周流究二形勢一、一見超二百聞一、智者貴二投機一、来帰須レ及レ辰、不レ立二非常功一、後身誰能賓、象山平大星」。松陰が「鬢髪蓬《よもぎ》のごとく、懼《く》骨衣に勝《た》えざるがごとく、而して小倉織の短袴を着く」「一個の書生」（勝海舟談）として現われたとき、これを叱咤し「弟子の礼」を要求した象山（儒者中の「大星」を自称）だったが、国禁を犯して海外脱出を敢行しうる、そして帰国（早くて二年後の辰年）までの流浪に耐えうる「霊骨」を見たのである。「孤鶴」のイメージは、鼠イメージを足して二で割れば、貧相ながらどこか突出した「狂児」寅次郎の姿を浮かび上がらせるだろう。「環海何ぞ茫々たる、五洲自ら隣を為す」は象山が伝授した世界観を表わし、「周流形勢を究めよ、一見は百聞に超え、智者は機に投ずるを貴ぶ」は、寅次郎に期した行動力を表わした詩句である。感動した寅次郎はこの紙片をのちの下田踏海のさいも肌身に付けていたため、象山も密航罪に連座することになる。

かくして一八五三年秋、寅次郎は長崎めざして一路、江戸から東海道、山陽道を下る。伊予灘を渡り、豊後街道を西へ抜け、熊本で横井小楠、実学党の面々と歓談。おそらく密航企画で意気投合したのだろう。五泊してしまった。そののち長崎街道を急ぎ下る。十五里歩いた日もある。ところが長崎に着くと、パラルダ号を旗艦とするロシア艦隊は四日前に出港していた。熊本での長居がいけなかった。

ところで一年後プチャーチンはディアナ号で下田を訪れ、和親条約を締結するのだが、安政大地震で船は大破し、西伊豆の戸田《へた》でスクーナー船を建造した。そのときロシア船ヘダ号（あるいはロシア船員送還のためチャーターしたドイツ船グレタ号）に乗り込んで密出国した洋学徒にして雲水の橋耕斎（掛川藩士立花粂蔵《くめぞう》）がいた。彼はロシアに帰化してヤマトフ（『福翁自伝』）あるいはヤマトノフ（大和之夫？）を名乗り、外交スパイとして暗躍し、ゴシケヴィッチと共に『和露通言比考』を著した。岩倉使節団と会って明治七年に帰国し、おそらく語りえぬ過去を抱え込んだまま明治十八年に死んだ怪僧である。もし寅次郎がプチャーチンの長崎出港に間に合っていたら、彼もロシア船でペテルブルクへ運ばれた可能性が高い。歴史はこうした忘却された可能性に満ちている。そもそも密航者とはその秘密を守り続けたならば歴史に現れない存在である。太平洋対岸への漂着者を含め、埋もれてしまった密航者はほかにもいるだろう。松陰の動きもこうした密航者や漂着者の複数性の相の下で捉えねばならない。

さて失意の寅次郎は、別の方途として長崎から中国船で密出国することは試みず、ひとたび江戸へ帰る。一八五三年鈍通子（仮名垣魯文？）の筆により長崎滄浪軒から出版された『満次郎漂流記』はベストセラーになっていたはずだが、三年先輩の渡米者「ジョン・マン」の情報に関心を示した形跡はない。江戸に戻った寅次郎は今度は、再び来航したペリーの黒船に漂着を試みることになる。

ペリーの黒船を介してアメリカ大陸という大きな「島」へ意図的に漂着するジャパニーズ・ロビンソン第一号となるはずだった寅次郎の姿は、事件に関わったとして廃業に追い込まれた下田岡方村の宿屋「岡村屋」の息子の談話として残っている。明治二十六年に稀代のジャーナリスト蘇峰が下田の岡崎総吉から取材した貴重な情報である。「安政元年の春暮なんとする頃、二人の武士入り来り候。彼らは天城山を越えて来りたる様子にて、随分疲労したるかと見受け候」。宿に現れたのは三月十八日。二週間前の三月五日に江戸を立ち、神奈川付近を放浪して日米和親条約締結の様子を右往左往のうちに遠望。条約で開港することになった下田へ回ったペリー艦隊を追って徒歩で南伊豆までやってきたのだった。のちに野山獄で一年前を振り返り小半紙にカタカナ書き下し文でびっちり綴った「回顧録」という文書がある。これによれば、東海道通行の不便さを象徴する事例であるが、雨の日の酒匂川《さかわ》の徒渉は特に大変だったようだ。「十五日。雨。鎌倉ヲ発シ藤沢ニ出ヅ。酒匂川水頗ル長《たかく》、徒跣シテ是ヲ渉ル。誤テ深処ニ陥リ胸以下皆潤フ。小田原ニ宿シ、柴ヲ焼キ是ヲ燎《あぶ》ル」。こうして汚れた服装で、登り降りともに急勾配の天城越えで疲労困憊して下田に到着したのである。

　宿側の談話を続けよう。「下田見物のために罷り越せしと申せども、ただ着後直ちに自分の父を呼び寄せ下田の模様逐一聞きたるのみにて、その後は別にかけ廻りて見物する模様もなく、ただ寝たり転んだり立ったり坐りたりして日を送るのみにてこれ有り候」。二人のうち、「瘠せ形の小男」が寅次郎だった。その描写も貴重である。「満面薄き痘痕ばらばらと点じ、目は細く光りて眦《まなじり》はきりきりと上に釣り、鼻梁隆起して何となく凸様の顔面をなし候。両頬は下殺《げっそり》し顎にチリチリしたる薄き蒼髯乱れ生じ、髪は大束の野郎に結び申し候。序《ついで》ながらその来泊したる当時の風俗を申せば、木綿藍縞の袷衣《あわせ》に小倉の帯を締め無地木綿のぶっ割き羽織を着し、鼠小紋の半股引《ももひき》に脚半《きゃはん》をあて前後に小き小包物を負いおり候」。蘇峰の筆による寅次郎のこの着流し姿には殺気すら漂う。ただし勤勉な筆記者でもある松陰は筆記用具と半紙の束は絶えず携行した。あとで触れるが、R・L・スチーブンソンが激しく共感した「旅する文人」松陰の側面である。

　小包の中には蘭和辞書『訳鍵』と文法書も入っていた。この小包を背負い前かがみに急ぎ歩く姿は、萩松陰歴史館の蝋人形を見よ。志の低い修学旅行生徒たちが三十秒で駆け抜けるところだが、松陰の思いつめた貧相な姿が印象的である。想像で作られたこの人形の姿を、宿側の談話が裏書する。「この人はとんと衣服などには構い申さずと覚え、家にある時は勿論外に出るさえ羽織も着けず、ただ小倉の帯をぐるぐる廻したるのみにて御座候。一切沈黙したる風にて、家内の者共にも何とも話し懸けず、ただ食後にはトントン廊下を運動し、時々は余りの足音にて家の者共は内々小言を申し候。昼の間は動《やや》もすれば二階の簷《のき》を飛び超えて屋根に上り、それより幾時間となく海を眺め外船の阿《あ》那《な》の点にあるを見守りたることもこれ有り候」。十日間この宿に潜んで、夜になると黒船への接近方法を探っていたのである。「幾時間」も屋根の上で海を眺め黒船の位置を確認する姿は、松陰像の基底をなすものと受け取らねばならぬ。幕藩体制と親族のしがらみを断って異国探索へ出ようとするロビンソン的な姿だからである。宿の方はそんな大それた事を企てているとは露思わない。客は二十七日は帰ってこなかった。深夜の踏海に失敗して翌朝幕吏に自首したのだった。「ただ預け置きたる二組の半股引と脚半こそ遺物にして、現に母はこれを投げつけ、如何にも貧乏神が舞い込みたり、宿代を払わぬのみか、かかる迷惑をかけて、而してこれがその償いになるものかと罵り申し候」。踏み倒された宿代は一人分ではなかった。この幕末のロ

凝視するに値する萩松陰歴史館の蝋人形

ビンソン未遂者はフライデーを伴っていたからである。

萩を見下ろす団子巌に二人の銅像がある。すっくと立って遠方をまなざす些か理想化された吉田ロビンソンの傍らに膝まずいて、彼らが持つはずもなかった高価な望遠鏡を差し出しているのが金子フライデーである。金子重輔（重之助）は、萩城下の染物屋の子として生まれたが、武士層の最下級である足軽の養子となり、脱藩して江戸を徘徊していた。紫福《しぶき》村出身なので渋木松太郎を名乗った。鳥山新三郎宅で寅次郎の企てに意気投合し、下田踏海の同志となった。しかし密航敢行を決定した志士たちの集まりにも、身分差から参加していない。彼もまたロビンソン的なキャラクターだったのだが、身分差ゆえにフライデーとなることを宿命づけられた。疥癬に悩む寅次郎が蓮台寺温泉に出掛け、共同浴場で知り合った医師、村山行馬郎の家に厄介になっている間も、下田で見張りを続けていたのは金子である。望遠鏡で黒船を観察に来た佐倉藩士木村軍太郎が「和親通市」策を是としたのに「憤怒」し、宥める寅次郎に対して「世俗ヲ惑スモノハ正ニ斯人ノ徒《やから》ナリ」と反論する熱血志士だった。二人は下田に上陸してきた米海軍士官に、お辞儀し、「エー Eh」の声とともに「投夷書」を渡し、「アバヨ Abeyo」と声を掛けられ、別れた（『中浜万次郎集成』1132）。ペリー『日本遠征記』によれば、二人は「何か疚しいことを行おうとしている人々のもっている気後れの様子をしていた。彼等はあたかも、自分たちの行動を見ている同胞が誰も手近にいないかを確めるように、秘かに眼をあちこちに配り、それから士官の一人に近づき、その時計の鎖を讃《ほ》めるような振りをして、畳んだ紙を上衣の胸に滑り込ませた。彼等は意味ありげに唇に手をあてて、秘密にしてくれと懇願し、急いで立ち去った」。ここまで観察されて、事の成就は困難だろう。その

松陰と重輔

文書の中で、寅次郎は吉田家の家紋が「瓜の中に卍」であったので「瓜中万二（Kwanouchi Manji）」を名乗り、金子は渋木松太郎の変名をさらに、渋い木の「柿」と「松」の旁《つくり》の組み合わせに変え、「市木公太（Isagi Kooda）」を名乗った。この文書を紹介しよう。「至誠にして動かざるもの未だこれあらざるなり」（『孟子』「離婁上篇」）をモットーにした松陰の動的な「誠」の発露とともに、その「誠」が相手にも存することをあてにした甘えが感ぜられるが、必死の添削の跡をとどめた奇妙な文書である。返り点のみ振る。

「日本国江戸府書生瓜中万二・市木公太、呈㆓書貴大臣・各将官執事㆒、生等賦稟薄弱、軀幹矮小、固自恥《はじ》㆑列㆓士籍㆒、未㆑能㆑精㆓刀槍刺撃之技㆒、未㆑能㆑練㆓兵馬闘争之法㆒、汎々悠々、玩愒歳月、及㆑読㆓支那書㆒、稍聞‐知欧羅巴・米利幹《メリケン》風教㆒、乃欲㆑周‐遊五大洲㆒、然而吾国海禁甚厳、外国之人入㆓内地㆒、与内地人到㆓外国㆒、皆在㆓不㆑貸之典㆒、是以周遊之念、勃々然往‐来於心胸間㆒、而呻吟踧《し》跙《しょ》、蓋亦有㆑年矣、幸今貴国大軍艦、連㆑檣来泊㆓吾港口㆒、為㆑日已久、生等熟観稔察、深悉㆓貴大臣・各将官仁厚愛物之意㆒、平生之念、又復触発、今則断然決㆑策、将㆔深密請託、仮‐坐貴船中㆒、潜‐出海外㆒、以周‐遊五大洲㆒、不㆔復顧㆓国禁㆒也、願執事辱察㆓鄙衷㆒、令㆑得㆑成㆓此事㆒、生等所㆓

能為㆒、百般使役、惟命是聴、夫跛躄《はへき》者之見㆓行走者㆒、行走者之見㆓騎乗者㆒、其意之歆羨《きんせん》如何耶、況生等終身奔走、不㆑能㆑出㆓東西三十度、南北二十五度之外㆒、以㆑是視夫駕㆓長風㆒凌㆓巨涛㆒、電㆓走千万里㆒、隣㆓交五大洲㆒者、豈特跛躄之与行走、行走之与騎乗之可㆑譬哉、執事幸垂㆓明察㆒、許㆓諾所㆑請、何恵尚㆑之、但吾国海禁未㆑除、此事若或伝播、則生等不㆔徒見㆓追捕㆒、刎斬立到、無㆑疑也、事或至㆑此、則傷㆓貴大臣・各将官仁厚愛物之意㆒亦大矣、執事願許㆑所㆑請、又当為㆓生等㆒委曲包隠、至㆓于開帆時㆒、以令㆑得㆑免㆓刎斬之惨㆒、至㆓若他年自帰㆒、則国人亦不㆔必追㆓窮往事㆒也、生等言雖㆓粗暴㆒、意実誠確、執事願察㆓其情㆒、憐㆓其意㆒、勿㆑為㆑疑、勿㆑為㆑拒、万二・公太拝呈」

ペリー艦隊には仙太郎が乗っていたが、炊《かしき》の彼は漢文を読めない。中国へ来て二十年目の印刷宣教師ウィリアムズも和製漢文には面食らっただろう。ただし要旨は単純である。「東西三十度、南北二十五度之外」へ出ること、三回繰り返された「五大洲」の「周遊」「隣交」に尽きている。あとはひたすら「国禁」違反による「刎斬《ふんざん》」の怖れを説き憐れみを乞う文章である。のちに江戸の牢内で同居した牢名主添《そえ》役の仏僧は、「汝ガ如キハ 憐《あわれみ》ヲ夷人ニ請フ、鄙《ひ》モ亦甚シ」と嘲った。このように嘲りを受けたことまで丹念に記した「回顧録」は相当の自己観察文である。しかし「投夷書」に付した「別啓」文は甘えそのものというほかない。書き下すと、「願はくは貴船の各大員合議して、請ふ所を許允せられなば、則ち明夜人定後、脚船《てんま》一隻を発し、柿崎村海浜の人家なき処に至りて、生等を邀《むか》へられよ。生等固《もと》より応に約に先んじて該地に至り相待つべし」。迎えの船をよこして欲しいというのである。日米和親条約調印にようやくこぎつけて双方の批准を待つペリーが、このような背反行為に応じるわけがない。これでも添削後であって、三月八日の文案は「初更火ヲ点ジテ号トスル故、脚船ニテ来リ迎ヘヨ」だった。無警戒さがいかにも権謀術数に疎い松陰らしい。のちに軍国主義剝き出しの山県有朋らの精神的粉飾のために流用される松陰像は何かを決定的に見失っている。

下田踏海決行（というよりむしろその蹉跌の連続）の全容は「回顧録」に記されているが、その中でも「三月廿七日夜記」は松陰漂流記として読める。それは松陰が果たせなかったアメリカ大陸漂着記に代わる、やや矮小とはいえ、必死の漂流と黒船漂着の記録である。間が抜けた失敗の連続を自己観察的に綴った文章は熟読に値する。以下、詳しく紹介する。

「三月廿七日、夕方、柿崎ノ海浜ヲ巡見スルニ、弁天社下ニ漁舟二隻泛《うか》べリ。是究竟ナリト大ニ喜ビ、蓮台寺村ノ宿へ帰リ、湯へ入、夜食ヲ認《したた》メ、下田ノヤドへ往クトテ立出（下田ニテ名主夜行ヲ禁ズル故、一里隔テ蓮台寺村ノ湯入場へモ、ヤドヲトリ、下田へハ蓮台寺へ宿スト云、蓮台寺へハ下田へ宿スト云テ、夜行シテ夷船ノ様子彼是見廻リ、多ク野宿ヲナス）、武山ノ下海岸ニ夜五ツ過（午後八時）マデ臥ス。五ツ過此ヲ去、弁天社下ニ至ル。然ルニ潮頭退キテ漁舟二隻共ニ沙上ニアリ、故ニ弁天社中ニ入リ安寝ス」

野宿までして夜行禁止の下田を徘徊し、無断拝借できそうな小舟を見つけ、いざ決行となると、干潮で船は砂上にあった。そこで弁天島の社《ほこら》で寝て満潮《みちしお》を待ったという。海辺の萩に育ちながら干満を忘れた間の抜け方と決行の意思のアンバランスが可笑しい。

草木も眠る丑三つ時、二人は行動を開始する。「八ツ時（午前二時）社ヲ出テ舟ノ所へ往ク、潮進ミ舟泛べリ、因テ押出サントテ舟ニ上ル。然ルニ櫓グイナシ、因テカイヲ犢鼻褌《ししばなふんどし》ニテ縛リ、船ノ両旁へ縛付、渋木生（金子重輔）ト力ヲ極テ押出ス、褌タユ」。櫂を固定する杭がなく、褌で代用していたが切れてしまったのだ。そこで「帯ヲ解キカイヲ縛リ、又押ユク。岸ヲ離ル丶コト一町許《ばかり》、ミシッピー船へ押付、是マデニ舟幾度カ廻リ〳〵テユク、腕脱セント欲ス」。「船」は黒船、「舟」は漁舟をさす。春先の荒波でクルクル廻るこの舟を操れず、肩が脱臼しそうになったのであろう。それにしても褌はちぎれ、帯を外し、一体どんな格好になっていたことやら。それでも沖合い百メートルのところに停泊していた黒船になんとか接舷したのである。

「ミシッピー船へ押付レハ船上ヨリ怪ミテ燈篭ヲ卸ス。……火光ニ就テ漢字ニテ吾等欲往米利堅、君幸請之大将、ト認メ、手ニ持チテ船ニ登ル。夷人二三人出来リ、甚怪ム気色ナリ。認《したた》メタル書付ヲ与フ。一夷携テ内ニ入ル。老夷出テ燭《あかり》ヲ把リ、蟹文字ヲカキ、此方ノ書付ト共ニ返ス。蟹文字ハ何事ヤラン読メズ。夷人頻《しきり》ニ手真似ニテポウパタン船へユケト示ス。吾等頻ニ手真似ニテバッテイラニテ連レ往ケト云。夷又手真似ニテ其舟ニテ往ケト示ス」。船上に上がるや否や漢文を書く臨機の速筆、またそのための筆記道具を肌身につけていたところが、文人松陰の真骨頂を示している。しかし誰も読めなかった。歴史の偶然で、このミシシッピ号には仙太郎が乗っていたはずだが、怯える彼は呼び出されなかった。もし読まされたとしても日本書字は読めなかっただろう。英文の書付を渡した「老夷」とは、仙太郎の故郷への手紙を取り次いだ艦長のアダムス大佐である。

「蟹文字」は横文字を指す。寅次郎は蘭学をかじったが、英文はまったく見当がつかなかった。「蟹文字ハ何事ヤラン読メズ」の文言は哀感をそそる。とはいえ、完全に自己を対象化した語りは、居直りと笑いすら感じさせる。結局は厄介払いのように、ペリー提督の旗艦ポーハタン号へ行けと追い出されたのだ。舟を操るのに疲れ果てた松陰らは、黒船の橋船《バッテイラ》で送ってくれと厚かましく頼んだが、断られた。

「已ムコトヲ得ズ、又舟ニ還リ、力ヲ極メテ押行コト又一丁許《ばかり》リ、ポウパタン船ノ外面ニ押付。此時渋生（金子重輔）頻ニ云、外面ニ付テハ風強シ、内面ニ付クベシト。然レ共カイ自由ナラズ、舟浪ニ随テ外面ニツク。船ノ梯子段ノ下ヘ我舟入リ、浪ニ因テ浮沈ス、浮ブ毎ニ梯子段ヘ激スルコト甚シ。夷人驚キ怒リ、木棒ヲ携ヘ梯子段ヲ下リ、我舟ヲ衝《つき》出ス。此時予帯ヲ解キ立カケヲ着居タリ。舟ヲ衝出サレテハタマラズト夷船ノ梯子段ヘ飛渡リ、渋生ニ纜《ともづな》ヲトレト云。渋生纜ヲトリ未ダ予ニ渡サヌ内、夷人又木棒ニテ我舟ヲ衝退《つきの》ケントス。渋生タマリ兼、纜ヲ棄テ飛渡ル。已ニシテ夷人遂ニ我舟ヲ衝退ク。時ニ刀及雑物ハ皆舟ニアリ。夷人吾二人ノ手ヲトリ梯子段ヲ上ル。此時謂《おもへ》ラク、船ニ入リ夷人ト語ル上ハ、我舟ハ如何様ニモナルベシト。我舟ヲハ顧ミズ夷船中ニ入ル」。

二人はさらに百メートル離れた別の黒船をめざした。波風が荒い外洋側ではなく、穏やかな陸地側に接舷せよ、とアドバイスした金子フライデーは、吉田ロビンソンより海の状況判断や操船術を弁えていた。しかし二人は舟を操れず、外洋側に接舷するほかなく、波の上下動が小舟をタラップに打ちつけた。すると黒船の船員たちは棒で舟を突きのけようとしたのだ。吉田ロビンソンは、帯がなく肌けていた服装を整えると、咄嗟にタラップに飛び移り、小舟に残る金子フライデーに纜を投げるように命じた。これで小舟を引き寄せようとしたのである。しかしさらに棒で舟は突き離され、置いてきぼりにされると慌てた金子フライデーもタラップに飛び移り、小舟は「武士の魂」たる刀や証拠物件を載せて漂って行ったのである。

こうして二人はなんとか黒船に入った。ところが、「見物」にきたと思われた。「船中ニ夜番ノ夷人五六名アリ、皆或ハ立チ或ハ歩ヲ習ハズ、一モ、尻居ニ坐スル者ナシ。夷人謂ラク、吾等見物ニ来レリト。故ニ羅針等ヲ指シ示ス。予筆ヲ借セト云手真似スレ共、一向通セズ。頗ル困ル」。このときは筆記用具を小舟に残したのか、筆談を試みることもできなかった。「其内日本語ヲシルモノ、ウリヤムス出来ル、因テ筆ヲカリ、米利堅ニユカント欲スルノ意ヲ漢語ニテ認メカク、ウリヤムス云ク、何国ノ字ゾ、予曰、日本字ナリ、ウリヤムス咲《わらって》曰、モロコシノ字デコソ、又云、名ヲカケ、名ヲカケト、因テ此日ノ朝上陸ノ夷人ニ渡シタル書中ニ記シ置ツル偽名、余ハ瓜中万二、渋生ハ市木公太ト記シヌ」。通訳ウィリアムズは乱筆の和製漢文は読めなかったが、名前を記すと、当日の朝スポールディング士官が受け取った書簡「投夷書」の筆者だと認知された。「ウリヤムス携テ内ニ入リ、朝ノ書翰ヲ持出、此事ナルベシト云。吾等ウナヅク。ウリヤムス云、此事大将ト余ト知ルノミ、他人ニハ知ラセズ。大将モ余モ心誠ニ喜ブ。但横浜ニテ米利堅大将ト林大学頭ト、米利堅ノ天下（大統領）ト日本ノ天下（将軍）トノ事ヲ約束ス。故ニ私ニ君ノ請ヲ諾シ難シ。少シク待ツベシ。遠カラズシテ米利堅人ハ日本ニ来リ、日本人ハ米利堅ニ来リ、両国往来スルコト同国ノ如クナルノ道ヲ開クベシ。其時来ルベシ。且吾等此ニ留ルコト　尚三月スベシ、只今還ルニ非ズト」

ウィリアムズ『ペリー日本遠征随行記』によれば、この書簡の対応については、「条約の精神に違反して連れて行くことはできぬ」というペリーの判断がすでに確定していた。老ペリー提督は睡眠中だったのか、出てこない。この書簡はなかったことにする、やがて国交が開かれてから来なさい、とウィリアムズは諭したが、いわば退路を断たれた二人は必死である。「吾夜間貴船ニ来ルコトハ国法ノ禁ズル所ナリ。今還ラバ国人必吾ヲ誅セン。勢還ルベカラズ」と訴えた。これに対してウィリアムズは「夜ニ乗ジテ還ラバ誰カ知ルモノアラン。早ク還ルベシ」、と原則的に対応すると同時に、「此事ヲ下田ノ大将黒川嘉兵知ルカ。嘉兵許ス、米利堅大将連テユク。嘉兵許サヌ、米利堅大将連テユカヌ」、と妥協案を提示した。浦賀奉行所支配組頭として交渉に当たっていた黒川の許可次第という選択肢もペリーの判断に含まれていたのだろう。これに対して吉田ロビンソンもしたたかに答える。「然ラバ、吾等船中ニ留ルベシ。大将ヨリ黒川嘉兵ヘカケヤイ呉ルベシ」。しかしこれは拒否された。

結局、二人はボートで陸へ送り返された。ポーハタン号を離れる前に次のような問答もおこなっている。

……ウリヤムス云、「君両刀ヲ帯ルカ」。曰、「然リ」

「官ニ居ルカ」。曰、「書生ナリ」

「書生トハ何ゾヤ」。曰、「書物ヲ読ム人ナリ」

「人ニ学問ヲ教ユルカ」。曰、「教ユ」

「両親アルカ」。曰、「両人共ニ父母ナシ」（此偽言、少シク意アリ）

「江戸ヲ発スルコト何日ゾ」。曰、「三月五日」

「曾テ予ヲ知ルカ」。曰、「知ル」

「横浜ニテ知ルカ、下田ニテ知ルカ」。曰、「横浜ニテモ下田ニテモ知ル」

ここまで偵察されていたことにウィリアムズも驚いた。ウリヤムス怪テ曰、

「吾ハ知ラズ。米利堅へ往キ何ヲスル」

「学問ヲスル」


印象的な問答である。「学問ヲスル」の文言は、松陰の知行合一的な行動＝学問観とともに、攘夷という旗印を外したときの松陰の本音を表わしている。しかしこの問答を最後に交渉は行き詰まり、下田踏海はついに失敗に終わる。軍艦は、マクドナルドが密航に利用した捕鯨船、あるいは万次郎が琉球密航に利用した商船とはまったく異なる。しかもこの軍艦は日米交渉の重大な任務を帯びていた。ペリーの対応は冷静に事務的だった。交渉の妨げになりかねない密航者収容などするはずもなかった。

ウィリアムズはボート隊長に流失した小舟の捜索を依頼したとされるが、この隊長には松陰が勘違いしたような権限はなかった。「バッテイラノ船頭直ニ海岸ニ押付、我等ヲ上陸セシム。因テ舟ヲ尋ルコトヲ得ズ。上陸セシ所ハ巌石茂樹ノ中ナリ。夜ハ暗シ、道ハ知レズ、大ニ困迫スル間ニ夜ハ明ケヌ」。吉田ロビンソンと金子フライデーはジタバタすることを諦め自首した。黒川の調書によれば、二人はもう少しジタバタし、「二十八日朝無刀にて須崎村にいたり、乗りすて候伝馬船穿

鑿のこと、内々村役人にたのみ候えども、用向きをもって断り候につき、余儀なく柿崎村にいたり、村役人どもへ内々たのみ候えば、右は今朝同村字《あざ》渡り鳥浦へ伝馬一艘流れより、内に腰のもの、そのほか品々これあり、捨ておきがたく下田御用所へ出訴済み候間、もはや内分にては渡しがたきむね」を告げられて、ようやく諦めたのである。松陰漂流記は次の歌で終わる。「世ノ人ハヨシアシコトモユハゞイへ賎ガ誠ハ神ゾ知ルラン」。翌日森山栄之助がポーハタン号へやってきて、「昨日発狂した日本人二人が艦隊に赴いたが、何か不埒なことをやらなかったか」と尋ねている。その日本人の試みが英学の師マクドナルドの試みを反対側からなぞるものだったことを、この有能な通訳は気づかない。ペリーは「厳重な法律を破り生命を賭けるほどの激しい知識欲」を示した二人の斬首は止めるように黒川に伝えた。

二人は江戸に護送される。吉田寅次郎は最初牢名主に板切れで小突かれていたが、周辺からの金策が効いて「御客」「若隠居」「仮坐隠居」「二番役」「添役」と牢内で出世した。町民出身の金子フライデーは哀れである。無宿牢、ついで百姓牢に押し込まれ、衰弱のきわみに陥った。江戸から萩へ檻送のときも、立つことができず、板で「舁出《かきだ》」されたほどである。「泄利の症を発し」た金子は、長期の檻送の途中、汚物にまみれた衣服の交換もままならず、萩に着いてもなお百姓牢「岩倉獄」に詰め込まれていたが、二カ月後に獄死する。二十五歳だった。寅次郎は号泣し、獄中食を削って墓を造った。萩岩倉獄跡に刻まれた「獄中聞渋木生赴」の終節。「夢魂尚相逐、聞赴却自疑、豈計生別離、更為死別離」

寅次郎は一年二カ月「野山獄」にあった。杉家に生まれ吉田家を継いだ彼は、杉＝十八＋三、吉田＝士＋十＋口＋口＝二十一回、というこじつけにひらめき、人生のうち二十一回は寅＝虎の猛を示す機会があり、自分はまだ脱藩・僭越上書・踏海の三回しか示していない、あと十八回は無茶をやるぞ、という意味で「二十一回猛士」と号し、元気一杯だった。山陰の冬の牢獄の寒さは想像を絶する。だが「堅氷鬚《ひげ》に在り、凝陰膚《はだえ》に透る。日影視るべからず」の境遇にあっても、どんな身体状態でも前進すること。可能性が閉ざされた時、ひとは必然性に生きる。寅次郎は猛然と読書し（「野山獄読書記」によれば千四百六十冊）、獄内の囚人たちに教え、また教養ある囚人たちに学び、句会を共催した。在獄四九年の大深虎之允を立ち直らせ、牢番が弟子の礼をとり廊下で拝聴するほどの感化力だった。のち杉家の実質三畳半の「幽室」に移されても、獄中からの『孟子』講義を続けた。

やがて塾生が集まり、小屋を改築し「陋室」（松下村塾）が造られる。その狭さは圧倒的である。十八畳半に三十人が群がったこともある。学校関係者は、学校とは、コンクリート製の「箱物《ハコモノ》」や整然たる「秩序」ではなく、人間関係を介した知識とパワーの交流だということをここで心底から学ぶがよい。松陰は「虚偽刻薄」に傾きがちな「礼法」にまったく重きを置かなかった。そもそも「三歩退いて師の影を踏まぬ」師弟距離などとりようもなく、「疾病艱難には相扶持し、力役事故には相労役すること、手足の如く然り、骨肉の如く然り」（戊午幽室文稿）という師弟の近さだった。ここで松陰は自らの閉ざされた可能性を塾生に注いだのである。幽閉生活を逆手に取った完全変革の夢想は、サン・ピエール島の閉所に籠ったジャン・ジャック・ルソーを想起させる。教育によって新しい人間を群出せしめれば十年後には革命と同じ効果をもたらす、という視野から教育に革命的意義を見いだした点も、『エミール』と『社会契約論』を同時に出版したルソーに近い。

ただし幽囚は、松陰が学ぶべきであった蘭学方面の知識を遮断し、そのぶん視野狭窄をもたらした。松陰は日本の古代史の勉強に集中し、尊皇思想に傾斜してゆく。かねがね象山が警戒した傾向である。象山の訓戒を煙たがった松陰の見解に曰く、「象山翁経学者にて、往年従遊せし時も論語を熟読すべき由段々かたり、寅其の時は甚だ然らずと申し、歴史を読んで賢豪の事を観て志気を激発するに如かずとのみ申し居り候処、象山云はく、夫れでは間違いが出来ると。然れども遂に其の言に従はず」（一八五五年一月兄梅太郎宛）。身中に秘めていた逸脱による自己の再形成が封じられ、直情一本に尊皇志士という歴史的個体たらんとするとき、松陰はこの「間違い」の方向へ歩み出す。それは、外圧に発する性急な形成のあまり挫折を余儀なくされた近代的自我の姿を示している。この「間違いの」可能性を指摘した象山がのちに京都にあって天皇（機関）の彦根遷座を計画したとき、天皇を飼い殺しにするものとして象山を暗殺したのは、松陰の「間違い」の影響下に育ち蛤御門の変を直前に控え血走った長州藩士であった。歴史は不思議な残酷さに満ちている。

しかし松陰における封じられた可能性は多端な出口を求めている。例えば野山獄での講義録『講孟劄《さつ》記』巻三下第四章のなかに「敏遜学を好む」という表現がある。その前の第三章に「安中侯賢にして文学を好む」とあり、黒田のロビンソン翻案「漂荒紀事」の写本を所有していた安中藩板倉勝明《かつあきら》（新島襄の主君）の識見が称えられている。「敏」は、象山が好んだ徳性であり、松陰の弟の名でもあった。最初のロビンソンの訳語として現れた「魯敏孫」を媒介とするとき、松陰が、「漂荒紀事」を読んで密出国した新島に接する部分が見えてくる。松陰の「魯」（或いは「米」）密航が首尾よく行けば、西洋学問を摂取しているうちに明治維新を迎え、十年早い新島襄になって帰ってきたはずである。新島襄は佐久間象山暗殺の一カ月前、函館からの密出国に成功した。それは象山と松陰が目論んで失敗した企てだった。松陰と新島襄の意外な近さを感じた徳富蘇峰は『吉田松陰』を新島襄に献げた。山路愛山は『現代日本教会史論』において新島襄を「成功したる吉田松陰」と呼ぶだろう（第七章）。吉田松陰は失敗した新島襄だった。吉田松陰は、謎の橘耕斎はじめ匿名のままの密航者たちをさておくならば、外国への意図的漂着を目指す「Jロビンソン0号」とでも呼ぶべき位置にいたのである。

R・L・スチーブンソンはこの漂流者《ロビンソン》的松陰に共感した。十歳年上の子連れ米人《ヤンキー》妻ファニーとの絶望的な恋愛に陥っていたスチーブンソンは、英国滞在中の文部省役人で、松下村塾の塾生だった正木退蔵の昔話を聞いて、「旅人」という本質の発露の果てに危険な密航を企てた「ヨシダ・トラジロー」に激しく共感した。スチーブンソンは、自己探索を賭けてフランス中央山地のユグノー聖地を巡礼し『旅は驢馬を連れて』（一八七九年）を書いたのち、大西洋と北米大陸を横断してファニーのもとに駆けつけるが、長旅で変わり果てたスチーブンソンの姿に愕然としたファニーは、醜聞《スキャンダル》を恐れ暖かく迎え入れてくれず、離婚手続きもまったく進めていなかった。傷心のスチーブンソンは、宿代節約のため山中でキャンプ生活をして死にかけてしまうが、運良く熊ハンターに助けられる。ファニーはようやく離婚を決意。離婚が成立するまでの間、スチーブンソンはサンフランシスコの安宿で、死を賭けた自らの冒険行を松陰に重ねて、松陰の最初の伝記となる「YOSHIDA TORAJIRO」（一八七九年）を書いた。奇しくも処刑時の松陰と同じ二十九歳だった。

この奇しき縁で織り成されたエッセイの一部を紹介しよう。

「日本の状態が彼の最大の関心事だった。そのより良き将来を企図するにあたって、現状を認識するための如何なる機会も彼は逃さなかった。この目的のため彼の青春は絶え間ない旅の連続であった。彼は徒歩で、しばしば三日分の食料を背負って旅に出た。これこそ、すべての英雄に見られる勇敢にして自らを助ける装い（the brave, self-helpful manner of all heroes）である。旅にあって彼は毎日、詳細な日記をつけた。……日本は包囲されていた。ここからヨシダの愛国心は自爆的といってもよい形態（a form which may be said to have defeated itself）をとった。彼は、これら全能の外国人を打ち払うことを自らの使命としたが、（結果として）能力ある人材の受け入れを援助することが彼の主要な功績となったからである。しかし自らの道徳的心情にしたがって進む人間は、結局はつねに最善をめざして闘うものである。覚醒した心の中では、一つの事態はそれだけで終始することなく、その結果が次の事態の原因（cause大義）となり、事態は次々と連なって上昇進行となる。これらの外国人の力と知識は不可分であった。彼らの軍事力を羨望したヨシダは、彼らの文化をも羨望するに至る。対等になろうとする欲求から、その文化を共有したいという欲求が生れた。夷狄の知識によって日本に利益をもたらし、しかも日本の侵しがたい芸術と道徳を守ろうとしたのである。かくして彼は京都の防衛強化を企図した書（幽囚録）の中で、同時に、その京都における外国人教師からなる大学を計画するのである」。「大学校ヲ興シ……天下ノ奇材異能」を集めることは、処刑前日獄中で紙片に細かく書き綴った「留魂録」まで鳴り響いている。新島襄の同志社へ通底する企図である。

スチーブンソンは続ける。「おそらくヨシダの願いは、他国の悪を除いて善だけを受容し、日本が夷狄の知識から利益を得ながらも、日本の芸術と徳性は侵されないようにすることだった。彼の願望の性質が何であったとしても、それを達成する手段は明白にして困難であった。すなわち見識のある者が公の禁止を破って新世界に脱出し、この他者の文明を現地で学ばなければならないのだ。自分以外の誰がこの仕事を能くなし得ようか。もちろん危険は伴う。だが彼に恐怖はなかった」。スチーブンソンが称えているのは、偏狭な国粋主義者ではなく、「吟遊詩人《トルヴェール》のように、自らの詩で路銀を稼」ぎながら諸国を遍歴し、「中世の世界を通して発見の旅を続け、十九世紀の世界に辿り着き（travelled through the Middle Ages on his voyage of discovery into the nineteenth century）」、自ら見つけた課題に命を懸ける冒険者としての松陰である。その評価の中心に来るのが、黒船への密航の企てだった。「歴史上いかなる時期のいかなるヨーロッパ人にとっても、旅がこの勇敢な日本人たちに見せたほどの畏怖と恐怖の相貌を示したことはなかった。いかなる大胆な極地探険よりも、ユリシーズの地獄下りの方が、この二人の企てに似ている。というのも、前例が無く、犯罪的であり、しかも人間の敷居を越えて悪魔の地に入ることだからである」。松下村塾生が萩の乱（一八七六年）の首謀者と鎮圧側に分裂して、尊師の伝記どころでなかった頃、スチーブンソンが意外にも太平洋対岸のサンフランシスコで多面体の如き松陰の一面に確かな光を当てていたことはオドロキである。

　安政六（一八五九）年四月七日松陰は、「那波列翁《ナポレオン》を起してフレーヘード（自由）を唱へねば腹悶医《いや》し難し」の言葉を残し、五月二五日、またしても檻に入れられ、江戸に向かって、もはや帰らぬ旅に出た。萩の見納めとなる坂道に老松があった。松は枯れてしまったが、そのときの歌が碑に刻まれている。「かえらじと思ひさだめし旅なれば一入《ひとしお》ぬるる涙松かな」。最後まで松陰は文人であると同時に旅人である。

江戸での取り調べは、梅田雲浜《うんぴん》の策動との関与、御所「落文《おしぶみ》」筆跡との類似の二件だけで、「梅田ハ素ヨリ奸骨アレバ、余与《これ》ニ志ヲ語ルコトヲ欲セザル所ナリ、何ノ密議ヲナサンヤ。吾性光明正大ナルコトヲ好ム、豈《あに》落文ナンドノ陰昧ノ事ヲナサンヤ」（留魂録）という答弁に留めておれば、遠島（流刑）が妥当なところだった。ところが、「六年間幽囚中ノ苦心スル所ヲ陳ジ」、黙秘しておればよい老中（間部詮勝《まなべあきかつ》）暗殺計画を喋ってしまう。象山が懸念した経学軽視は法廷弁論放棄となって現れたのである。井伊大老は激怒し、死罪が確定する。短い一生だが十分に生きたという気持ちがあったようだ。「留魂録」に次のような表現がある。

「今日死ヲ決スルノ安心ハ四時ノ順環ニ於テ得ル所アリ。……十歳ニシテ死スル者ハ十歳中自ラ四時アリ。二十ハ自ラ二十ノ四時アリ。三十ハ自ラ三十ノ四時アリ。十歳ヲ以テ短トスルハ蟪蛄（夏蝉）ヲシテ霊椿タラシメント欲スルナリ」

『エミール』でルソーが、少年がどの年齢で死んだとしても十分に生きたのであれば嘆く必要はない、「彼はその年齢にあって人がありうるすべてであるから」と述べたことが想起される。「留魂録」の冒頭に有名な歌がある。「身ハたとひ武蔵の野辺に朽ぬとも留置まし大和魂」。この歌は「戦前喧伝されたような、死んでも天皇を守りますなどという馬鹿げたものではまったくない。

おれが死んでもおれの路線は残る、人びとよ、実践せよと叫んでいるのだ」という寺尾五郎の説を支持するとしても、ここに「留め置かまし」と願われた「大和魂」は、平田篤胤『魂之真柱』の「古学する徒は、まづ大倭心を堅むべく、この固《かため》の堅在《かた》からでは、真道の知りがたき」の大音声で堅め留め置かれる筋合いのものではない。むしろ、なかなか留め置けぬ「止むに止まれぬ」漂流魂、蘇峰が見抜いたRestless Spirit（演説草稿）、それこそ幕藩体制を根底から覆す「草莽崛起」を促し「奇兵」を生んだ「狂児」「狂夫」の「狂魂」だったのではないだろうか。そもそも留め置くべき〈内部〉を松陰はいまだ持たなかった。それを後の国家内部の安定した場所（神社や大学やオフィスビル重役室）に鎮座させ矮小化すべきではあるまい。絶筆は「此程に思定めし出立《いでたち》をけふきくこそ嬉しかりける」。字足らずが気になったのだろう、「けふきく」の「く」に傍点を付して刑場に向かった。松陰の座右の銘「至誠にして動かざるもの未だこれあらざるなり」は「動け」「動かせ」と読まねばならない。その精神的世界と物理的運動のすべてにおいて留め得ぬロビンソン的彷徨にこそ、今日松陰を読みなおす意義がある。

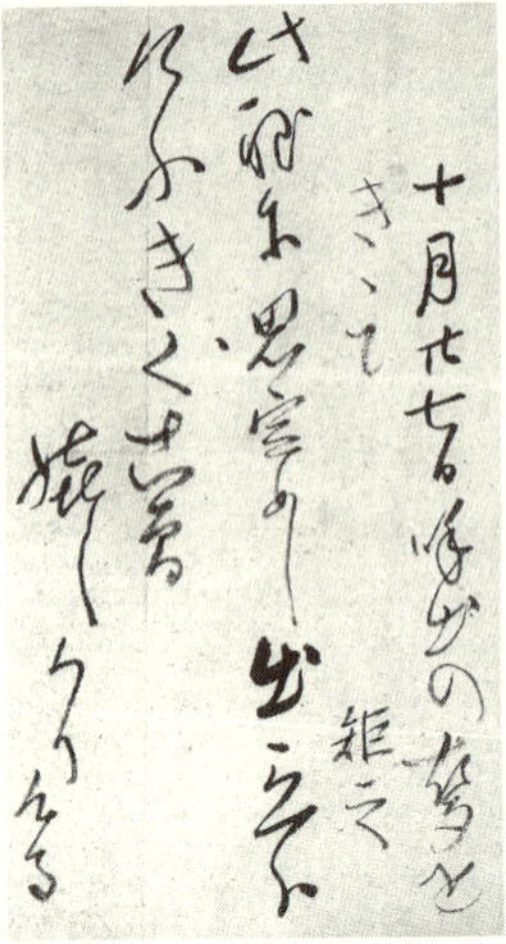

松陰絶筆。進化する書体。名は矩方のはずだが、矩之と読める

松陰の漂流魂は、幕藩体制を揺るがした武士層における脱藩浪士の急増、町人層における「おかげまいり」「ええじゃないか」運動への流入、農民層における一揆・逃散の多発と連動し呼応するものであり、また、いわば「天」に向って行き所を失い紀伊半島

山奥へ散開した吉村寅太郎ら天誅組、『大日本史』以来の尊王佐幕の矛盾を抱え藩論分裂から突出してしまった武田耕雲斎ら水戸の天狗党、偽官軍として消された相良総三らの赤報隊、幕府主権崩壊後の新撰組の動きへも通底している。これら敗走兵団の山野における幕末漂流こそ、「幕末のロビンソン」の名にふさわしいものであるが、その動きを追跡し、島崎藤村『夜明け前』、中里介山『大菩薩峠』を素材に分析することは、私に残された体力を超える。

第七章　成功したジャパニーズ・ロビンソン、新島襄渡航記

ロビンソンという媒介項の上で吉田松陰を新島襄に近づけて考えたあと、今度は、新島襄を吉田松陰に引き寄せて読む。松陰の密航失敗のちょうど十年後、新島七五三太《しめた》は密航に成功した。打払令廃止が漂民たちの運命を分けるように、また、開国が黒田麹廬と横山由清の二つのロビンソン翻訳（一八五〇年と一八五七年）の雰囲気をまったく違ったもの（秘かに写された『漂荒紀事』の豪快な自力サバイバルと木版で出回った『魯敏遜漂行紀略』の和魂洋才論）にするように、開国ショック後の幕末激動の十年間という時間が、吉田と新島の企ての結果の違いをもたらしたが、出発点において、この二人は非常に近いところに位置していた。新島の密航の企てはいかに懐胎し、実を結んだか。米国到着直後一八六五年に養父母となるハーディ夫妻に提出した『脱国理由書――Why I departed from Japan』と、その二十年後に書かれた『私の青春時代――My Younger Days』を素材に検討する。

新島襄（一八四三-九〇）は安中藩の江戸藩邸で生まれた。父は祐筆職にあり書道塾を開いていたので、「少年時代は多年の間、日々其半ばを習字のために費」やし、山本流の書体を繰り返し練習

させられた。漢学が人格ならびに人間関係の基礎となった点は松陰に通じる。葬儀は仏教であり、氏神の宮参りも欠かさず、とくに「書道と学問の神」菅原道真を祭神とする天神信仰に熱心な家風に随っていた。要するに、ごく普通の雑多な「偶像崇拝者」だった。書のほかに日本画も隣人の絵師の手ほどきを受け、「礼儀作法の塾」にも通わされた。

十歳のときペリー艦隊が来航した。新島は「カノン砲の恐ろしい音」が衝撃的だったと回想する。一八五四年、七隻（のべ十隻）を連ねて再来したペリーは、（遠征指令書によれば武力行使は認められていなかったのだが）、ワシントンの誕生日にかこつけて全艦一斉射撃を行った。全艦の威容はこうだ。旗艦サスケハナ号、全長七十七メートル、排水量二千四百五十トン、のち旗艦はポーハタン号二千四百十五トンに交替。ミシシッピ号千六百九十二トン。この三隻が蒸気船。マセドニア号千七百二十六トン、プリマス号九百八十九トン、サラトガ号八百八十二トン、ヴァンダリア号七百七十トン、レキシントン号六百九十一トン、サザンプトン号五百六十七トン、サプライ号五百四十七トン。千石船は百五十トン程度であるから、彼我の落差は圧倒的である。井出孫六『佐久間象山』によれば、「七隻の黒船の数十門の大砲から、各十六発の祝砲が放たれたとすれば、神奈川沖にいんいんとこだました空砲の数はゆうに千発をこえたことになる。それは、明かに、ペリーの恫喝外交のファンファーレであった」。黒船ショックが大きな影響を与えた点は松陰と同じである。『脱国理由書』によれば、新島は「それまでの考えを一変させて剣道と馬術を習い始めた」。剣術は千葉周作に習った。かの「赤胴鈴之介」の師である。

十五歳の新島が一八五八年七月安中藩の家老尾崎直紀に送った書簡がある。ハリスの圧力のもと日米修好通商条約が締結されようとするころの憂国の志士の語調を示している。「此比《ころ》四方の風談を聞き、天下大乱あらんことを恐る。此比亜夷数々来つて交易を請ひ、天下の評議紛々として更に決せず。今茲《ここ》に二人有らんか、一人は曰く、交易を為さば一に四海の人民を安んずるならんと。また一人は曰く、亜夷は地広くして日本は地狭し。狭土の物を以て広土の物と易《か》ふれば、往々にして狭土の物は尽きん。此の如んば日本の利物は少くして彼の鈍物日本に満ちん。利物少くして鈍物多ければ天下は共乏す。今若し日本彼の物を取り、日本の物を与へんか、所謂蘇合（貴重品）の丸を棄て丶蛻蜋（糞虫）の転ずるを取るが如きなり。今誤つて交易を為さば、彼れ尽く日本の利物を取り、日本をして彼の鈍物を満たしめん。若し此の如くんば、則ち諸侯は朝するに羅紗を衣《き》んか、酒店は酒に入る丶に金剛鑽を用ゐんか。嗚呼、此の如くんば何ぞ夷狄と異ならんや。是れ匹夫と雖も歯切すべきの事なり。今早く為さゞる所、後に臍《ほぞ》を噬《か》むを恐ると」。交易の論点を明示し、二つの主張を併記しているが、分量から見て、ここでの新島は後者の通商拒否＝鎖国継続論に傾いている。

「漢学に精通し」開明的な藩主板倉勝明《かつあきら》は、佐久間象山のような見解をもち、「わが国の軍事制度は改善されなければならず、人々はよりよい教育を受け、もっと情報を知らされねばならない」、と主張していた。「彼は家臣に命令を下して、老人の一部を除いてすべての者に剣術と馬術の訓練を受けさせた。さらに彼は漢学の学問所を設立し、若い家臣に強制的に教育を受けさせた」。藩邸に蘭学者の田島順輔が招かれ、三人の若者がオランダ語を学んだ。新島はその一人だった。この藩主は一八五七年に亡くなり、後を継いだ凡庸な弟勝殷《かつまさ》は改革を放棄し、洋学を禁止した。新島は嫌々祐筆見習の「日誌記録係」として勤務しつつ、蘭学塾や幕府の軍艦操練所に出入し数学と航海術を学び始めた。

藩邸の上役に叱責されながら洋学に接触していた時期、しかも、水戸学の影響か、佐幕派の安中藩で尊皇派に共感を示すという危うい時期に、新島はロビンソン物語に接した。彼の密航の出発点に黒田麹廬のロビンソン翻訳『漂荒紀事』があったことはあまり知られていない。一八五〇年ごろ黒田が江戸で仕上げた翻訳稿は密かに筆写され、その写本の一つは、新島が生まれ育った安中藩邸にあった。先代藩主が蘭学者仲間で話題になっていた訳稿を筆写させたのだろう。新島が一八六三年ごろ読んだというロビンソン物語はこの黒田のものと思われる。このロビンソン物語が新島の国外脱出を導く。『私の青春時代』によれば、「その本により外国を訪ねてみたいという欲望が私の内に創り出された（It created in me a desire to visit foreign lands）。私はたいそうその本が気に入ったので、祖父にもそれを見せ、ぜひ読んでほしいと強く勧めた。それを一読すると、祖父はおごそかにこう誡めた。こんな本は読んではならない。おまえの道を誤らせはしないか心配だ（I fear it will mislead you）」。祖父の心配は現実のものになるのだが、『ロビンソン・クルーソー』が神の世界創造（Creation）に比肩する衝撃をもって新島の密出国を引き起こす過程はいくつかの段階を経た。

まず、安中板倉家の本家筋に当たる備中松山藩（その藩主の周防守板倉勝静《かつきよ》は蕃書調所改め洋書調所へ黒田麹廬を任用した開明派の主席老中であった）の洋式帆船「快風丸」の玉島への航海に便乗させてもらったことが、内陸的幕藩体制を離れた海の開放感、「自由への新鮮な思い」を新島に教えた。「正方形に囲い込まれた藩邸」に生まれ育った新島は、「天というものは四角形で切り取られた小さなもの（a little square patch）だと思っていた」。そこでは「藩主は思うままに私たち家来を不届き

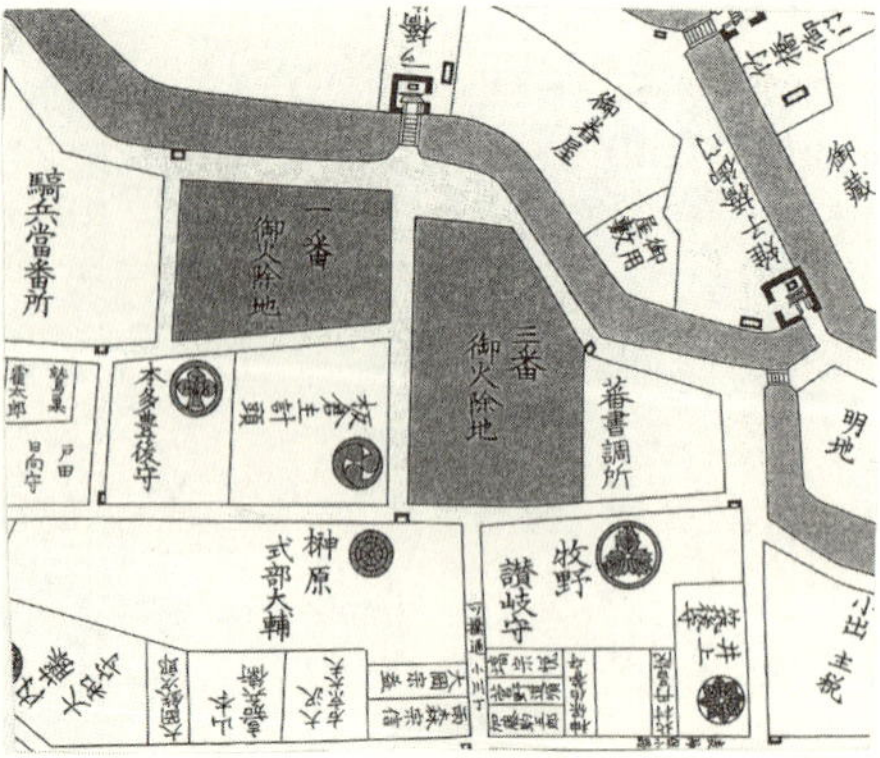

四角形の板倉藩邸（『江戸切絵図』より）。二つ隣に蕃書調所

者として首をはねたり、追放したりできた」。そして藩邸とは茶坊主的藩士が取り立てられるところであるから、「藩主に仕える者は誰でも……藩主にとり入りたいと願った」。いわば藩主＝天主だったのである。この閉じた空間で新島は、祐筆職の跡取り息子として「上級家臣にひきたてられる」ことだけをめざして訓育されていた。三カ月の航海に出ることで彼の視界は大きく広がり、「天」の概念が変容し始める。航海から帰ってからは、内心免職を願い、「藩主を無視し、彼に服従しないように」努めるのだ。その頃、『ロビンソン・クルーソー』と平行して漢訳のアメリカ史と聖書物語を読んで、それまで「創造主Creator」として漠然と理解していた「神God」を「天なる父Heavenly Father」として発見した。これが精神上の大転換を引き起こす。

「外国人宣教師に出会うことは不可能だったので、私は多くの疑問点について説明が受けられなかった。そこで私は福音が自由に教えられ神の言葉の教師が派遣されてくる土地（開港所）をすぐさま訪問したいと願った。神を我が天なる父と認知したからには、私はもはや両親と分かちがたく結びついているとは感じなかった。初めて私は親子関係についての孔子の教理は狭すぎて間違っていることに気づいた。そのとき私は自分に言い聞かせた。私はもはや両親のものではなく神のものであると。その瞬間、私を父の家に強く結び付けていた紐帯は砕け散った。そのとき私は自分の道を行かねばならぬと感じた。私は地上の両親よりも天なる父に仕えねばならぬ。この新しい考えが私に勇気を与え、藩主を捨て、家や祖国を一時的に離れる決心ができた」

二十年前を回想したものなので、このとき密出国まで決意したかどうかは怪しい。またここで把握されたのは、確固とした信条があっての「神」観念ではない。そのような信条を伝える聖書も宣教師も存在しなかった。むしろ幕藩体制と家族の束縛を断ち切るものとして「天なる父」が発見されたことが興味深い。ウィリアムズやゴーブルが聖書配布によってもたらそうとしたGod（「上帝」のち「神」と訳される）の観念を、新島は『ロビンソン・クルーソー』と聖書物語によって得たのだ。この「天なる父」は、長州藩を超え出たものと把握された（黙森との書簡論争後の）松陰の「天子」に対応する。「天下は天下の天下なり」のような考え方（山県太華）は、まだ朱子学的な秩序の内にあり、幕藩体制・門閥制度を温存するが、「天下は一人の天下なり」と捉えるときに、その秩序を打ち破って一視同仁・一君万民的関係が立ち現れるのである。松陰と新島は、そのような「天」に応えるという態度においても、密航という手段においても共通する。ただし、松陰の行動が軍備増強への技術と人材を獲得するために自己犠牲的であるのに対し（この点で贖罪の契機を重視するキリスト教へ接近可能性をもつことに注目せよ）、新島の行動はキリスト教に積極的に接触しようとして自己主張的である。

さて新島の密出国への決定的な転機は、「快風丸」への二度目の便乗というかたちで訪れた。「ある朝、江戸の通りを歩いていると（「函館紀行」によれば、航海書の分からないところを中浜万次郎に質問に行く途中、駿河台下で）、まったく思いがけないことに（quite unexpectedly）、玉島への航海の時に知り合った友人に出会った。彼は藩主の洋式帆船が三日以内に江戸を出港して函館に行く予定になっていることを私に話してくれた。彼は私が航海に興味をもっていることを知っていたので、函館までちょっと乗ってみないか（take a short voyage）と言った」。この「挨拶代わりの提案（a mere complimentary question）」を受けて新島が衝動的に函館行きの帆船に乗る経緯は、ロビンソンがロンドン行きの帆船に衝動的に飛び乗る次の場面とよく似ている。「ある日のこと私はぶらりと（I went casually）ハルに出掛けた。そこで、父親の持ち船で海路ロンドンにゆくという友人に出会った。一緒にこないかという話であった。……私は今の状況や結果のことを考えずにその船に乗った」。新島がのちに原書で読んだロビンソン物語がこの回想の英作文＝英借文をかたどったのではないか、と思われるほど似ている。新島は、仕える安中藩（板倉分家）から函館までの遠出許可を貰えそうになかったので、板倉本家筋を介して安中藩の許可を取り付け、函館まで便乗する。別れの宴で祖父は水杯を回し、「行けるなら行って見て来よ花の山」と激励した。

函館までの航海日記によれば、新島は測量器具を携行し、またじっさい航海中、東北の各港を測量をしているので、安中藩への届け出た目的は、航海術の習得だったと思われる。五稜郭を設計した武田斐《あや》三郎の塾で学ぶことも含まれていた。ところが函館に着くと武田斐三郎は留守だった。武田塾の塾頭、菅沼精一郎の紹介で、ロシア正教ニコライ神父の日本語教師となり（教材は『古事

「航海日記」に描かれた、高下駄の塩田虎尾と共に沢辺のもとへ向かう図

記』！）、神父宅に住み込み、代数学や英語を学ぶ。そのうち神父宅に出入りしていた剣の達人、沢辺琢磨と知り合う。坂本龍馬の従弟で、何かの事情で脱藩し、函館まで流れて、何かの縁で神社の宮司に収まっていたが、ニコライ神父を斬りに行って逆にロシア正教に改宗した怪人物である。第六章の橘耕斎＝ヤマトノフを想起させるではないか。

　松陰のモットー「至誠にして動かざるもの未だこれあらざるなり」は、新島の人付き合いをも導いている。新島はこれと思った人物には危険を顧ず自らの「誠」を語り示した。新島は当初は密航を考えていなかったのだが（『脱国理由書』では、「函館で適当な英語の教師を探したが、どうしても見つからなかった。そこで私の考えは一転して、国外脱出となった（Therefore my head was quite changed to run away from the country)」と述べている）、函館での不思議な人間関係の中から、かつてロビンソン物語を読んで空想した密航計画が急浮上してきたのである。ただし、偶発的な密航計画ではあるが、それまで準備段階を一歩一歩踏んでいたとも言える。航海術を学ぶために軍艦操練所に入所し、天文・物理書を読み、代数・幾何学を修め、さらに航海術の実習として玉島への航海に便乗し、さらに〝半開地〟函館まで出るという当時の藩の規範では困難であった行動を成し遂げてきたからである。この周到さは松陰にはない。

新島の行動は志士的に早い。領事館付きのニコライに密航の斡旋を断られた新島は、沢辺琢磨から、英ポーター商会店員の福士卯之吉(一八四一―一九二二)を紹介され、さらに福士から米商船ベルリン号を紹介され、密航計画は実行段階に入る。新島は「実家に呼び戻されたように装」い、函館から姿を消すことにした。福士は、北海道開拓および造船で重要な役割を果たす人物である。新島の密航は、その企てを意気に感じたこの福士による安全かつ適切な船の探索、船長との交渉、沖合いの船までのボートの手配に負うところが大きい。福士は英語を駆使して軽々と手筈を整えた。しかも夜間の見張り役をうまくあしらい、ボートを漕いで新島を米船まで送り届けてくれたのである。

「彼は外国人居留地で私を待っていた。彼は真夜中の冒険に出掛けるにあたって、一緒に飲むために温かいレモネードを作ってくれ、危険な企てに神経を高ぶらせてはいけない、と言った。……彼のところに行く途中のことであったが、犬が遠くで吠えていた。日本の履物の音が犬の注意を引いたとすぐに気づいたので、犬がどのくらい遠くにいて、どの方向なのかを探るために、その場に履物を脱ぎ捨てた。その場所を教えると、彼は裸足で駆け出して取ってきてくれた。それから私たちは波止場へ降りていった。そこに彼は小舟を手配していた。我々が波止場に立っていると、誰かが近づいてくるのが聞こえた。私は急いで小舟に乗り込み、船底にうつぶせになって小包のふりをした。……幸運なことに、臆病な見張り役は見極めがつくほどには近づかず、そこにいるのは誰だと尋ねた。わが友は俺だと落ち着いて答え、米船の船長に明日まで待てない急用があると言った。

……彼の手短かな説明と冷静で自信に満ちた態度が十分な通行証となり、見張り役は波止場から離れた。米船はかなり沖に停泊していたので、到着には相当の労力を要した。船長は待っていて、我々をベルリン号に乗り込ませた。わが友は心から私の手を握り別れを告げ、一人で岸へ漕いで帰った」

下田踏海に失敗する吉田ロビンソンに金子フライデーがいたように、函館踏海に成功する新島ロビンソンには福士フライデーがいたのである。この冷静な福士の完璧な助力で新島の密航の第一段階は成功する。一八六四年六月十四日（陽暦七月十七日）夜半のことだった。二年後同様に密出国による留学を試みた海援隊の上杉栄次郎が、悪天候のため帰還し、組織防衛のために自殺を余儀なくされたのと比べると、幸運だったと言わねばならない。

運賃が払えない新島は上海までキャビン・ボーイとして勤務した。トイレ掃除もやらされた。「これが武士のすることか」と思ったことだろう。新島は英語が一言も話せなかった。親切なセイヴォリー船長は船室で目にする物の名前を片端から教えた。この「実物教育」によって新島は、「蟹文字ハ何事ヤラン読メズ」（松陰）の状態からは脱却できた。開国後の十年間はこういう違いで現れる。しかし不十分だったようだ。船長の大事なスプーンを残飯とみなし海に捨ててしまい真っ青になったこともある。もっと危機的な事態も起こった。「ある乗客がいた。アメリカ人だったのかイギリス人だったのか分らない。彼も英語を教えてくれた。とても親切に接してくれることもあったが、時には私を非常に乱暴に扱った。ある時、何を命令されたのか分らなかったために私は殴られた。私は激怒し、復讐のため日本刀を取りに自分の部屋に急いで駆け下りた」。新島の左額に残る深い傷痕（本人曰く「転んだ傷（a reminder of an accidental fall)」）は、彼が生来かなり乱暴者であったことを示している。この意味では根は温厚な吉田松陰以上かもしれない。「刀をつかみ、まさに部屋から飛び出そうとしたとき、このような行動をとる前には真面目に考えねばならないと思った。そこで私はベッドの上に座り自分に言い聞かせた。これは些細なことだ。今後もっとつらい試練にあうかもしれない。今これに耐えられないようでは、どうして重大な試練に立ち向かうことができよう。私は忍耐力のなさを非常に恥ずかしく思い、いかなる場合でも、決して刀に訴えまいと決心した」。新島が武士という階級観念からの脱却した瞬間であるが、ある意味では最後まで武士的なものを抱えた彼がそれゆえに自滅する寸前の瞬間でもあった。このエピソードは新島の密航成功と失敗が間一髪であったことを示している。そもそも幕府が日本人の海外渡航を厳禁しているのを知りながら新島を乗せたセイヴォリー船長の好意なくして密航はありえなかった。のちに違反行為が船会社に露見して解雇されたセイヴォリー船長は、捕鯨で栄えたセイラム出身である。国家や会社を離れた海の男の友情のたまものとして新島の密航は成功した。また密航が可能であったのは、小さな商船だったからである。この点でも福士卯之吉の判断が光る。日本との正式国交をもとめて来航した米国使節の巨大軍艦へ密航しようとした松陰の場合、そのような適確な判

転倒の傷とは思われない新島の傷痕（冊子「同志社の文化財建築物」より）

断力を示す人物はまだいなかったのである。

新島は上海を目前にして髷を切った。上海でワイルド・ローヴァー号に乗り替えた。船名は「荒き放浪者」を意味する。いかにもロビンソン的な名前である。このアメリカ行きは、セイヴォリー船長がホレース・S・テイラー船長に話をつけてくれた。テイラーは、万次郎が世話になったフェアヘブンから遠からぬチャタム出身の船乗りである。インド洋、喜望峰を経てボストンまでの運賃は、大刀とキャビン・ボーイの仕事で賄うことになった。新島は船長に小刀を八元《ドル》で買い取ってもらい、香港で漢訳新約聖書を購入した。「武士」から「クリスチャン」への転換である。むさぼるように読んだことだろう。かくして、南北戦争（一八六一―六五）終結直後の合州国に到着し、アメリカ大陸を大きめの「ロビンソンの島」と見立てて上陸する。彼がボストンで最初に購入した本は『ロビンソン・クルーソー』だった。日記に「一八六五年七月二四日、今日波斬頓《ボストン》に上陸せり。魯敏孫クルスーの伝を買得たり。値一元《ドル》半」の記載がある。この「魯敏孫」の表記は、彼が読んだ翻訳が横山（「魯敏遜」と表記）のものではなく、黒田のものであったことを傍証している。上陸したその日に購入したことは、密出国の引き金となった『ロビンソン・クルーソー』を原書で読もうとする意欲の強さを感じさせる。残念ながら、のちに帰国の運賃のため売却したのか、その原書は同志社にも残っていない。「絶望の島」を「試練の島」から「救済の島」へと変化させて帰国するときには、新島を導く文学パラダイムは『ロビンソン・クルーソー』から『巡礼者の行進《ピルグリムス・プログレス》（天路歴程）』へと転換していたのである。しかし米国到着直後に初めての英文『脱国理由書』をまとめるとき、『ロビンソン・クルーソー』の英語は英借文の教科書になったと思われる。

上陸しても行く当てがなく、また南北戦争直後の物価高騰ゆえ、新島はしばらくワイルド・ローヴァー号に滞在していたのだが、ようやく十月になってテイラー船長の紹介で船主のA・ハーディに世話を頼むことになった。ところが英会話はまったく通じない。そこで新島は苦闘して『脱国理由書』を書いた。彼の手元にあったのは漢訳新約聖書と『ロビンソン・クルーソー』だけである。「I was born in …My father was……」という冒頭から、「私を惨めな境遇に追いやらないで。どうか私の大きな目的を遂げさせてください（Please！don't cast away me into miserable condition. Please！let me reach my great aim！）」と祈る終結まで、『ロビンソン・クルーソー』が文章を導いている。ロビンソンに回心と祈りの態度をもたらした聖書の言葉「われさらに汝を去らず、汝を捨てじ（I will never leave thee, nor forsake thee）」（ヨシュア1-5、ヘブライ13-5）は、新島の心に響いたに違いない。また、「悩みの日に我を呼べ。我、汝を救わん（Call upon me in the day of trouble, and I will deliver thee）」（詩篇50-15）の一節は、神とハーディの言葉と聞こえたことだろう。

ハーディは実業家で、「組合教会派」の宣教師派遣団体「アメリカン・ボード」の運営委員だった。召使程度の雇用を考えていたハーディ夫妻は『脱国理由書』を読んで感銘を受け、養子にして本格的に学問させることにした。牧師になりたかったハーディは新島にその夢を託したのである。Joseph Hardy Neesimaとなった新島はフィリップス・アカデミー入学。自然科学全般と神学を猛勉強し、アーモスト大学に入る。ボストンのハーバード大学が「ユニテリアン」（第四章参照）に傾斜したことを憂える人々によって同地に創設された大学である。さらにアンドーバー神学校へと進む。

一八七一年、岩倉使節の訪米時、公使森有礼より旅券と留学許可証の交付を受け正規の留学生となる。そのとき副団長を務めていた木戸孝允が、西欧崇拝に陥ることなく（基層として漢魂洋才の立場を保持し）、キリスト教の原理を探究する新島を高く評価した。新島は、使節団に加わり、文部大丞（長官）田中不二麿の教育制度調査に同行して欧州各地を巡り、報告書『理事功程』を出す。これは、明治政府の教育制度に大きな影響を与えたという。七四年帰国。同志社英学校を開校した。「彼はかくのごとくして成功したる吉田松陰となりて、始めて米国の地を踏みたり」。これは山路愛山『現代日本教会史論』における卓抜な指摘である。戦前の排外狂信的皇国史観で祭り上げられた松陰像からは想像もできないだろうが、米国留学が実現したら、理詰めで考える松陰は「天」の根拠を求めて、あるいは政策論者としての松陰は教育・病院・救貧といった経世済民制度の卓越性を認めて、キリスト者になった可能性がある。

他方、新島に憂国の志士の側面は残り続けた。それは新島の原点であった。函館からの出立時、送別会の場で剣を抜いて詠った和歌を見よ。

「武士《もののふ》の思立田《おもひたつた》の山楓《もみじ》錦着ずして帰るものかは」

漢詩は「一襲弊袍三尺剣、回レ頭世事思悠々、男児自有二蓬桑志一、不レ渉二五洲一都不レ休」。「五洲に渉らずんば、都《すべ》て休まず」（「不レ渉二五洲一都不レ帰」バージョンもある）は、松陰の「欲周遊五大洲」と呼応するだろう。これらは「宗教巡礼者の口吻」であろうか、と山路は訝《いぶか》る。新島は「宗教巡礼者」になって帰国するのだが、密出国のときはまだそうではない。むしろ攘夷的開国派の立場に立つ志士の「口吻」である。新島は「維新前の所謂志士の心を以て五洲観国を思立」ったのだ。聖書を購入した香港での作詩は、「男児決レ志馳二千里一、自嘗二苦辛一豈思レ家、却笑二春風吹雨夜一、枕頭尚夢二故園花一」である。全体として四六駢儷体《べんれいたい》に整えられているが、「男児志を決して千里に馳す、自ら苦辛を嘗《な》む、豈《あに》家を思わんや」は、「千里」の家出＝船出者ロビンソンを響かせながら、脱藩して国事政走した尊皇攘夷派の志士の気分と通底する。雀百まで踊り忘れず。松陰に通ずるこの自己撞着的な攘夷・開国通商の立場は、新島の思考の基層に残り続ける。彼は井上・伊藤らが主導した鹿鳴館的な欧化主義を嫌った。明治二十年代にも志士的愛国心は噴出している。「第二の維新」（一八八九年夏季学校あいさつ）を説き、「徒らに公事に仮て私欲を逞《たくまし》うす、慷慨誰か天下に先だって憂えん、廟議未だ定まらず国歩退く、英雄起こらずんば神洲をいかにせん」（一八八九年十一月二十三日横田安止宛）と訴えた。弟子の中から海老名弾正（一八五六―一九三七）ら国家主義的キリスト者が出た。

ところで「新島襄」とは、それ自体がロビンソン的な名前である。この名前は先祖伝来のものではない。幕末の社会変動を吸引して生成した名前なのだ。「新島襄」の記号学を開陳しよう。彼は如何にして「新島襄」となりし乎《か》。先祖の姓は中島だった。曾祖父中島忠七が一八一三年「余儀なき次第にて刃傷におよび、先方打ち果たし、それより家出」した。家出の遺伝子は新島襄にしっかり受け継がれるだろう。中島家は押込（閉門）の処分を受けた。母方の姓が「新野」だったので、父方の「中島」とあわせて「新島」となった。「新野」とは新田開発による新知行地に分家した名前であろう。幼名は七五三太。「しめた」と読む。シメ飾りを外す「松の内」の末日に生れた。四人の姉に続いて念願の男子が生まれて祖父が「しめた」と叫んだとも伝えられている。

「ジョー」は旧約のヨゼフに由来する。ワイルド・ローヴァー号のテイラー船長による命名である。熊本バンドの影響下に育ち同志社を卒業したクリスチャンを祖父に持つ高森朝雄＝梶原一騎の「あしたのジョー（矢吹丈）」がそうであったように、荒野の試練、エジプト脱出のヨゼフが籠められている。ただしヨゼフ（ジョセフ）が「襄」となる必然性はまったくない。青山外人墓地にあるジョセフ・ヒコの墓碑銘は「浄世夫彦之墓」である。彦蔵は洗礼の際、「種々の名を呼び上げて好めるを撰べとて繰返して数多呼びたれども、予が耳には皆同音に聞へて耳障りよきはなし」。Josephを「其れよけれ」としたのは、「浄世夫」と聞こえたからであろう。新島は最初「約瑟」の字を当てた。一度だけ「譲」という字を当てたこともあったが、明治八年から「襄」に定着。「ゆずる」と読めば、頼襄（山陽）の名も意識したことだろう。書道の家系ゆえ頼山陽の漢詩はつねに筆写していた。

しかし決定的な意味づけは「新しい島を襄《ひら》く」ということにあったのではないか。これはまことにロビンソン的な名前である。また「襄」は「土壌」にも通じる。襄《ひら》かれるべきは、日本の精神的土壌であると同時に、同志社校地、京都府顧問の山本覚馬から五百円で譲り受けた今出川の薩摩藩邸跡である。そして、ひょっとすると、「襄」は「攘夷」に通じていたのかもしれない。彼は「Niijima」ではなく「Neesima」「新しま」と署名し、「新島」と書いたときも「ニイシマ」と清音で読ませた。濁音や「ん」を嫌った本居宣長が日本古来のものと勘違いした音声である。漢意《からごころ》を攘って「やまとごころ」の発掘をめざした国学は、洋学と連動して和魂漢才論を和魂洋才論へ転轍せしめていった。新島は漢魂洋才論の基層に立ってキリスト教の原理を探究したのだが、結果としては、キリスト教によって漢魂を外し、和魂洋才論を引き寄せたと言える。「襄」＝「攘」の名は、夷狄に抗して日本的主体を確立せんとした国学と洋学のひそかな連帯を表現しているように思われる。

　こうして調べるほどに新島襄は松陰の方へ近づいて見える。二人の接点をなす人物の一人が山本覚馬（一八二八-九二）だった。佐幕派の会津藩士で、維新後薩長に距離をとるかたちで京都の近代化政策にかかわった。尊皇攘夷派から公武合体派へ脱皮した思考の流れは佐久間象山に通じる人物である。彼は、幕府が玉＝天皇を取って開国を先導すべきという一種の公武合体的天皇機関説に基づいて象山が彦根遷座（東京遷都の先駆け）を画策したさい、広沢安任とともに京都での象山の相談相手でもあった。一八六四年七月十一日象山暗殺の現場に駆けつけたのも山本である。その一カ月前の六月十四日、新島七五三太は函館よりアメリカ船へ踏海したのだった。山本の妹八重は新島の妻となった。戊辰戦争で銃を取った傑女である。

　同志社へは花岡山で盟約を誓った熊本バンドが「熊本洋学校」の廃校とともに押しかけてきた。「彼等のために風采も言語も半ば以上熊本化していた」。蘇峰徳富猪一郎（一八六三-一九五七）は「京都にいて、京都言葉を使う必要を感じなかった」。「在校の上方及び他地方の人も、余りに熊本バンドが有力なるため、熊本流の訛を模倣する程に至った」という。蘇峰の『吉田松陰』は「新島先生」に献げられた。改竄される以前の版は、長州藩士乃木希典からクレームが付くほどに革命的な松陰像を、フスやルターと並べて打ち出したものだった。

蘇峰は松陰と新島襄から学んだ教育への情熱を熊本の大江義塾で実践した。生徒であった宮崎滔天はその様子を次のように伝える。「破畳《やれ》の上に淇水老師（蘇峰の父）の白髯を撫でて『道徳原理』（スペンサー著）を講ずるあれば、一方には猪一郎さん（蘇峰は塾生にそう呼ばせていた）が口角泡を飛して仏国革命史を講ずるあり。しかも談佳境に入るや、弟子覚えず矢声をあげ、立ちあがって舞い、刀を抜いて柱に斬りかけるもあり。……殊に余をして驚異せしめたるは、毎土曜に於ける演説会の光景なり。塾生中の年長者は言うに及ばず、十二、三の鼻垂坊に至るまで演壇の弁士たることなり」。ここには学校というものの理想の姿がある。

新島襄と松陰との結びつきは、同志社大学の校舎の名前「至誠館」「待辰館」にも現われている。「至誠にして動かざるもの未だこれあらざるなり」（『孟子』「離婁上篇」）は松陰のモットーであった。「待辰」はキリストの福音と救済の時を待つの意味と思われるが、松陰が密航して帰ってくるはずだった「辰」年とも呼応する。新島の最後の詩は「いしかねも透れかしとてひと筋に射る矢にこむる大丈夫の意地」。この「宗教巡礼者の口吻」は最後まで志士的である。あの不運な志士の口吻が最後まで宗教的巡礼者のようであったように。

第八章　「ジャパニーズ・ロビンソン・クルーソー」を名乗った、小谷部全一郎

開国前後の太平洋漂流《ロビンソン・クルーソー・ゲーム》の締め括りに登場してもらうのは、英語で出版した自伝でじっさいに「ジャパニーズ・ロビンソン・クルーソー」を名乗った小谷部全一郎（一八六七－一九四一）。今ではトンデモ学でのみ有名であるが、太平洋放浪の末に、新島襄同様、無旅券・外貨なし・アルバイト留学のかたちで神学を学び、米国から帰国した立志伝中の人物である。明治十年代民権運動が終息すると、幕末からの激動は沈静化し、明治天皇制国家が立ち上がり、海を渡った留学生も国家の統制下に置かれる時代がやってきた。ところが、その時代になっても、全一郎の放浪と遊学は、国家が保証かつ要請した留学生とはまったく異なる荒唐無稽な軌道を描いた。

この自伝は、懺悔から回心に至るキリスト者の自伝とは類型を異にする。内面的悩みがあったと思われるが、それは直接述べられず、事件・事故の偶然的連鎖が、『ロビンソン・クルーソー』の悪漢《ピカレスク》小説的部分を型どって記される。全一郎は序文で、「意図せずして無人島に漂着（drifted away unintentionally to a desolate island）」した古いロビンソンに対して、自分は「〝聖人の国〟を求めて意図的に島から島へと放浪（wandered purposely from island to island, looking for a "land of saints"）」した新

しいロビンソンであると宣言する。偶像を崇拝する異教の国を脱出して、長い放浪ののち、アメリカ合州国を「ロビンソンの島」と見立てて上陸し、そこで幾多の苦労を重ねる過程は、新島襄に近い。帰国後、学校を設立する点も似ている。しかしこの自伝は、どこまで信用していいのか分からないほど次から次に、悪漢小説《ピカレスク》的に事件・事故（＝自己）を増量しつつ、マリアット、バランタイン、キングストンあたりの十九世紀英国冒険虚構《フィクション》＝小説のように、全体を福音主義《エヴァンゲリズム》でまとめ上げる。そのつどの境遇への殆どカメレオンの如き過剰適応と放浪を誇大妄想気味に描いたドタバタ一代記は、布教目的のためやや紙芝居的な側面を持つバニヤンの『天路歴程』や『悪太郎《バッドマン》一代記』が漫画となって現れたと言ってもよい。この奇書と全一郎の一生を紹介しよう。土井全二郎の全一郎伝が参考になる。

全一郎は一八六七年秋田の菓子御用商の家に生まれた。明治元年。漱石、子規、露伴、熊楠、外骨、石光真清と同期。転換期のエネルギーを秘めた奇人揃いである。祖父忠助は、最上《もがみ》白鳥城主の家系だったが、旅先で小谷部家の養子となった。全一郎五歳のとき母が亡くなり、父善之輔は立身出世と祖先の武家再興を賭けて家出した。全一郎は、祖母、叔母に育てられる。幼年期、神社仏閣の偶像を破壊するとバチが当たるか、実験するところは、『福翁自伝』に似ている。秋田の寺町学校を了えた全一郎は、叔母の死後、分与遺産を手に、同郷の平田篤胤（一七七六―一八四三）や白瀬矗《のぶ》（一八六一―一九四六）とほぼ同じ奇跡を描き、秋田から三百マイルを徒歩で上京した。さらに、「新聞記事」によって判事となっていた父の在処を知り、〝父を尋ねて三千里〟とばかりに会津へ行く。これも全部歩きだ。こうした旅の道中で全一郎は適応力と自活自立《セルフ・メイド》の力を磨いた。相当の猛者となって父の前に現れたことだろう。素直で従順な子供を想定してはならない。父善之輔は、薩摩閥の三島県令に抗して、千数百人という福島事件の大量逮捕者を公平な司法原則で裁き、大半を免訴にする判決を準備すべく多忙な日々を送っていた。全一郎は自宅で漢学と法律を勉強させられたが、シーボルト『日本』記載の東北伝承を拝借した末松謙澄《のりずみ》『義経再興記』を会津若松の本屋で立読み（かつ丸暗記）して義経＝ジンギスカン説にハマり、義経の足跡を現地踏査すべく満州・シベリアの地図を写していたところを父に見つかり、激怒をくらう。父は大都市での教育を画策したが、息子は廃嫡されると勘違いし、一八八四年、十七歳のとき、家を出た。そののち父子は再び会うことはなかった。

父からの離脱と家出は、いかにもロビンソン的モチーフである。そのとき全一郎は、肉親の父ではなく、「私には未知の、しかし真の天なる父（my unknown but true Father in heaven）」に随ったと言う。この「天なる父」は、新島の場合、藩主を頂点とする藩秩序や家族からの離脱を惹起したが、全一郎にとっても強烈な父からの離脱の機縁となった。ただし全一郎はこの「天なる父」がキリスト教の「神」であることをまだ知らない。それゆえ「天なる父」概念はすべての宗教に共通する絶対者の位置を暗示する。また、『ロビンソン・クルーソー』同様、「とどまれ」という父の勧告に神の勧告が重ねられているので、ここでの父からの離脱は、帰国後の全一郎が、古代へブライの神概念を異様に拡大してキリスト教から離脱してゆくことを予示するものとも読める。

分裂気味の全一郎の一生を貫くものがあるとすれば、それは東北魂である。家出して秋田の実家からも追い出された全一郎は、「日本帝国の東北」における「原住民」アイヌ（the Ainos）に強い共感を抱き、「彼らとともに働き、ともに死のう」と決意する。全一郎は、マクドナルドとは逆に、アイヌ＝蟠踞せるタタール人とせず、アイヌは「古代のユダヤ人に近」く、「ソロモン王によって派遣された財宝漁《あさ》りや水夫の末裔」と考えていた。函館に上陸した彼は、「絶対に必要」なもの、すなわち「テント、やかん、平鍋、ピストル、小刀、食糧」（何と適確なロビンソン的アイテム！）を持って北海道の原野をさまよう。ピレネー山中でのロビンソンの熊なぶりよろしく樹上の芸当で羆《ひぐま》の襲撃を逃れ、アイヌの集落でほとんど養子のように保護され生活するうちに、英聖公会海外派遣宣教師ジョン・バチェラー（1854-1944）のアイヌ救済事業を知る。それまで全一郎は、アイヌをシベリアに連れて行き、祖先の武家あるいは義経＝ジンギスカンの流れを汲むユートピア建国を夢想していたが、シベリアはロシアが領有していることを遅ればせながら認識したこともあって方針転換し、石器時代の生活を営むアイヌ人に「文明」と「真の宗教」をもたらすためアメリカ留学を思い立つ。だが彼自身、「真の宗教が何であるか」分からず、「どの宗教に従うべきか」未定だったのである。

「しかし海外留学のチャンスなど、そう簡単に訪れよう筈もない。そこで彼が考えたのは、ヒッチハイクの要領で漁船に乗せてもらい、千島列島を北上し、ロシア領のカムチャッカ半島に渡り、さらに対岸のアラスカを経由してアメリカに行こうという壮大（?）な計画だった」（長山靖生）。この計画を全一郎は、古い衣類を日干しするとき、ポケットに入っていたシベリアとアラスカの地図を眺めて思いつく。荒唐無稽と笑うなかれ。この「風変わりな遠征queer expedition」は、第三章のマクドナルドが逆方向に試みたように、黒潮に乗って（あるいは黒潮に沿って）アメリカへ渡った古モンゴロイドの移動の一万年を経た季節外れの再現なのだ。

糸の切れた凧のような全一郎の軌跡は、強烈な父の割り振る保護圏を離脱したあとのマクドナルドに似る。フライデーのようなアイヌの若者を従者にして、これまたピレネー山中のロビンソンよろしく、狼に食われた死骸を見たり、盗賊宿を逃げたりしながら、北見から根室まで歩き(!)、択捉《エトロフ》へ渡る。羆が食い残した鮭で生き延び、和船でオンネコタンに渡り、二人のアイヌと共に洞穴で暮らし、「狐やアザラシの肉」を食い、釣り針なし餌付の釣り糸を呑み込ませて「鰈と鱈」を獲るという技術を発揮して生き延びる。さらにノルウェイ密漁船に乗せてもらい、オンネコタンからパラムシルへ向い、監視船を避けて一人ボートで陸揚げしてもらう。一面雪に覆われたこの極寒の島で全一郎は、大きな雪球を十数個並べて円形の壁を作り、真中にテントを張り、熊皮の寝袋でサバイバルした。深い雪の吹き溜まりに埋まって凍死寸前になったが、テントの骨木を背負っていたので何とか雪上に出て助かったこともあった。やがてロシア正教の司祭に出会い、彼の世話で捕鯨船に乗り、カムチャッカ半島のペトロパブロウスクへ行く。ここまでの行路は、督乗丸の重吉らの帰還、或はマクドナルドの密入国と逆コースである。蝦夷―カムチャッカ間はかなり船舶の往来があった。しかしここで、「白熊や飢えた狼」の恐怖を知らず北極圏を横断してアメリカへ行こうという無謀さを、当然のことながらまったく理解できないロシア将校にスパイか海賊ではないかと怪しまれ、日本へ送還される。ただし強制送還ではなく、捕鯨船に乗せて再密入国のかたちで夕闇の函館へ戻された。まるで新島襄の密出国のフィルムを逆回しに見ているようである。全一郎は、まず古着屋へいって、日本人の普通の姿になった。振り出しに戻ったことになる。このあと全一郎は、昔の叔母の家の召使に騙されて金と衣類を失い、街をうろつくほかなかったが、これくらいでヘコたれはしない。

全一郎は、船員になっていればアメリカ航路に雇われることもあろうかと考え、郵船の事務長をしていた友人の世話で横浜へ行き、小笠原諸島の暴動鎮圧へ向かう蒸気船の会計副主任に採用された。小笠原まで来ればあとは何とかなると考えたのか、全一郎は、任務終了した船を離脱し、カヌーを盗んで一人海へ出た。カヌーでアメリカへ⁉ 要するに、アメリカに行きたいというより、ロビンソンしたいのだ。父島付近の無人島へ上陸し、アオウミガメを料理してサバイバルする。まったくロビンソンであるが、同様に暮らしているポルトガル船の漂流者との出会いは、マクドナルドと南洋放浪者《ビーチコウマー》「リヴァプール・ジャック」「スパイダー・ジャック」との出会いを想起させる。そののち全一郎は、日本の帆船に雇われ、カロリン諸島のポナペ島、琉球の那覇へ回遊する。そこから琉球のジャンク船で中国の寧波へ行き、天津から内陸へ入る。盗賊宿で「靴下の中に全財産を隠し」、外套を売って酒を飲ませてやり過ごし、あとで外套を買い戻すという盗賊を出し抜く機転を発揮して危険を免れ、ようやく北京に着き、孔子学校に入学する。アイヌに伝えるべき「真の宗教」を求めて、儒学を中国語で学び、「正真正銘の中国人になった (I became a real Chinaman)」。しかし北京の町は、「若い研究者にとって比較宗教学の良い学校 (a good school of comparative religion)」だった。ここで全一郎は、イスラム教は旧約聖書研究に帰着すること、既知の仏教を故国に持ち帰る価値はないこと、儒教は体系的教義を持つ宗教とは言い難く「真の神の存在」を語るものではないことを、一つ一つ確認してゆく (この箇所には、のちのエール大学神学部での学習記憶が混入しているかもしれない)。そして或る日曜日、米人宣教師の礼拝に出席してキリスト教に目覚め、孔子学校を辞め、天津からアメリカ商船に乗り込むのである。ところが船は嵐で遭難し、灯油室から火事を出す。全一郎は水中に飛び込み、救助され、谷島というところに収容された。『ロビンソン・クルーソー』第二部には海上でどのような遭難がありうるかの一覧表のごとき事故の連続があり、第一部にはヤーマス岬でロビンソンが救助される場面があるが、まるでパクってきたかのような描写である。そのあと政府の船で鹿児島を経て神戸へ運ばれた。

全一郎の冒険の連続は、太平洋を蒸気船が定時運航していたのだから、まったく時代錯誤に思える。堅気の仕事で貯金して船客となれば、一月もかからずアメリカへ着くことができただろう。だが全一郎は、まずもって、定期船には「既定料金を全額払わなければ如何なる旅客も運べないという規則(a rule of the ship not to convey any passenger unless he paid the full fare)」があることを知らなかった。また、チャランポランなこの縄文人=東北人にとって、しばしば「金銭は、安楽な生活と同じく、さまざまな誘惑の源泉」となった。そして、全一郎は「天なる父」の教えが生きている“聖人の国〟を、あたかも『天路歴程』のクリスチャンが辿り着いた天の都「シオン」のように、金銭にまみれた「虚栄の市」「滅亡の市」の彼方に想定した。そこへ徹底した自助《セルフヘルプ》の精神で辿り着こうとしたのである。「自分の力で出来る限り、ほかのものに頼らない(not to depend on others, so far as my strength will allow)」というのが彼の「主義」だった。ロビンソン的漂流魂をもち隔世遺伝的に甦った縄文人=東北人、それが小谷部全一郎なのだ。

彼は言い放つ。「私は、この地球上の旅である限り、人が熱意を持ち続けるならば、成し遂げられない旅はないという理解をもつに至った（I came to understand that there is no journey upon this earth that a man may not make if he sets his heart upon it）」「勇気と忍耐はすべてをもたらす（Courage and perseverance carry all before them）」「ひとはどうやって泳ぐかを濡れないで学ぶことはない（A man cannot learn how to swim without getting wet）」。なるほど、これらはすべて真理だ。この自伝は、ある意味で良きアメリカ精神《マインド》を伝えるものとなっている。

全一郎の軌跡は、振り出しに戻ることを数回繰り返していたが、アメリカ商船の一等航海士の口利きにより、ついに一八八八年六月十五日、神戸から北米東岸ノバスコシアの帆船トーマス・ペリー号に乗り込み、喜望峰回りでアメリカへ向った。全一郎二十一歳のときである。土井全二郎によれば、これは「おそらく日本人が体験する最後の帆船航海」だった。船名は、同じ航路を逆向きに日本へやってきたペリー提督を想起させる。全一郎は船中で水夫労働をさせられ、侮辱を堪忍できず、或る水夫を銃殺して海に飛び込もうと決心したこともあった。新島襄と同じ場面だ。このとき全一郎は、「このわが肉と血は私のものではなく、神のものである。私はそれを盗むこともできなければ、殺すこともできない。私は自分を、神のために、そして故国の同胞たちのために、役立てなければならない（This flesh and blood does not belong to me but to God. I cannot steal it nor kill it. I must make myself useful to him and to my fellow countrymen!）」と自分に言い聞かせ、思いとどまった。アフリカ沿岸で、「人食い鮫」を銛で突こうとして甲板から落ち、支索を攀じ登って「奇跡的に助かったこと」もあった。一八八八年クリスマスにトーマス・ペリー号はニューヨークへ到着する。「私は、東洋から運ばれてきたクリスマスの贈物のように、アメリカという故郷《ホーム》に新しく生れおちたのである」。全一郎の新生活が始まる。

前途は多難だった。「昔のロビンソン・クルーソーは大海の無人島に投げ出された（cast upon an uninhabited island of the sea）。しかし、あり余るほど食べ物のある自然に恵まれていた（nature had abundantly provided him with food）。気候はつねに暖かかったから、家や着るものがなくても、困らなかった。しかし、貧しい外国人である私は、このとき、最も文明化し、繁栄して、人口が密集している都市（a thickly inhabited and most civilized and thriving city）に上陸したのである。私は不安だった。私を取り巻いていた状況は、自由に果物や獲物がとれる自然そのままの島の中より、危険に満ちていたからだ。私はロビンソン・クルーソーよりも、はるかに困難に直面していたのだ。市場にはあらゆるものがあり、住む家や飲食店もたくさんあったが、ポケットに万能の力をもつドル（almighty dollar）を持っていないかぎり、誰も私を歓迎しないからである。ドルこそが、これら多くの人たちの崇拝する唯一の神のようなもの（only deity）で、それがなかったら、ロビンソン・クルーソーには自然が与えてくれた果実や花も、私には得られなかったのである。それでも、かのロビンソン・クルーソーのように『私は両手を高くあげながら海岸を歩きまわった。自分は助かったのだという思いで、いわば全身が包まれているような、言葉で表せないほどのさまざまな身ぶり、手ぶりではねまわったのだった』」

全一郎が新たに生活する社会は、マクドナルドが嫌悪した貨幣という摩訶不思議な「汚いもの」が「万能の力」を振るうところだった。特に当時のニューヨークは、摩天楼《スカイ・スクレイパー》が次々と建築中であり、ケーブル電車が市内を連結し、生き馬の目を抜くが如き商業都市となっていた。全一郎は、

「靴磨き」や「サンドウィッチマン」という不思議な種族や、「スペインの闘牛よりも遥かに非人間的」な賭けレスリング、売春婦がたむろする「キリスト教国」の実態に呆れ、酒場で火酒をあおる「文明化された人食い人種」を、「物語のロビンソン・クルーソーが、獰猛な土人たちが行なった残酷な饗宴の場所で、頭蓋骨や手や足や、そのほかの人間の骨を見つけたときと同じような、とまどいと驚き」をもって眺めるのだった。

このような「暗黒のアメリカ（Darkest America）」の実態に呆れ、「機械の発達による素晴らしい進歩」と「貨幣の物凄い力」の「危険」を洞察しながらも、貧困と病気に苦しめられた全一郎は、病院、救貧院、養育院を運営するキリスト教慈善事業に救われ、「アメリカの光（Light of America）」を体験する。そしてその世話で国立慈善病院に勤務することになった。こうした二元論（悪の遍在、隠れた救済知）という把握はグノーシス派に近く、全一郎の場合、帰国後「隠れた救済知」の項がコロコロ変転してゆくことになる。

全一郎は、病院勤務の勤勉さを高く評価され、安楽な生活を得たが、「天なる父」の教えをアイヌに伝えるという使命、キリスト教を学びたいという情熱が甦ってきた。そこで北軍「将軍《ゼネラル》」S・C・アームストロング学長に手紙を書き、南北戦争後、解放された黒人に自活自立《セルフ・メイド》の精神と自給自足の生活を営む技術を教える目的で設立されたハンプトン実業学校（industrial school）に学費免除で入学し、一般学科で学びつつ、苗床、納屋整備、馬・豚・鶏の飼育、牛乳搾り、バター造りなど、農業科の実習教育を受けた。キリスト教教育を核心とする学校だった。「つきあう相手はみんなキリスト教徒だった。校庭の犬や猫でさえ、どこか宗教的なところを持っているように思われた」。

全一郎は、ついに洗礼を受ける。

農業技術を習得した全一郎は、上級学校で神学の勉強を志した。スマイルズの『自助論《セルフヘルプ》』（ちなみに日本語訳は晩年のサム・パッチを世話した中村正直による『西国立志編』一八七一年）の登場人物に倣い、籤で大学を決める。全一郎はエール大学に行きたかったが、籤の結果は、学費の都合を反映し、二回ともハワード大学だった。南北戦争後、黒人の自活自立を促進した「解放民局」長官オリバー・O・ハワード将軍の名を取って一八六七年首都ワシントンに創立された最初の黒人総合大学である。有色人も受け入れた。全一郎は志望理由としてアイヌ布教を掲げ、温かく迎えられる。とくにJ・E・ランキン学長の恩顧を受け、学長の「ペット」として、しばしば行動を共にした。アジア系留学生と同窓あるいは同居していたはずだが、その言及はない。福沢諭吉「脱亜論」同様、脱亜入欧的に、自らのアジア性を抑圧・消去する姿勢が感ぜられる。米国は全一郎の「養子縁組された故郷（adopted home）」と化していた。

万事器用な全一郎は、英語弁論に優れ、肖像画や日本についての講演で百五十ドルを稼ぎ、学期休みには、「古びた外套、安帽子、履き古した長靴」でヨーロッパ徒歩旅行に出た。ロンドンから、プリマス、ブリストル経由で、リバプールへ。そこから船でポルトガルのオポルトへ。マドリッド、リスボンを見た後、マデイラ諸島まで見聞し、マルセイユからニューヨークへ帰った。安切符・安宿を探しながらの四カ月に及ぶ「苦学生（toilful students）」の卓抜な貧乏旅行は、自助《セルフヘルプ》の姿を示して余りある。

さらに全一郎は、念願のエール大学神学部（Divinity School）でも学んだ。万次郎が世話になったフェアヘブンとニューヨークの中間、ニューヘブンにある伝統校である。この「あらゆる大学のなかの大学」の雰囲気を伝えるエピソードがある。神学部長デイ博士は七十歳を超えていたが、或る日全一郎に、日本語を教えてくれと頼んだという。「そういう若々しいエネルギーで、彼らは学生たちを教えた。……学生たちは、これらの人たちの誠実で謙虚な態度に接して、自然にこの教授たちに敬意を払い、尊敬した」。良い大学とは、こうした大学の原点をしっかり保つ大学であるということを教えてくれるエピソードだろう。

全一郎は、バスケットボール選手としても活躍し、一八九五年に卒業した。同期の卒業に、キリスト教社会主義から共産主義へ突き進み、レーニン廟に眠る片山潜がいる。かくして「赤裸紐育《ニューヨーク》に上陸して以来、異郷の学窓に蛍雪の苦を嘗めて春秋を迎振《むかふ》ること十有三年、而《しか》も其間一銭も邦貨を費やさず」（『日本及日本国民之起源』緒言）、神学士となったのである。全一郎はワシントンで聖職按手礼を受け、「ハワイ布教委員会」のもとで働くために、ホノルルに赴く。

ハワイでは一八九四年白人系住民が、議会多数派のクーデターのかたちで、原住民のカメハメハ王朝を廃して「ハワイ共和国」を立ち上げ、米国併合をめざす白人支配を確立していた。これは白人系住民にとっては、王権を強化して古来の生活を守ろうと反乱を繰り返す原住民に対抗する措置であり、米国にとっては太平洋を跨いで「明白な運命《マニフェスト・デスティニー》」を遂行するためのアジア進出の拠点の確立であった。白人系住民の支配パターンは、アジア系住民が増加すれば、主体を替えて発動する危険があった。一八九五年にドイツ皇帝ヴィルヘルム二世が唱え始めた「黄禍論」に呼応して、「ハワイのタタール化」が恐れられ、日系移民排斥の動きが現れ始めた。

このような時期に全一郎は、出来たばかりの「ハワイ共和国」ドール大統領宛ての紹介状をランキン学長から受け取り、日系移民を仏教からキリスト教へ改宗させるために、ハワイに赴いたのだった。第四章で土佐漂民を世話したG・P・ジャド医師の息子A・F・ジャド（一八三八－一九〇〇）が最高裁長官、「ハワイ布教委員会」会長だった。しかしハワイは「日本人の血を引いた小さなヤンキーの助力がなくとも」、すでに米国の「強力な砦」となっていた。全一郎は、マウイ島で「フライデー」と名付けたコックとしばらく生活した後、エール大学に戻り、アイヌ救済事業のために、一八八七年「ドーズ法」以降のインディアンを定住農耕させる政策（インディアンを生活圏から切り離し貧しい保留地に閉じ込め、固有の文化を失う結果となった）を学び、十年の滞米生活を終え帰国する。離米する一八九八年、自伝『ジャパニーズ・ロビンソン・クルーソー』を組合教会派のピルグリム出版社《プレス》から出した。

『ジャパニーズ・ロビンソン・クルーソー』執筆のころの小谷部全一郎。羽織袴で西欧の知性主体を象徴するペンを握る面魂は熊楠に似る

　この本にはロビンソン物語を生きたという確信＝核心がある。英借文した新島以上にロビンソン物語がこの自伝をかたどっている。それにしても見事な英文である。ところどころに自作の英詩が入っている。題名は、独りサバイバルする「ロビンソン」というより、「ジャパニーズ」に力点があり、アジア布教をめざす「ジャパニーズ・アメリカン」「ジャパニーズ・ホワイト」として、米国の美点を称え、

白人読者の受けを狙ったものである。その意味では、白人ロビンソンに奉仕するうちに自分を「白人」と思い込んだモンゴロイド・フライデーの物語である。だが、破天荒な漂流と遍歴をなした実にロビンソン的な日本人の記録であることはまちがいない。繰り返しになるが、問題は、どこまで本当であるのか分からないことだ。露骨な虚構としての法螺話（hoax）ではないにしても、いかにも本当らしく見せかけた作り話（fish-story）なのではないか。その傾向があることは全一郎も匂わせている。しかし、これこそ、ロビンソンという架空人物の冒険に満ちた一生を捏造した原作者デフォーの書き方だった。その意味で『ジャパニーズ・ロビンソン・クルーソー』は『ロビンソン・クルーソー』をその最深部において継承しているのかもしれない。

全一郎が帰国した一八九八年という年は、米国がモンロー主義《ドクトリン》（米欧間不干渉原則）を植民地主義へと展開し、米西戦争を、プエルトリコ、キューバ侵攻、グアム併合、フィリピン占領、という形で遂行した年だった。軍事基地としての重要性を増したハワイも翌年併合される。日本もまた、日清戦争後、遼東半島を獲得し、台湾を占領し、北は満蒙から、南はオセアニアまで、松陰が夢想した植民地拡大を現実化しようとしていた。全一郎の後半生は、こうした動きに深く関わることになる。

全一郎は帰国後しばらく組合教会派の横浜紅葉坂教会で牧師を務めたあと、北海道虻田村に移住し、宿願のアイヌ救済事業に奔走した。和人型救済の押付けという側面はあるが、本人は善意そのものである。ハンプトン実業学校に倣い、農工教育所として虻田実業学校を創立、一九〇四年に開校した。一九一〇年有珠山の噴火により生徒激減、一九一四年休校に至るが、全一郎は滞米中からワシントンの星亭駐米大使、ホノルルの島村公使を通じてアイヌ救済・学校教育の陳情書を文部大臣に提出しており、一八九九年「旧土人保護法」制定でその目的は一定果たされたと感じていた。東京に戻った全一郎は大学講師を務めながら、かつての宿題であった源義経＝ジンギスカン説を、『成吉思汗ハ源義経也』（一九二四年）にまとめる。「満蒙こそ日本の生命線」とする風潮に適合し大正の大ベストセラーとなるのだが、この本を書くために、シベリア出兵時に、百数十名の一般応募の中から選抜試験を経て陸軍通訳官となった。五十一歳のときである。同年生れの漱石は二年前に亡くなっている。全一郎は、任務の傍ら満蒙を精力的に取材し、尼市《ニコリスク》で義経の碑を、斉斉哈爾《チチハル》付近のフラルジでサイタイボウ（西大坊＝弁慶）の碑を〝発見〟した。

さて、全一郎の義経＝ジンギスカン説を信用度別に三段階に分けて紹介する。第一段階は義経不死説。否定派が依拠する史書『吾妻鏡』によれば、義経の首は衣川で四月三十日に討ち取られ、六月十三日に鎌倉に届けられた。これは遅すぎる。そもそも歴戦の義経がむざむざと機会を逃し自害などするはずがないという新井白石も指摘した論点である。延宝年間の『可足記』によれば九郎判官の身代わりに杉目太郎行信の首が鎌倉に運ばれた。『大日本史』もまた鎌倉に届けられた首は偽首とする。一九五〇年に中尊寺金色堂の学術調査がおこなわれ、従来藤原忠衡のものと信じられていた遺体は泰衡のものと判明。父秀衡の遺命に背いて義経を夜討ちしたとされる泰衡が、父の傍に葬られていたのである。これは頼朝を恐れて義経を討ったとされる泰衡が、じつは義経自殺狂言に加担していたことを匂わせるだろう。この第一段階は肯ける点が多い。

第二段階は、自刃したとみせかけて、蝦夷地に渡ったという義経北行説。これは義経不死説に

「御伽草子」の「御曹子島渡」説話が結合したもの。頼朝挙兵以前の義経が、藤原秀衡より、北の国に「かねひら大王」が住み、「大日の法」と称する兵書があることを聞き、「土佐（十三）のみなと」を出航。ガリバーよろしく、半身半馬の人の住む「王せん島」＝「馬人国」、「男女のへだて」を知らぬ「はだか島」、「女護の島」、「菩薩島」＝「小さ子島」、「蝦夷が島」を経て「千島」の喜見城にたどりつき、大王の娘と契るという物語で、為朝が伊豆の大島で死なず琉球に渡って王家を創立したという話（全一郎は琉球でその遺跡を見聞している）と同系である。これは内地においては室町時代に生まれた「判官びいき」の空想の産物と思われるが、アイヌの側では、一六六九年から翌年にかけておこったシャクシャイン反乱を義経とむすびつけ、アイヌの人々が信仰する「烏気遇而密《オキクルミ》」を義経とする見解を生んだ。古代・中世においては、現在からは想像も付かぬほど、一衣帯水《タタール》というべき間宮・宗谷・津軽海峡を結ぶ北方海域の交易が盛んであり、奥州藤原氏（もと安倍氏）の十三湊《とさみなと》・福島城を拠点とする蝦夷金山開発を考慮すると、義経に限定しなければ、この種の「島渡」の英雄譚にはそれなりの根拠がある。

第三段階がいよいよ源義経＝成吉思汗《ジンギスカン》説。シーボルトが『日本』で紹介した「守《かみ》」＝「汗《カーン》」説に端を発し、末松謙澄《のりずみ》『義経再興記』が火をつけ、全一郎が定説化した。ここからはこじつけのオンパレードである。

・「ジンギスカン」は「源義経《ゲンギケイ》」に通じ、国名「元」は「源」に通じる
・ジンギスカンはニロン族出身。「ニホン（日本）」と解すべし
・ジンギスカンの幼名テムジンは天神に通ず

・ジンギスカンが「クロー」と称し九の数を好むのは九郎判官に因る
・沿海州に「ハンガン」という岬がある。九郎判官が上陸した土地ではないか……
・ジンギスカンは一一九〇年から一二〇二年まではユーラシア大陸の東端において、満州女直や高麗軍と戦った記録が残されている。これは義経が沿海州に上陸し、満州女直のワンスンと交戦したから
・ジンギスカンが一二〇六年にハーンに即位した時の「九旒の白旗」の建立は、武家の棟梁、源氏の旗印の宣言である
・ジンギスカンのシンボル笹竜胆は、源氏の紋章の笹リンドウである

この説に対し一九二五年雑誌『中央史壇』が『成吉思汗は源義経にあらず』と題して臨時増刊号を組み、学者たちが大々的に反論を行った。義経＝ジンギスカン説は時局がら、好い加減な類似《アナロジー》だけで日本軍の満蒙進出を正当化するものと受け取られたが（大杉栄・伊藤野枝虐殺で服役中の甘粕正彦は千葉刑務所内から激励の手紙を送った）、全一郎に時局に乗ずるつもりはなかった。陸軍大学教授招聘も断って執筆活動したのだ。類似《アナロジー》も論理の一つと考える全一郎は、まったく論破されたとは思わなかった。「確証がない」という批判に対しては、「後日証拠となるべきものをイン滅して国外に脱出せし者」が「発覚の証拠を残して落行く」はずがないと、居直った。自らの密出国を義経の北行に重ねての確信である。

清貧の中で「筆硯の業」に従事した全一郎は、一九二九年に『日本及日本国民之起源』を出す。アイヌを古代ユダヤの失われた支族と考えていた彼は、日猶同祖説まで突き進んで行った。マクド

ナルドの脳裡にも流れ込んでいた日本人＝アーリア人説は、日本語法や骨格にアジア北部・中近東との繋がりを指摘して内地雑居を推進する田口卯吉「日本人種論」（一八九五年）、桓武天皇の祭儀にユダヤの燔祭との類似を指摘する竹越与三郎『二千五百年史』（一八九六年）、小町＝ハーフ説の黒岩涙香『小野小町』（一九一三年）などにも散見されたが、ナチスのアーリア神話とユダヤ人迫害が強まる頃、全一郎は、「我大日本の基礎民族は希伯来《ヘブライ》神族の正系にして猶太人は其傍系」なる奇説によって、「正系」たる日本民族が、元来優秀なれど金権主義に陥った「傍系」ユダヤ民族を指導すべきことを説いたのである。これは、反ユダヤの立場ではない。日本軍が支持したセミョーノフ大尉の軍団ではユダヤの陰謀を列挙した反ユダヤ主義の「シオン議定書《プロトコル》」を配布していたが、これとは異なる。「真の宗教」をキリスト教と神道の共通の原点（「西教の原理は我神道とその趣を同ふす」）に求めるかつての全一郎の思索と、シベリア出兵時のユダヤ人および金塊移送という時事問題が結びついた親ユダヤ主義の立場である。

　さてこの奇説によれば……人類の起源は大洪水のときに神に救われたノアの一族である。日本民族はその直系であり、「南洋若くは北地に蟠居せる夷狄」を祖とするものではない（「皇国」を「天・地・泉《よみ》」に分かれた世界の「天」に近いところに位置づけ、それゆえ洪水を免れたという把握は、平田篤胤『霊之真柱』にある）。「創世記八章に曰く、……方舟は七月……十七日に、アララテの山に止まりぬと。アララテ山は……タガーマにあり、その古都をハラと云ふ、日本国祖の発祥の地を天《アメ》の高天《タカマ》の原なりと伝ふるは蓋し此の霊地をいふか」。日本は「希伯来《ヘブライ》神族の正系」ゆえに、全国一斉に七月十七日に祇園＝シオンの祭りをもち、信州諏訪神社は方舟を記念する御船祭を設けた。過越節《すぎこし》は正月行事となり、「種を入れぬパン」に対応して「餅」が出来た。「角力《すもう》」はイスラエルと天使の格闘の名残りであり、古代にあった「女角力」はラケルが姉と組み合ったことに由来する……。

日本民族の構成はこのあと三層となる。底辺の第一層は、穴居生活の丈の低い人種、カナンの地のエブス、日本における土蜘蛛、土籠《つちごもり》、国栖《くず》、夷《エビス》、エビス、エミシ、穢多である。坪井正五郎が日本原住民とした「コロボックル」、「少名毘古那命」もこの層に属す。

第二層は、アブラハムの長子イサクの長子で毛深いエソウに発する一族である。全一郎は「エサウ」ではなく「エソウ」と呼んで蝦夷と結び付ける。エソウは弟ヤコブが相続権を詐取して「イスラエル十二支族の祖」となるときに追われ、その子孫は山岳の地にエドモの国を建設した。これが出雲であり、そこから、大和の長髄《すね》彦となったり、族長「阿日」（奥州安倍氏＝藤原氏）に率いられ蝦夷に移動した。「先住民族たるコロボックルが無限の泰平を楽みたる此の武陵桃源の仙郷に、勇猛なるエソ民族が、西は朝鮮より、北は樺太より、跟《きびす》を接して侵入し来り、彼等に代りて本土の主となるに至りしなり」。第一種族のうち「多少気概あるものは千島列島を経てアラスカ方面に遁れ」、「常夜＝常世国」に住んだ。ここでも全一郎自身の密出国が重ねられている。

第三に神国日本を築く神武天皇の一族が来る。「イスラエル十二支族の一に、その名をガドといふ聖裔あり……族長たる父祖の名をガドと云い……ガドに七子あり、長男の名をニッポン」。その子孫が極東において祖先の名の国を建て、元首を御ガド＝ミカドとした。全一郎は移動経路として、ペルシア、アフガニスタン、チベット。そこからウラジオストック、朝鮮、日本、或いは、シャム、南シナ、琉球、日本、の二経路を想定している。なんとも壮大なこじつけだ。日猶同祖説には、日本太古の版図をユーラシアのみならずアフリカに拡大し、邪馬台国＝エジプトまで説いた木村鷹太郎（通称「キムタカ」）という学会に煙たがられた先輩がいた。結論は同じ。「一大覚醒を要するの秋《とき》」にある「神国日本」こそ、神に選ばれたヘブライの理想を達成する使命を負うのだ。全一郎にとって永年取り組んだエソウ＝蝦夷の救済は神国日本の使命に沿った事業であったということになる……。

やや真顔で全一郎の奇説を紹介してきた。私は天才《キジン》の友だから、これらの奇説が如何に悪用されようとも、仮説として弁護したい。ひとつ考えておきたいのは、日本人の起源を広げ、アイデンティティを強化する努力それ自体が、アイデンティティの脆弱さを浮き彫りにしているという側面である。小熊英二は、鷹太郎、全一郎らの探究を「巨大な貴種流離譚」と規定し、「多くの貴種流離譚がそうであるように、それは劣等感や絶望感に押しつぶされた人間がつくりだす幻想であった」と診断する。たしかに全一郎は、米国で体験したはずの人種差別を、ニューヨークの理髪店でのエピソード以外には語らず、抑圧体験そのものを抑圧した形跡がある。白人向けに書いた自伝の中では「ジャパニーズ・ホワイト」の仮面をまとい、「黄禍」の心配はございませんというポーズに徹したが、「黄色い皮膚、白い仮面」分裂の精神的外傷《トラウマ》が帰国後蘇り、そのとおり「黄禍」を恐怖せよ、とりわけ日本はその盟主であるぞ、と居直りに転じたのかもしれない。しかし全一郎は不思議と過去の怨恨《ルサンチマン》零度で突き進む奇行人であったようにも思われるのだ。

全一郎は、奉るところの「神国日本」が不幸にも彼の〝心のふるさと〟アメリカと開戦する一九四一年に七十三歳で亡くなった。晩年各地のユダヤ系新聞社に「意見書」を投稿し、彼らを激励していた。戦後まで生きていれば、あらゆる境遇への過剰適応者にして「ウェルカム、ペリー」だった全一郎は、「ウェルカム、マッカーサー」を説いたであろう。晩年に義経の降霊から祖先の白鳥氏は義経の遺児と聞いた全一郎は、義経の側室であった静御前を弔う寺に葬られることを願い、「小谷部家之墓」を造っていた。だから全一郎の墓は古河の光了寺にある。

開国前後の激動は、奇人たちのエネルギーを引き出し、さまざまな脱出・放浪のパターンをもたらした。幕府や藩という秩序が吹き飛び、天皇制国家という次の重苦しい秩序が現れる前に、石器時代以来の人類の基本動態が示されたのだろう。すぐに掻き消されてしまうが、人間が人間として生きる限り、文化の表層から隠れて残り続けるこの基本動態を、忘れてはならない。それは国家の庇護の下に生活する者から見れば例外的に見えるかもしれないが、国民国家が管理制度を整えてからまだ百五十年しか経過していない。人類史を振り返れば、例外的と見えた生きざまの中にこそ普遍的な意味が秘められているはずである。本書はそうした生きざまの一類型を「ロビンソン的」と呼んで追跡してきた。何と様々な卓抜なる生き様が示されたことか。ひとはこうやって何とか生きてゆくのだ。

全一郎は『ロビンソン・クルーソー』にかたどって自分の放浪体験をまとめたが、すでに彼の頭脳そのものが〝メリケン・ジャップ太平洋往来〟とでもいうべきロビンソン的放浪だった。奇人の度合いでは誰にも負けぬ小谷部全一郎をもって、ややアバウトに語るほかなかった「ロビンソン的」の振り幅の最大値が示されたところで、筆を擱くことにする。

あとがき

われわれの眼前から姿を消してしまったものも、一つとして無に帰したものはない。すべてのものは、自分を生んだ自然のなかに一時的に姿を隠し、やがてまたそこから姿を現す。中断はあるが、破滅はない。われわれが恐怖とともに退ける死も、生を中断はするが、断絶することはない

――セネカ

前作『江戸時代のロビンソン―七つの漂流譚』に続き本稿も、『ロビンソン移入翻案史考』草稿群の一つである。「開国前後のロビンソン・クルーソー・ゲーム」（西南学院大学国際文化論集二一巻二号）を元に、「島原太吉メキシコ漂流記」（同二五巻一号）、「万次郎異聞」を加え、全面的に改稿したが、漂民の動きが交錯し、章の順序を思案しているところへ、ムダ知識が飛び交い、各章のつながりやバランスはうまく出来ていない。あっち向いてホイ状態と評すべきか。しかし幕末という時代がそうだったのだろう。すんなり整理できるものではない。ドタバタの臨場感を味わっていただくほかかない。

前回同様、弦書房の野村亮さんのお世話になった。編集のみならず、図版加工・地図作成・年表

校閲までお願いしたのだから、またしても感謝あるのみ。史料入手を助けていただいた西南学院大学の田村元彦・塩野和夫・宮崎克則先生、図書館の相田芙美子さん、周参見町立歴史民俗資料館の野田佳吾さん、長崎県職員の川口洋平さんにもお礼申し上げる。

さて、私事に渉るが、言わねばならぬことがある。昨年夏、この世とは思えぬ風景を見た蝶ヶ岳から餓鬼岳への大縦走後、膨張した腹部に違和感を覚え、初めて内視鏡検査を受けたところ、何と、大腸癌末期・手術無効と診断された。毎年健康診断を受けてこのザマである。

私は運命について考えるようになった。人生、まったくとんでもないことが起こるもんだ。運命はこのように降りかかるのか……。今から思えば滑稽ながら、昏倒寸前のニーチェのようにスーパーヘルス状態を誇り、長い老後をどうやって暇つぶしすればよいかアレコレ考えていた私には、青天の霹靂であった。腹水が溜って腹が異様に張るほかに、特に患部の痛みはないのだから、放っておけばあと半年の命ですと言われても、他人事のように思える。いまだにこれは膨大な抗癌剤治療費をむしり取るための医療システムの陰謀ではないかと疑っているくらいだ。

ともあれ一切の雑念が吹き飛び、眼前の原稿を書き紡ぐことしか関心がなくなった。これが天命であったのだと悟ると、なんだかサッパリした感じである。蓋し、死の不安というのは気の迷いに過ぎない。死は一定《いちじょう》。死に悩みはない。どう生きればいいのか（若者の不安）、どうすれば生き延びることができるか（老後の不安）、という生の不安しかこの世にはない。生きることには必ず悩みが付きまとうのであって、死ぬことに悩みはない。痛いのはイヤだが、終末期には各種モルヒネ製剤があるそうな。アレコレ思い悩むことは後に残る哀れな妻子と友人どもに任せるとしよう。

人生も歴史もそのつどの偶発性で動いてゆくことを知らされたのはよい経験だったのかもしれない。所詮有限卑小な我々は、運命に振り回されながらも、にもかかわらず／だからこそ、強く深く生きるほかない。この点でも漂民たちに学ぶことが多かった。そもそもなぜ私が漂流事例を調べ出したのかといえば、理科学生から哲学研究者へ転生し、勤め先で偶然始めたロビンソン物語とその変形譚の研究から、さらに探険・漂流の分野へ迷い込んだからである。思い起こせば転居・転校の連続であった（それゆえか『ひょっこりひょうたん島』に見入った）少年時代から、私の人生が漂流であり、サバイバルであった。さらばこそ、この世の愚身から四次元時空間の宇宙塵に帰る旅立ちの時まで、ロビンソン魂を抱えてしっかり生きることにしよう。

最後に献辞。妻真知子の慈愛に満ちた看護と助力なくして、私は生き抜くことはできず、この本は誕生しなかった。本書を奉げ感謝を表明する。

二〇一〇年晩夏

脊振のロビンソンと我が名呼ばれむ　　　　峻岳院釈漂流居士　　岩尾龍太郎

＊　著者岩尾龍太郎氏は、本書制作中の、二〇一〇年九月十日に逝去されました。その後の校正は小社編集部にて行いました。

江戸時代太平洋漂流年表

一六〇〇年（慶長五）　オランダのリーフデ号臼杵漂着。関が原の戦い

一六〇三年（慶長八）　エリザベス一世没。スコットランド・イングランド同君連合。家康、征夷大将軍となる。徳川幕府創設。

一六〇七年（慶長十二）　王党派ジェームスタウン植民地建設、合州国〈南部〉の端緒

一六〇九年（慶長十四）　スペインのサンフランシスコ号上総御宿漂着

一六一〇年（慶長十五）　家康、按針丸をメキシコへ。前呂宋長官代理ビベロを還らせた

一六一三年（慶長十八）　支倉六右衛門派遣船サン・ファン・バプティスタ号メキシコへ

一六二〇年（元和六）　メイフラワー号の盟約者、新教派プリマス植民地、合州国〈北部〉の端緒

一六三五年（寛永十二）　海外渡航、帰国の禁止。外国船入港を長崎・平戸に限定、いわゆる鎖国開始。武家諸法度「五百石積以上之舟停止之事」を定む。三年後「荷船之外大船停止」に変更

一六三七年（寛永十四）　島原の乱

一六四一年（寛永十八）　平戸のオランダ商館閉鎖。長崎に「国立牢獄」のような出島建設

一七〇九年（宝永六）　シドッチ、侍の格好で屋久島へ上陸、新井白石による審問『西洋紀聞』一七一五年成る

一七一九年（享保四）　デフォー『ロビンソン・クルーソー』出版。新居船鳥島漂着、二十年間サバイバル

一七二六年（享保十一）　スウィフト『ガリバー旅行記』出版。荻生徂徠『政談』成る。

一七六八年（明和五）　―一七七九（安永八）　クック船長の太平洋探検航海。太平洋の広大さを初めて認識

一七七四年（安永三）　杉田玄白・前野良沢ら「解体新書」
一七七六年（安永五）　アメリカ合州国独立
一七七八年（安永七）　林子平『海国兵談』
一七八九年（天明九／寛政）　フランス革命始まる。オーストラリアへ囚人移送船団
一七九〇年（寛政二）　寛政異学の禁。朱子学のみとする
一七九二年（寛政四）　ロシア使節ラクスマン、光太夫ら送還のため根室に入港、交易を要求
一七九四年（寛政六）　桂川甫周『北槎聞略』成る
一八〇四年（享和四／文化）　ロシア使節レザノフ、津太夫らを伴い長崎に入港
一八〇七年（文化四）　フヴォストフらロシア兵、択《エト》捉《ロフ》番所襲撃。蒸気船クレアモント号がハドソン河を航行
一八〇八年（文化五）　英船フェートン号オランダ国旗をかかげて長崎湾に侵入。長崎奉行松平図書頭が引責自殺
一八一一年（文化八）　測量にきたディアナ号艦長ゴロヴニンを国後島で捕縛
一八一二年（文化九）　高田屋嘉兵衛、ロシア軍艦に捕らえられるが、リコルド艦長を説得して日露交渉を拓く。ナポレオンのモスクワ遠征
一八一三年（文化十）　日露和解。督乗丸遭難
一八一五年（文化十二）　ワーテルローの戦い。ウィーン会議終結。欧帆船、一斉に太平洋へ向かう。督乗丸の重吉らカリフォルニア沖で英国船に救出さる
一八一八年（文政元）　英船ブラザーズ号浦賀へ
一八二一年（文政四）　伊能忠敬（一八一八年没）の「大日本沿海輿地全図」完成
一八二二年（文政五）　英船サラセン号浦賀へ。池田寛親『船長日記』成る
一八二三年（文政六）　シーボルト、長崎に入港
一八二四年（文政七）　英捕鯨船員、常陸国に上陸し捕らえられる。英船薩摩宝島に上陸
一八二五年（文政八）　異国船打払令。ダーリントンとストックトン間に蒸気機関車による鉄道開通

一八二八年（文政十一）　シーボルト事件

一八二九年（文政十二）　英船蝦夷に上陸、戦闘となる

一八三一年（天保二）　厚岸にオーストラリア捕鯨船来航、戦闘となる。防長大一揆

一八三三年（天保三）―一八三六年（天保七）　天保の大飢饉

一八三四年（天保五）　小野浦の宝順丸（音吉、久吉、岩吉）北米フラッタリイ岬に漂着

一八三五年（天保六）　肥後川尻船（庄蔵、力松、寿三郎、熊太郎）遭難、ルソン島まで流される。音吉らは英ハドソン湾会社のイーグル号でロンドンへ送られる

一八三六年（天保七）　ロシア船が越後の五社丸の漂流人三名をエトロフに上陸させる

一八三七年（天保八）　大塩平八郎の乱。漂流民を乗せた米船モリソン号、浦賀、薩摩で打ち払われ、澳門《マカオ》に帰る。善徳《ギュツラフ》『約翰福音之伝』出版

一八三八年（天保九）　緒方洪庵適々斉塾を開く。渡辺崋山「慎機論」高野長英「戊戌夢物語」成る

一八三九年（天保十）　守旧派の鳥居耀蔵と伊豆韮山代官・洋式砲術家の江川太郎左衛門の対立。蛮社の獄、渡辺崋山、高野長英らを逮捕

一八四〇年（天保十一）　阿片戦争（～一八四二年）南京条約。高島秋帆「西洋砲術意見書」

一八四一年（天保十二）　万次郎らの土佐漁船鳥島漂着、ホイットフィールド船長の米捕鯨船ジョン・ハウランド号に救出さる。摂津永住丸、犬吠埼沖より漂流、翌年二月スペイン密貿易船に収容されカリフォルニア半島南端に置き去り。仙台の廻米船観吉丸、九十九里浜沖で遭難、永住丸とすれ違った後、フィリピン漂着。尾州内海の数右衛門船、紀州沖で遭難、六カ月後外国船に救助され、ペルーのカヤオへ。水野忠邦、天保の改革に着手。寿三郎と庄蔵の手紙、長崎に届く

一八四二年（天保十三）　異国船打払令を撤回。難船に対する薪水給与令。周参見善助と阿波初太

郎、ホノルルで土佐漂民と会う

一八四三年（天保十四）　阿波幸宝丸鳥島漂着、米捕鯨船マンハッタン号に救出さる。ジョン・ハウランド号ニューベッドフォードへ帰港。年末に善助、初太郎、清国船で長崎へ

一八四四年（天保十五／弘化）　オランダ国王使節コープス、軍艦パレンバンク号で長崎へ。日本の開国を忠告するウィレム二世の国書を渡す。「亜墨新話」成る。長英脱獄

一八四五年（弘化二）　米捕鯨船マンハッタン号が漂民二十二名を浦賀に届け、薪水食糧の供与受ける。英船サマラング号、長崎で測量と薪水給与を要求。周参見弥市、伊予亥之助、島原太吉、清国船で長崎へ。「善助申口上書」成る

一八四六年（弘化三）　米捕鯨船ローレンス号のボート、エトロフ漂着。万次郎フランクリン号に乗組む。米提督ビッドル浦賀に来航し通商を求める。幕府は拒否。フランスのセシーユ提督長崎に渡来。オレゴン条約でカナダと合州国の国境線確定。米墨戦争（—四八年）。「島原漂流人太吉物語」、亥之助「海外異話」、弥市「漂流外国物語」成る。『亜墨《アメリカ》竹枝』出版

一八四七年（弘化四）　「墨是可新話」成る

一八四八年（弘化五／嘉永）　米国捕鯨船ラゴダ号のボート松前漂着。ラナルド・マクドナルド難破を装って利尻島へ。長崎獄内で英語授業。十月傳藏・五右衛門を下ろすフロリダ二世号とジョン・マンのフランクリン号、ホノルルに入港。メキシコから米国へ割譲されたカリフォルニアで金発見

一八四九年（嘉永二）　イギリス軍艦マリーナ号、浦賀測量事件。マクドナルド、ラゴダ号の十三人とともにプレブル号で香港へ。マクドナルド、オーストラリアで金を掘る。万次郎もゴールド・ラッシュ

一八五〇年（嘉永三）　太平天国の乱。本邦最初のロビンソン翻訳、黒田麹盧『漂荒紀事』成る。長英自殺。栄力丸遠州灘で遭難、南鳥島沖で水没しかけたところ、クーパー船長の米船

オークランド号に救出さる。紀州船寅吉等、ホノルルで土佐漂民と会う

一八五一年（嘉永四）　メルヴィル『白鯨』出版。第一回ロンドン万国博覧会。佐久間象山が江戸小挽町に洋式砲術塾「五月塾」を開く。万次郎ら、米船サラ・ボイド号で琉球に帰還。岩崎俊章『東航紀聞』成る

一八五二年（嘉永五）　栄力丸の十六人、香港でサスケハナ号に収容

一八五三年（嘉永六）　ペリー、四隻を率い、捕鯨船の薪水基地の開設を求めて浦賀に来航。仙太郎船内で震えている。プチャーチン、四隻を率い長崎に来航。松陰これに密航せんとして失敗。『満次郎漂流記』ベストセラー。太平軍南京占領。大船製造禁止の解除。寿三郎、アヘン中毒で死亡。南部大一揆

一八五四年（嘉永七／安政）　プチャーチンの艦隊、長崎へ。ペリー、前年の九隻を率い再来。仙太郎、三等水夫として再来日、しかし上陸せず。日米和親条約　宣教師ウィリアムズ、通訳として乗船。吉田松陰と金子重輔、密航（下田踏海）失敗。「幽囚録」成る。英国スターリング提督が四艘の艦隊を率いて長崎へ。音吉通訳。クリミヤ戦争

一八五五年（安政二）　金子重輔、岩倉獄で病死。安政の大地震。藤田東湖圧死。プチャーチンのディアナ号大破。橘耕斎、代りの船に便乗して密出国。オランダよりの汽船観光丸により長崎海軍伝習始まる。江川太郎左衛門没。幕府天文方から蕃書和解御用係を独立させ洋学所とする。森山栄之助勤務

一八五六年（安政三）　アロー号事件。洋学所改め蕃書調所で翻訳事業、洋学教育。吉田松陰、松下村塾を開く

一八五七年　二番目のロビンソン翻訳、横山由清『魯敏遜漂行紀略』木版で出版

一八五八年（安政五）　大老井伊直弼、ハリスの圧力のもと日米修好通商条約を締結。その一方で安政の大獄。ニューヨーク・ハミルトンの第一バプテスト教会でサム・シンタロウ（仙太

郎）受洗

一八五九（安政六）　吉田松陰、橋本左内斬首。ペンシルベニアで石油発見採掘、近代石油産業はじまる

一八六〇年（安政七／万延）　咸臨丸、米国へ。栄力丸の岩吉改めダン・ケッチ「斬姦」さる。桜田門外の変。大老の首、行方不明。ジョナサン・ゴーブル、仙太郎を伴い来日。「マタイ福音書」のひらがな訳

一八六一年（万延二／文久）　アメリカ南北戦争（〜六五）。露国軍艦、占領を企図して対馬滞留

一八六二年（文久二）　坂下門外の変。音吉一家シンガポールへ移住。遣欧使節団を案内。蕃書調所を洋書調所と改称

一八六三年（文久三）　新島七五三太、黒田麹廬『漂荒紀事』を読む。米商船ヴァイキング号、御蔵島に漂着。禁門の変。高杉晋作、奇兵隊編制

一八六四年（文久四／元治）　佐久間象山暗殺さる。新島七五三太、密航成功、ジョセフ（襄）と呼ばれる

一八六六年（慶應二）年　中岡慎太郎・坂本龍馬の斡旋で薩長連合成る

一八六七年（慶應三／明治）年　近江屋で中岡慎太郎・坂本龍馬暗殺。明治維新。ロシア、アラスカを百二十万ドルでアメリカに売却。音吉（英語名ジョン・M・オトソン）シンガポールで亡くなる

一八六九年（明治二）年　スエズ運河とアメリカ横断鉄道が開通

一八七四年（明治七）年　サム・パッチ（仙太郎）没

一八九〇年（明治二十三）年　新島襄没

一八九四年（明治二十七）年　ラナルド・マクドナルド没

一八九七年（明治三十）年　ジョセフ・ヒコ没

一八九八年（明治三十一）年　米西戦争。小谷部全一郎『ジャパニーズ・ロビンソン・クルーソー』を出版。中浜万次郎没

一八九九年（明治三十二）年　勝海舟没

参照文献

全般

D.Defoe:Robinson Crusoe, Oxford The World's Classics
H.Melville:Moby Dick, Penguin Classics
メルヴィル『白鯨』岩波文庫
R・L・マークス『ビーグル号の三人』白揚社
山下恒夫編『江戸漂流記総集』全六巻　日本評論社
加藤貴編『漂流奇談集成』国書刊行会
『開国逸史・アメリカ彦蔵自叙伝』ミュージアム図書
川合彦充『日本人漂流記』教養文庫
春名徹『にっぽん音吉漂流記』中公文庫
『世界を見てしまった男たち』ちくま文庫
小林茂文『ニッポン人異国漂流記』小学館
小林郁『鳥島漂着物語』成山堂書店
田中弘之『幕末の小笠原』中公新書
岩波日本思想大系『本多利明・海保青陵』『渡辺崋山・高野長英・佐久間象山・横井小楠・橋本左内』
島崎藤村『夜明け前』新潮文庫
羽原又吉『漂海民』岩波新書
宮本常一『忘れられた日本人』岩波文庫
黒田麹盧『漂荒紀事』京都大学出版会
横山由清『魯敏遜漂行紀略』丸井工務店
『S・ウェルズ・ウィリアムズ　生涯と書簡』高城書房
服部之総『黒船前後』世界教養全集17　平凡社
丸山眞男『日本政治思想史研究』東京大学出版会
源了圓『徳川思想小史』中公新書
クラーク&ホルクィスト『ミハイール・バフチーンの世界』せりか書房

はじめに

R．H．デーナー『帆船航海記』海文堂書店
マルクス&エンゲルス『ドイツ・イデオロギー』岩波文庫
J・ヴェルヌ『八〇日間世界一周』岩波文庫
本居宣長『玉勝間』『うひのやまふみ』岩波文庫

第一章

『覆刻ギュツラフ訳聖書』新教出版社
三浦綾子『海嶺』集英社文庫
K．プラマー『最初にアメリカを見た日本人』NHK出版
塩野和夫『禁教国日本の報道—『ヘラルド』誌（1825–1873）より—』雄松堂

第二章

帰還者の史料
［善助］岩崎俊章「東航紀聞」（池田皓編『日本庶民生活史料集成』第五巻三一書房所収）、池田皓編『南海紀聞・東航紀聞・彦蔵漂流記』雄松堂出版

〔弥市〕「漂流外国物語」「栄寿丸沖船頭善助申口上書」周参見町立歴史民俗資料館、「東航紀聞」第三巻
岩尾龍太郎翻刻「漂流外国物語」西南学院大学国際文化論集24巻2号
〔初太郎〕「亜墨新話」（山下恒夫編『江戸漂流記総集』第四巻日本評論社所収）
井上默『亜墨アメリカ竹枝』「長尾市太郎成立書」（河野太郎『初太郎漂流記』徳島県教育会出版部所収）
「阿波の初太郎江亜墨利加より音信有之一話」（荒川秀俊編『近世漂流記集』法政大出版局所収）
和巻耿介『天保漂船記』毎日新聞社
〔太吉〕「墨是可新話」島原市公民館松平文庫
「島原漂流人太吉物語」九州大学文学部日本史学科（2C/442）所蔵、岩尾龍太郎翻刻、西南学院大学国際文化論集25巻1号
入江滑編訳『墨是可新話』現代出版社
〔亥之助〕「海外異話」鹿児島大学図書館玉里文庫、西南学院大図書館にコピー本あり
佐野芳和『新世界へ—鎖国日本からはみ出た栄寿丸の一三人』法政大出版局
鈴木太吉『池田寛親自筆本　船長日記』愛知県郷土資料刊行会
河田小龍「漂巽紀略」（『中浜万次郎集成』小学館）
ボンパール『実験漂流記』白水社

第三章
杉田玄白『蘭学事始』講談社学術文庫
岩尾龍太郎「ハイイ・ヤクザン物語とロビンソン物語」国際文化論集16巻2号
彌永信美『幻想の東洋』青土社、ちくま学芸文庫
オドリコ『東洋旅行記』桃源社
J・マンデヴィル『東方旅行記』東洋文庫
マクドナルド『日本回想記』刀水書院
E・E・ダイ『英学の祖—オレゴンのマクドナルド』雄松堂出版
ブリタニカ・ジャパン編『英語事始』
江越弘人『幕末の外交官　森山栄之助』弦書房
吉村昭『海の祭礼』文春文庫
増田義郎『太平洋　開かれた海の歴史』集英社新書
中沢新一『熊から王へ』『対称性人類学』講談社

第四章
薩摩藩取調「申口」吉田東洋「漂客談奇」河田小龍「漂巽紀略」早崎益寿「漂洋瑣談」「難船人帰朝記事」戸川残花『中浜萬次郎伝』、すべて増補改訂版『中浜万次郎集成』（小学館）
「満次郎漂流記」「紀州船米国漂流記」『江戸漂流記総集』第五巻
Drifting toward the southeast, Spinner Pub. Inc. 2003

宇高隋生「漂巽紀略」解題　高知市民図書館
中浜明『中浜万次郎の生涯』冨山房
中浜博『中浜万次郎』冨山房インターナショナル
E・V・ウォリナー『ジョン万次郎漂流記—運命へ向けて船出する人—』雄松堂出版
永国淳哉『ジョン万次郎のすべて』新人物往来社
成田和雄『ジョン万次郎』河出文庫
宮永孝『ジョン・マンと呼ばれた男』集英社
井伏鱒二『ジョン万次郎漂流記』『漂民宇三郎』
津本陽『椿と花水木』新潮文庫

第五章

堀敦斎「漂流記談」茂住實男翻刻　大倉山論集三六、三八、四〇号
「長瀬村人漂流談」『日本庶民生活史料集成』第五巻　三一書房
清太郎の聞書き、荒川秀俊編『異国漂流記続集』クレス出版
『ペルリ提督日本遠征記』岩波文庫
ウィリアムズ『ペリー日本遠征随行記』雄松堂出版
ゴンチャロフ『日本渡航記』講談社学術文庫
オールコック『大君の都』岩波文庫
ゴーブル『摩太福音書』復刻　上田文庫
日本バプテスト横浜教会『横浜教会百年史』
川島第二郎『ジョナサン・ゴーブル研究』新教出版社
藤原藤男『聖書の和訳と文体論』キリスト新聞社
春名徹『漂流—ジョセフ・ヒコと仲間たち』角川選書
大江志乃夫『ペリー艦隊大航海記』朝日文庫
足立和『黒船に乗っていた日本人』徳間書店
猪瀬直樹『黒船の世紀』文春文庫
吉村昭『アメリカ彦蔵』新潮文庫
神坂次郎『漂民ダンケッチの生涯』文芸春秋

第六章

杉田玄白『蘭学事始』講談社学術文庫
本居宣長『玉勝間』『うひ山ふみ』岩波文庫
三谷博『ペリー来航』吉川弘文館
平田篤胤『魂之真柱』岩波文庫
井出孫六『佐久間象山』朝日文庫
徳富蘇峰『吉田松陰』岩波文庫
徳富猪一郎『蘇峰自伝』中央公論社
奈良本辰也『吉田松陰』岩波新書
寺尾五郎『草莽吉田松陰』『中岡慎太郎と坂本竜馬』徳間文庫
古川薫『吉田松陰』創元社
海原徹『江戸の旅人吉田松陰』ミネルヴァ書房
延広真治「『男はつらいよ』偏痴気論」『笑いと創造』勉誠出版所収

小林信彦『おかしな男　渥美清』新潮文庫
Robert Louis Stevenson: YOSHIDA-TORAJIRO in Familiar Studis of Men and Books
スチーブンソン「ヨシダ・トラジロー」岩尾龍太郎訳、国際文化論集26巻2号予定
『吉田松陰全集　別巻』　山口県教育会
よしだみどり『烈々たる日本人』祥伝社ノン・ブック
桐原健真『吉田松陰の思想と行動―幕末日本における自他認識の転回』東北大学出版会

第七章

Why I departed from JapanとMy Younger Daysは、新島襄全集七巻　同朋舎出版
『現代語で読む新島襄』丸善
『新島襄書簡集』岩波文庫
石附実『近代日本の海外留学史』中公文庫
斎藤貴男『梶原一騎伝』新潮文庫
『徳富蘇峰』日本の名著、中央公論社
宮崎滔天『三十三年の夢』岩波文庫
森永長壹郎「新島襄の『脱国の理由』と『ロビンソン・クルーソー』」新島研究第98号

第八章

Jenichiro Oyabe: A Japanese Robinson Crusoe, The Pilgrim Press 1898, Hawaii UP 2009
小谷部全一郎『ジャパニーズ・ロビンソン・クルーソー』皆美社
『成吉思汗は源義経なり』『日本及日本国民之起源』八幡書店
橋川文三『黄禍物語』岩波現代文庫
長山靖生『偽史冒険世界』ちくま文庫
小熊英二『単一民族神話の起源』新曜社
土井全二郎『義経伝説をつくった男』光人社
長谷川和美「ハワード大学最初の日本人留学生」相模女子大学紀要人文社会系2005年

〈著者略歴〉

岩尾龍太郎（いわお・りゅうたろう）

一九五二年福岡市生まれ。一九七七年東京大学人文科学研究科博士課程修了、西南学院大学国際文化学部教授を務め、二〇一〇年九月十日逝去。

著書に『ロビンソンの砦』（青土社）、『ロビンソン変形譚小史』（みすず書房）、『江戸時代のロビンソン――七つの漂流譚』（弦書房、新潮社）、『ロビンソン・クルーソー物語』（訳書、M・グリーン、みすず書房）他。

幕末《ばくまつ》のロビンソン

開国前後の太平洋漂流《ロビンソン・クルーソー・ゲーム》

二〇一〇年十一月三十日発行

著　者　岩尾龍太郎《いわおりゅうたろう》

発行者　小野静男

発行所　弦　書　房

（〒810・0041）

福岡市中央区大名二−二−四三

ELK大名ビル三〇一

電　話　〇九二・七二六・九八八五

FAX　〇九二・七二六・九八八六

印刷　製本　大村印刷株式会社

ISBN978-4-86329-050-1　C0021